모던 워십

Modern Worship

모던 워십_ Modern Worship
현대 찬양과 경배의 역사와 미래

초판1쇄 발행 2022년 5월 10일

지은이 가진수

펴낸곳 ㈜글로벌워십미니스트리
편집 편집팀
디자인 미가엘, 이영숙

전화 070) 4632-0660
팩스 070) 4325-6181
등록일 2012년 5월 21일
등록번호 제 387-2012-000036호
이메일 wlm@worshipleader.kr

판권소유 ⓒ 도서출판 워십리더 2022
값 20,000원

ISBN 979-11-88876-48-8 03230

"도서출판 워십리더는 교회와 예배의 회복과 부흥을 위해 세워졌습니다. 예배전문 출판사로서 세계의 다양한 예배의 컨텐츠를 담아 문서선교의 사명을 감당할 것입니다. 한국교회의 목회자, 워십리더, 예배세션뿐만 아니라 모든 크리스천이 하나님의 임재를 경험할 수 있도록 열정을 다하고 있습니다."

"이 책의 모든 내용은 저자와의 독점 출간 저작권 보호를 받으므로 어떤 사유로도 무단전제와 복제를 할 수 없습니다."
(Printed in Korea)

모던 워십

현대 찬양과
경배의 본질과
뿌리를 찾아서

가진수

...

"예배에 대한 고대와 미래적 시각으로 통시적 예배의 혜안을 주신 로버트 웨버(Robert E. Webber), 마라나타 뮤직과 워십리더미디어를 통해 현대 예배와 찬양의 실제적인 현장을 보여주신 척 프롬(Chuck Fromm), 예배에서의 영적 능력과 중요성을 몸소 가르쳐주신 마르바 던(Marva D. Dawn), 현대 찬양과 경배 운동의 혁혁한 성과로 본을 보여주신 현대 예배학의 거장 레스터 루스(Lester Ruth) 교수님께 이 책을 헌정합니다."

들어가는 글

예배는 매우 긴 역사를 가지고 있다. 하나님께서 이 세상을 창조하신 이유가 바로 예배의 역사이기 때문이다. 성경 66권은 예배에 관한 책으로 창조주 하나님과 예배자인 우리들의 이야기가 주 내용이다. 피조물로서 하나님을 예배하고 찬양하는 역사는 구약과 신약을 포함해 3000여년이 넘는 오랜 역사를 가지고 있지만 최근 발전하고 있는 지금의 현대 '찬양과 경배(Praise & Worship)'와 같은 유형은 사실 80여년이란 무척 짧은 역사를 가지고 있다. 그리고 이 짧은 시간 동안 세계의 적지 않은 교회가 직간접적으로 영향을 많이 받고 있다. 어떤 이들은 지나가는 유행이라고도 말하고, 어떤 이들은 우리와는 맞지 않는다고 단언하기도 한다.

그럼에도 불구하고 현대 예배와 찬양을 접목해 부흥하는 교회가 늘어가고 있다. 심지어 전통을 고수하는 많은 교회들조차 젊은이 예배, 세대 예배 등 다양한 이름의 현대 예배를 수용해가고 있는 중이다. 사실 현대 예배는 수십 년 전부터 전통 교회를 포함한 대부분의 교회에 영향을 미쳐왔다. 가장 큰 현상 중 하나는 음악이자 찬양이다. 현대 음악을 기반으로 한 찬양은 가히 폭발적으로 현 세대의 젊은이들을 교회로 이끌었다. 더 나아가 보수적인 전통교회에서도 현대 찬양은 점점 받아들일 수밖에 없는 현실이 되어가고 있다.

한편 빠른 발전으로 인한 짧은 역사는 여러 면에서 많은 교회와 성도들이 수용하기에는 쉽지 않은 하나의 도전이자 과제였다. 보수적인 전통교회를 중심으로 1세대의 전통과 다음세대의 현대 찬양은 예배 때마다 갈등을 일으키기도 했으며 '예배 전쟁'이라는 신조어를 만들어 내기도 했다.

이 책은 그런 점에서 늦은 감이 있다. 오랜 기독교 역사에서 예배는 많은 전통을 쌓아왔다. 신학적으로 매우 탄탄하며 각 교파별로 오랜 예배의 역사를 가지고 있다. 이런 오랜 예배의 역사는 최근 급속히 발전하고 있는 현대 예배와 찬양에 대해 거부감을 가지는 것이 어쩌면 당연할 수도 있다. 특히 현대 음악이 중심이 된 현대 예배는 전통적 클래식과 4부 성가대의 오랜 역사 속에서 찻잔 속 태풍으로 보일지도 모른다. 하지만 그보다 더 중요한 문제는 현대 예배의 성경적 배경과 예배 신학의 부족함이었다.

현대 예배의 성경적 배경과 예배 신학은 이제 막 피어나기 시작했다. 최근 연구가 시작되고 있으며, 이제 관련된 책이 나오고 있는 실정이다. 그런 점에서 이 책은 우선 현대 '찬양과 경배'의 역사와 뿌리가 되는 성경적 예배 신학을 다루고 있다. 더 나아가 이 책의 가장 큰 목적은 현대 예배와 찬양의 뿌리를 찾아 지금 성장하고 있는 과정을 탄탄하게 하는 것이다. 우리는 자의반 타의반 현대 예배에 깊숙이 발을 들여놓고 있다. 그러므로 이 현대 찬양과 경배의 속성과 명확한 역사 인식을 통해 그 목적을 확실히 아는 것이 중요하다. 우리가 왜 예배를 드리는지를 비롯해 우리가 드리는 찬양의 흐름과 목적과 다음세대를 포함한 미래에 대한 방향이다.

이 책은 크게 네 부분으로 나눠져 있다. 1장은 현대 '찬양과 경배'의 성경적 배경과 발전이다. 구약과 신약성경에서 그 뿌리를 찾아 발전과정을 담았다. 2장에서는 현대 찬양과 경배가 본격적으로 발전해 나가는 역사를 담았다. 현대 예배와 찬양의 요소가 담겨있는 18세기 부흥운동으로부터 시작해 최근 모던 워십까지 빠른 속도로 변화해나가는 과정을 다루었다. 3장에서는 현대 찬양과 경배 운동의 신학적 배경을 살펴보았다. '찬양과 경배'의 두 가지 중요한 예배 신학, 즉 임재 신학과 문화적 적응 신학을 들여다보았다. 4장에서는 현대 예배의 흐름과 미래를 살펴보았다. 다음 세대를 포함해 교회의 미래 예배를 예측해보았다. 부록에서는 최근 현대 예배와 찬양의 역사를 연구하며 많은 영향을 끼치고 있는 미국 듀크대학교 예배 역사학자인 레스터 루스 교수와의 대담을 실었다. 그는 최근에 현대 '찬양과 경배'에 관한 논문을 비롯해 몇 가지 의미 있는 책을 출간했다. 이 책의 부록을 통해 그의 현대 '찬양과 경배'에 대한 깊은 내용을 들여다볼 수 있을 것이다.

이 책을 완성하면서 나는 소중한 분들의 영향을 말하지 않을 수 없다. 예배에 대한 고대와 미래적 시각으로 통시적 예배의 혜안을 주신 로버트 웨버(Robert E. Webber) 박사님과 마라나타 음반사를 이끌며 '워십리더미디어' 그룹을 통해 현대 예배와 찬양의 실제적인 현장을 보여주신 척 프롬(Chuck Fromm) 대표님 그리고 예배에서의 영적 능력과 중요성을 몸소 가르쳐주신 마르바 던(Marva D. Dawn) 교수님과 현대 찬양과 경배 운동의 혁혁한 성과로 본을 보여주신 현대 예배학의 거장 레스터 루스(Lester Ruth) 교수님께 감사를 드린다. 이 분들은 현대 예배와 찬양에 대한 나의 열정에 기름을 부어주신 분들이다.

예배는 "과거 하나님이 하신 구원의 역사와 내러티브를 예수 그리스도가 주인이신 교회 예배를 통해 기억하고 기념하며 내일부터 시작되는 삶의 예배와 다시 오실 예수 그리스도를 기대하는 것"이다. 그런 의미에서 이 책은 지금 이 시대 하나님께서 우리에게 주신 '현재'라는 시간에 드려지는 현대 찬양과 경배를 조명하면서 다음세대를 품고 있다. 또한 현대 찬양과 경배의 역사와 신학을 통해 전통적 1세대와의 하나 됨을 지향하고 있다. 우리 모두 예배자로서 같은 뿌리임을 확인하고 1세대와 다음세대가 예배 속에서 하나가 되어 하나님이 원하시고 기뻐하시는 예배를 만들어 가는데 중요한 목적이 있다.

이 책을 통해 역동적이고 살아 있는 예배를 통해 영과 진리로 하나님을 예배하는 예배자들이 많아지기를 기대하며 소망한다.

가진수

차례

들어가는 글 ———————————————————— 6

1장 성경적 찬양과 경배의 배경
1. 성경적 찬양과 경배의 역사 ————————————— 16
2. 구약 시대의 찬양 ——————————————————— 26
3. 레위 지파(The Levites) ——————————————— 33
4. 구약 시대 예배 음악가들 —————————————— 40
5. 신약 시대 이후 찬양과 음악의 발전 ———————— 46

2장 찬양과 경배 운동의 발전
1. 18세기 이후 부흥운동 ———————————————— 60
2. 현대 예배(Modern Worship) 초기 시대 ——————— 69
3. 마라나타 음악(Maranatha! Music)과 갈보리 채플(Calvary Chapel) — 78
4. 예수 운동(Jesus Movement)과 예수 음악(Jesus Music) ———— 88
5. CCM(Contemporary Christian Music) ———————— 97
6. 빈야드(Vineyard) 운동 ——————————————— 105
7. 모던 워십(Modern Worship) ———————————— 114
8. 빈야드(Vineyard)의 예배 인도자들과 찬양들 ——— 121
9. 현대 예배 대표적인 찬양 인도자 및 단체 ————— 131

3장 찬양과 경배의 신학

   1. 임재 신학(The Theology of Presence) ─────────── 148

   2. 문화적 적응 신학(The Theology of Cultural Adaptation) ──── 159

4장 찬양과 경배의 미래

   1. 현대 예배 찬양의 현재 ──────────────────── 178

   2. 현대 예배 찬양의 미래 ──────────────────── 187

   3. 하나님이 원하시는 9가지 좋은 예배 ──────────── 196

부록

   1. 신약에 나타나는 예배 신학의 본질에 대해 말씀해 주십시오. ───── 208

   2. 기독교 예배의 역사에서 찬양과 경배의 신학적인 원리에 대해 말씀해 주십시오. ─────────────────────────────── 227

   3. 삼위일체에서의 예배 신학에 대해 말씀해 주십시오. ─────── 241

   4. 예수님의 삶과 사역을 하나님께 영광 돌리는 예배로 여길 때의 예배 신학에 대해 말씀해 주십시오. ──────────────────────── 257

   5. 예수님을 완전한 인간이자 완전한 신으로 여길 때의 예배 신학에 대해 말씀해 주십시오. ─────────────────────────── 275

   6. 복음을 내러티브로 보는 관점에서의 예배 신학에 대해 말씀해 주십시오. 295

나가는 글 ———————————————— 314

미주 ——————————————————— 317

참고도서 ————————————————— 319

1장
성경적 찬양과 경배의 배경[1]

1. 성경적 찬양과 경배의 역사

예배에 있어 중요한 요소인 '찬양'은 성경적 배경과 더불어 긴 역사를 갖고 있다. 전통적인 예배를 포함한 지금의 예배와 '찬양과 경배' 시대로부터 거슬러 올라가면, 근대, 중세, 신약시대와 구약시대를 거쳐 창세기에 다다른다.

한 가지 분명한 사실은 하나님의 광대하심과 섭리, 창조자의 관점에서 우리가 예배하는 모든 행위 속의 찬양과 경배, 악기, 음악, 노래 등은 하나님의 장중에 있다는 것이다. 하나님의 계획과 선하신 목적으로 아담과 하와에게 에덴동산을 선물로 주셨던 것처럼, 우리에게 하나님의 창조물들을 통해 아름다움을 느낄 수 있는 감정과 감동의 마음을 주셨다. 우리에게 베풀어주신 하나님의 전적인 은혜와 사랑이다.

하지만 우리의 죄로 인해 그 공감각적 아름다움은 사단의 유혹적인 통로가 되었다. 역사적으로 아름다움을 표현하는 음악과 악기, 노래들은 많은 이교도들에게 환각적이며, 쾌락의 도구로 전락할 수도 있는 양날의 칼이 되고 말았다. 하나님이 주신 아름다운 은혜의 도구가 누가 어떻게, 어떤 마음으로 사용하느냐에 따라 하나님을 찬양하는 도구와 축복의 통로가 되기도 하고, 인간의 유희와 쾌락을 위해 사용될 수도 있게 되었다.

우리가 '찬양과 경배'의 역사와 흐름을 들여다보려는 이유는, 이를 통해 우리의 예배가 올바른 길로 나아가길 바라는 바람이 크다. 나아가 부족하고 연약한 인간들이지만, 최선을 다해 올바르게 하나님께 영광 돌리기 위해서다. 또한 최근 다음세대들에게 많은 영향을 주고 있는 음악과 악기, 노래를 포함한 '찬양과 경배(Praise & Worship)'가 올바르게 인식되고 방종 되지 않기를 위함이다.

하나님께서는 만물을 창조하시면서 우리 피조물들이 하나님을 아름다운 노래로 찬양하며 영광 돌리기를 원하신다. 그러므로 삶에서의 예배와 음악, 찬양, 노래, 악기들은 하나님을 기쁘시게 하는 통로가 된다.

"여호와는 위대하시니 지극히 찬양할 것이요 모든 신들보다 경외할 것임이여 만국의 모든 신들은 우상들이지만 여호와께서는 하늘을 지으셨음이로다 존귀와 위엄이 그의 앞에 있으며 능력과 아름다움이 그의 성소에 있도다 만국의 족속들아 영광과 권능을 여호와께 돌릴지어다 여호와께 돌릴지어다"(시 96:4-7)

우리는 성경적인 예배와 찬양 속에 음악과 악기, 노래들의 역사와 흐름, 증거들을 통해, 지금도 찬양받으시기에 합당하신 하나님을 더욱 영화롭게 할 수 있다. 그리고 이는 하나님께서 지금 우리의 지역 교회와 예배자들에게 원하시는 것과 다음 세대를 비롯한 미래, 그리고 우리 예배의 삶을 어떻게 준비해야할지를 바라보는 기초가 된다.

역사적으로 찬양과 교회 음악은 이해와 충돌 그리고 협력과 분리를 통해 발전해왔다. 수많은 변화의 과정을 통해 우리의 예배와 찬양, 교회 음악은 점점 하나님께 더 나아가기 위한 분명하고 명확한 은혜임을 깨닫게 된다. 그러므로 현대를 살아가는 우리들은 우리에게 주신 하나님의 선물들, 즉 아름다운 찬양과 4부 화음의 하나됨, 악기들의 하모니, 그리고 입술들을 통해 영광 돌리는 예배자의 삶을 살아야 한다.

<도표1-1 예배 찬양과 교회 음악 계보>

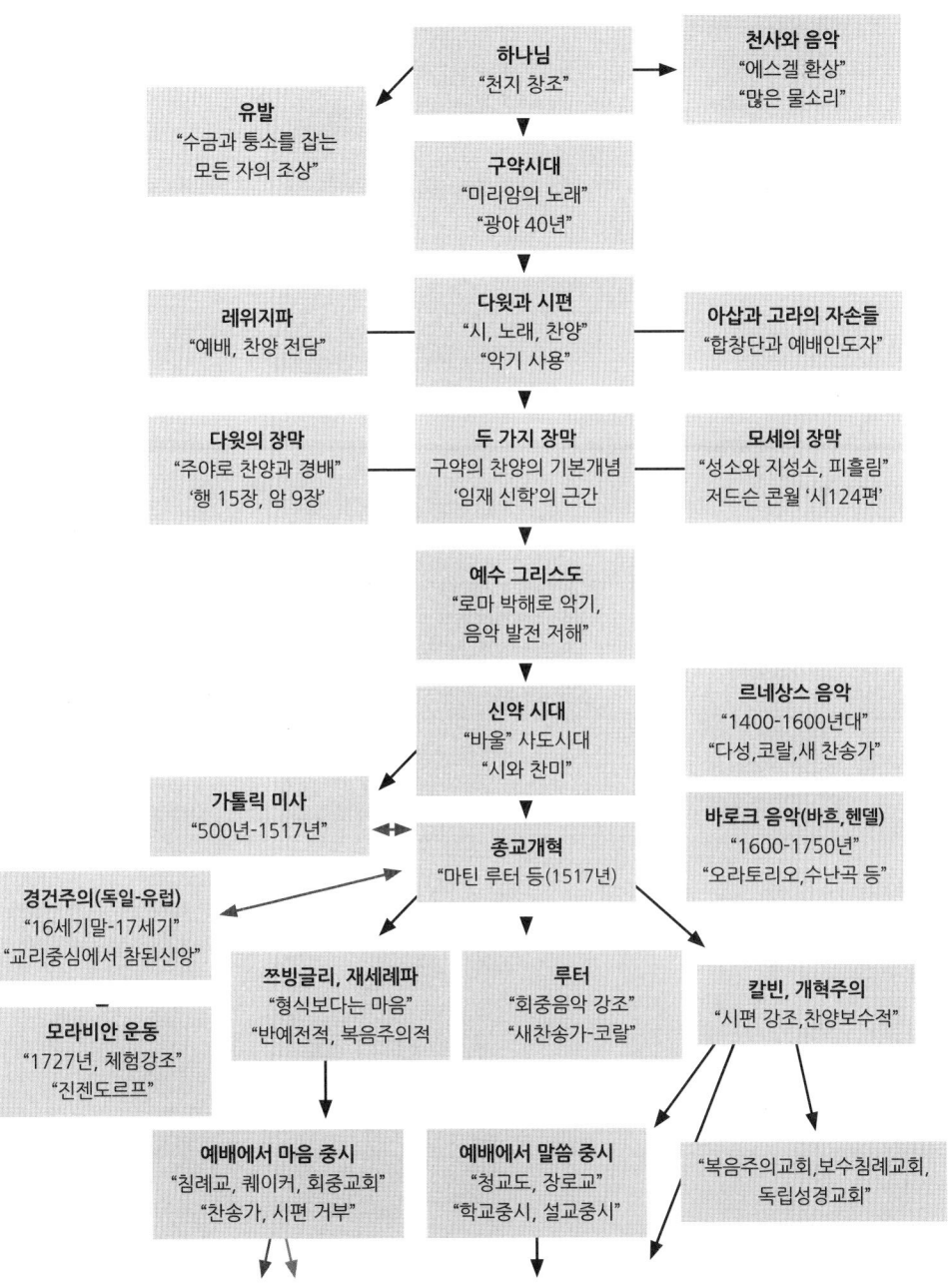

1장 성경적 찬양과 경배의 배경

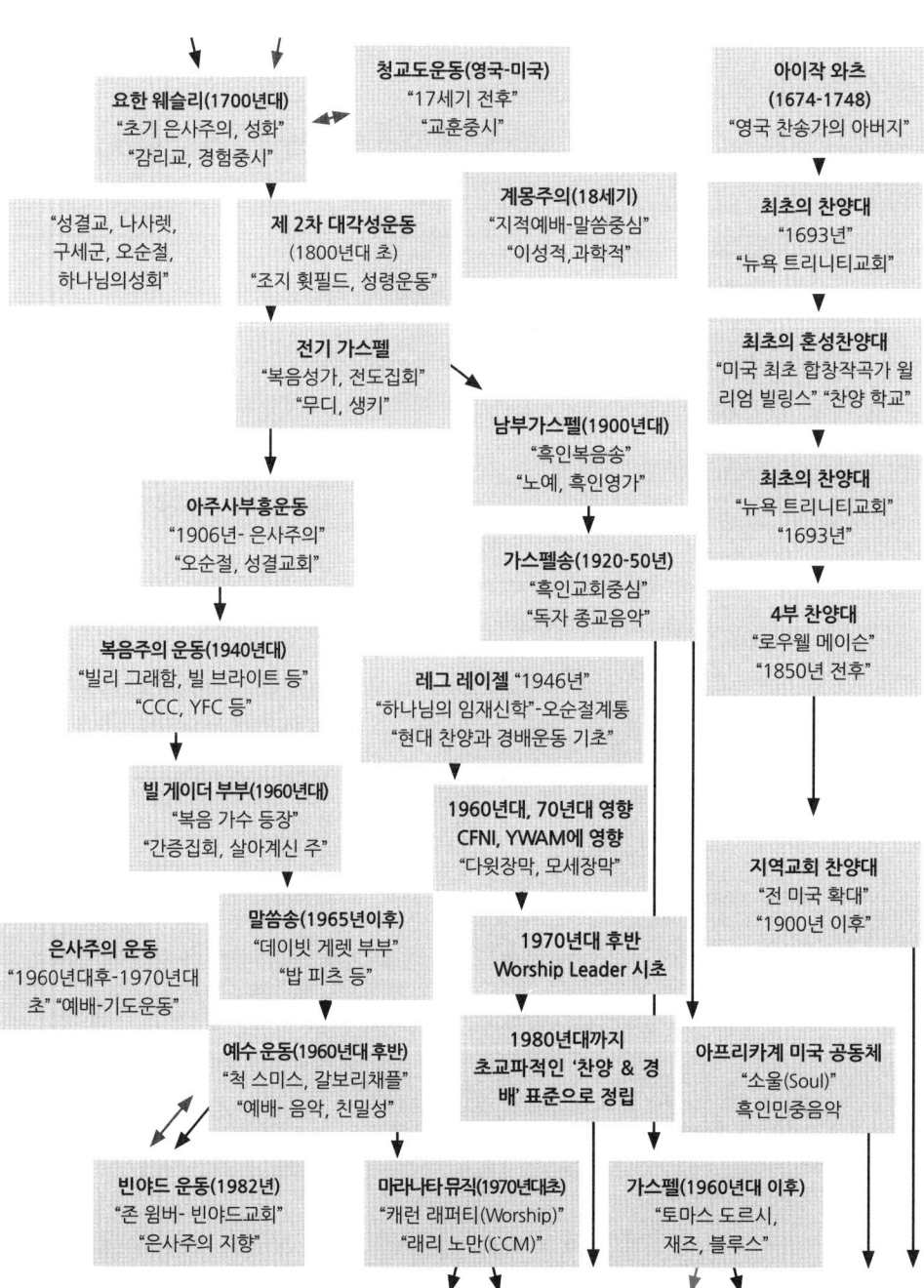

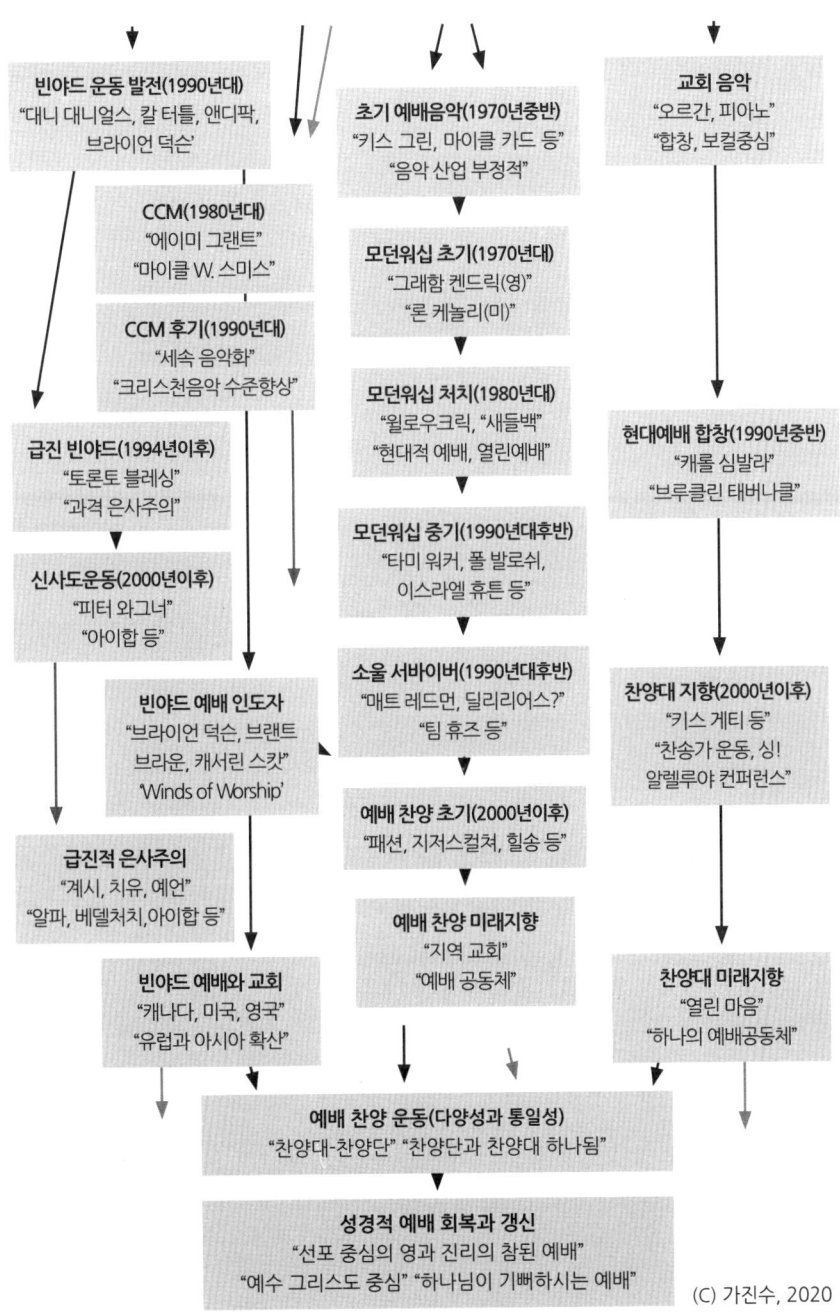

에스겔에는 하나님께서 세상을 창조하시기전 인간이 아닌 영적인 존재를 창조하셨는데 그 영적인 존재를 '천사'라고 불렀다.

"생물들이 갈 때에 내가 그 날개 소리를 들으니 많은 물 소리와도 같으며 전능자의 음성과도 같으며 떠드는 소리 곧 군대의 소리와도 같더니 그 생물이 설 때에 그 날개를 내렸더라 그 머리 위에 있는 궁창 위에서부터 음성이 나더라 그 생물이 설 때에 그 날개를 내렸더라"(겔 1:24-25)

하나님께서 창조하신 천사의 모습은 '음악'이 그들의 임무이기도 했음을 보여준다. 천사들이 특이한 방법을 통해서 그리고 특이한 소리를 내어 아름다운 음악을 만들어 하나님을 찬양하며 수종을 든 모습을 볼 수 있다.

에스겔 28:13에서도 음악적 재능을 천사들에게 주셨다는 표현을 읽을 수 있다.

"인자야 두로 왕을 위하여 슬픈 노래를 지어 그에게 이르기를 주 여호와의 말씀에 너는 완전한 도장이었고 지혜가 충족하며 온전히 아름다웠도다"(겔 28:13)

이 말씀들을 들여다보면 하나님께서 음악과 노래에 대한 이해를 갖고 계시며 우주를 창조하실 때 음악의 기본인 리듬을 가지고 음악적으로 창조하셨음을 알 수 있다. 또한 성경은 하나님 자체가 음악이심을 말씀하고 있다.

"그는 네 찬송이시요 네 하나님이시라 네 눈으로 본 이같이 크고 두려운 일을 너를 위하여 행하셨느니라"(신 10:21)

우리가 성경 말씀만으로 추측해 보건데, 하나님은 무소불위 전능하신 하나님이시며 우리를 창조하실 때 하나님께 아름다움과 정성과 온 맘과 뜻을 다해 영광 돌리기 위해 '음악'과 '찬양'을 우리에게 선물로 주셨음을 알 수 있다.

한편, 구약 성경에는 하나님을 찬양하는 여러 악기들과 모습들을 엿볼 수 있다. 특히 야곱의 시대에서 우리는 '북'과 '수금' 등의 악기가 이미 있었음을 알 수 있다.

"내가 즐거움과 노래와 북과 수금으로 너를 보내겠거늘 어찌하여 네가 나를 속이고 가만히 도망하고 내게 알리지 아니하였으며"(창 31:27)

아담으로부터 요셉에 이르기까지, 족장 시대에 대한 음악적인 기록과 자료들은 드물다. 하지만 그 당시의 고고학적 역사에서 얼마나 많은 악기들이 노래와 춤과 함께 등장되었는지를 기억해야한다. 요셉에서부터 모세에 이르기까지 역시 마찬가지로 애굽의 음악 안에 영향을 가지고 있었음을 추측할 수 있다. 출애굽 후, 홍해를 건너 애굽의 병사로부터 구원받은 이스라엘 백성들은 여선지자 미리암과 함께 합창을 불렀다. 최초의 여성 예배 인도자인 미리암과 최초의 찬양대다.

"바로의 말과 병거와 마병이 함께 바다에 들어가매 여호와께서 바닷물을 그들 위에 되돌려 흐르게 하셨으나 이스라엘 자손은 바다 가운데서 마른 땅으로 지나간지라 아론의 누이 선지자 미리암이 손에 소고를 잡으매 모든 여인도 그를 따라 나오며 소고를 잡고 춤추니 미리암이 그들에게 화답하여 이르되 너희는 여호와를 찬송하라 그는 높고 영화로우심이요 말과 그 탄 자를 바다에 던지셨음이로다 하였더라"(출 15:19-21)

광야 40여년의 여정 속에 이스라엘의 음악은 '나팔'을 통해 행진 등 군사용으로 사용되었다는 사실을 하나님께서 모세를 통해 가르치신 말씀을 통해 알 수 있다(신 32:1-43). 또한 여리고 성을 정복할 때에 7일간 나팔을 앞세우고 주위를 돌 것을 말씀하셨다.

또한 구약의 사사 시대에는 산당을 중심으로 선지자들이 음악을 연주하며 예언한 말씀을 찾을 수 있다(삼상 10:5-6).

"그 후에 네가 하나님의 산에 이르리니 그 곳에는 블레셋 사람들의 영문이 있느니라 네가 그리로 가서 그 성읍으로 들어갈 때에 선지자의 무리가 산당에서부터 비파와 소고와 저와 수금을 앞세우고 예언하며 내려오는 것을 만날 것이요 네게는 여호와의 영이 크게 임하리니 너도 그들과 함께 예언을 하고 변하여 새 사람이 되리라"(삼상 10:5-6)

선지자들은 이 같은 악기를 연주하고 하나님을 찬양했으며, 그때 하나님의 영이 크게 임해 영적 능력을 행했다. 구약 시대의 음악과 찬양은 비록 많이 찾아볼 수 없지만 당시 말씀과 시대적 역사와 배경들을 통해 많은 음악과 노래가 존재했음을 알 수 있다.

2. 구약 시대의 찬양

구약 성경 에스겔서에는 하나님께서 세상을 창조하시기전 인간이 아닌 영적인 존재를 창조하셨는데, 그 영적인 존재를 '천사'였다고 기록되어 있다.

"생물들이 갈 때에 내가 그 날개 소리를 들으니 많은 물 소리와도 같으며 전능자의 음성과도 같으며 떠드는 소리 곧 군대의 소리와도 같더니 그 생물이 설 때에 그 날개를 내렸더라 그 머리 위에 있는 궁창 위에서부터 음성이 나더라 그 생물이 설 때에 그 날개를 내렸더라"(겔 1:24-25)

하나님께서 창조하신 천사의 모습은 '음악'이 그들의 임무이기도 했음을 보여준다. 천사들이 특이한 방법을 통해, 그리고 특이한 소리를 내어 아름다운 음악을 만들어 하나님을 찬양하며 수종을 들었다.
에스겔 28:13에서도 음악적 재능을 천사들에게 주셨다는 말씀이 있다.

"인자야 두로 왕을 위하여 슬픈 노래를 지어 그에게 이르기를 주 여호와의 말씀에 너는 완전한 도장이었고 지혜가 충족하며 온전히 아름다웠도다"(겔 28:13)

이 말씀들을 들여다보면 하나님께서 음악과 노래에 대한 이해를 갖고 계시며, 우주를 창조하실 때 음악의 기본인 리듬을 가지고 음악적으로 창조하셨음을 알 수 있다. 또한 성경은 하나님 자체가 찬양의 본질이시자 음악이심을 말씀하고 있다.

"그는 네 찬송이시요 네 하나님이시라 네 눈으로 본 이같이 크고 두려운 일을 너를 위하여 행하셨느니라"(신 10:21)

우리가 성경 말씀으로 추측해 보건데, 하나님은 무소불위 전능하신 하나님이시며 우리를 창조하실 때 아름다움과 정성과 온 맘과 뜻을 다해 영광 돌릴 수 있도록 '음악'과 '찬양'을 우리에게 선물로 주셨음을 알 수 있다.

한편, 구약 성경에는 하나님을 찬양하는 여러 악기들과 모습들을 엿볼 수 있다. 특히 야곱의 시대에 '북'과 '수금' 등의 악기가 이미 있었음을 알 수 있다.

"내가 즐거움과 노래와 북과 수금으로 너를 보내겠거늘 어찌하여 네가 나를 속이고 가만히 도망하고 내게 알리지 아니하였으며"(창 31:27)

성경에 나오는 악기와 음악에 관한 최초의 말씀은 창세기 4:20-12에 기록되어있다.

> "아다는 야발을 낳았으니 그는 장막에 거주하며 가축을 치는 자의 조상이 되었고 그의 아우의 이름은 유발이니 그는 수금과 퉁소를 잡는 모든 자의 조상이 되었으며"(창 4:20-21)

유발은 가인의 6대 후손으로, 그가 다룬 악기인 수금은 줄을 튀기는 악기로 다윗 시대부터 계속 발전해온 현악기며, 퉁소는 피리와 같은 악기로 관악기의 형태라 볼 수 있다.

인류의 역사 속에서 악기는 부정적인 의미가 강했다. 천사장 루시퍼의 타락과 관련된 세속 악기이며, 저주 받은 가인의 자손에서 악기 연주자들이 나오기 시작했다는 것이다. 또한 인간의 쾌락과 부패의 본성을 자극하는 것으로 규정되기도 했다. 종교 개혁시대에도 종교 개혁자들 사이에 악기의 사용에 대한 의견이 서로 달랐다. 루터는 악기를 장려했으나 쯔빙글리는 악기에 대해 부정적이었다. 이는 이후 개혁교회가 예배에서 악기 연주를 소극적으로 사용하는 데 영향을 주었다.

지금도 교회 음악을 강조하는 교파나 사람 중 일부는 악기의 부정적인 면을 주장하고 있다. 그들은 피아노의 경우에도 오랫동안 세속의 악기로 규정했으며, 드럼을 비롯한 현대 악기와 음악, 찬양에 대해 아직도 오락과 인간적인 문화의 소산이라고 말한다.

하나님께서 우리는 지으신 가장 큰 목적은 하나님께 영광을 돌리고 찬양하는 것이다. 그러므로 우리는 허락하신 은혜를 통해 마음과 뜻을 다해 하나님을 예배해야 하며, 우리가 가진 모든 것으로 찬양해야 한다.

"이 백성은 내가 나를 위하여 지었나니 나를 찬송하게 하려 함이
니라"(사 43:21)

하나님은 우리가 목소리와 손 그리고 심지어는 우리의 발로 예배할 수 있도록 우리 몸을 만드셨다. 또한 우리에게 창의성과 예술적 능력을 주셔서 우리가 그분께 영광을 돌릴 수 있는 음악이나 악기를 만들 수 있도록 하셨다. 악기를 통해 우리는 하나님의 선하심을 기념하고 예배 가운데 기쁜 소리를 낼 수 있다. 악기는 구약 시대의 예배에 주로 사용되었고, 그 중 다수는 오늘날에도 여전히 사용되고 있다.

악기 이름	설 명	용 도	현대와의 유사점
종 (출 28:33-36, 39:25-26, 슥 14:20)	작고 대제사장의 옷자락을 장식했다.	오직 제사장만이 성전에 들어갈 수 있었기에, 그가 걸을 때 종의 울림은 그의 출입을 알려주었다.	많은 기독교 전통에서 종은 예배의 시작을 알리고 예배 중 중요한 순간들을 표시해준다.
심벌즈 (삼하 6:5, 스 3:10, 시 150:5)	둥글고 오목한 금속판은 크고 서로 부딪힐 때 울리는 소리를 만든다.	실벌즈는 예배에 찬양하는 분위기를 만들기 위해 성전에서 사용되었다.	심벌즈(작은 손가락 심벌즈 포함)는 오늘날의 그리스도인 기념행사에서 여전히 사용된다.
북 또는 탬버린 (출 15:20, 삿 11:34, 시 68:25)	타악기는 음악에 리듬을 더해준다.	북과 탬버린은 기념하며 춤출 때 사용되었다.	탬버린과 북은 오늘날의 다양한 예배들을 풍성하게 해준다.
플루트 (삿 5:16, 삼상 10:5, 단 3:5)	관악기는 음악에 멜로디를 더한다.	플루트는 예배를 기념할 때와 묵상할 때 모두 사용된다.	오늘날 플루트는 클래식부터 현대음악까지 시거의 모든 종류의 예배에 사용된다.

하프와 수금 (창 4:21, 삼상 16:16, 23, 단 3:7)	현악은 부드러운 멜로디를 연주했다.	하프는 더 조용하고 예배의 묵상시간에 더 적합했다. 다윗은 사울을 진정시키기 위해 하프를 종종 사용했다.	현악은 오늘날 예배에 종종 사용되는데, 첼로나 바이올린 그리고 하프와 같은 클래식 악기가 포함된 교회 오케스트라 뿐 아니라 기타와 피아노 같은 더 현대적인 음악에도 연주된다.
나팔과 트럼펫 (레 25:9, 민 10:1-10, 삿 7:16-22)	동물의 뿔이나 금속으로 만들어진 악기로 크고 지속되는 소리를 낸다.	나팔은 사람들을 예배로 부를 때, 중요한 행사나 발표를 신호할 때, 경고할 때, 또는 이스라엘 민족이 광야에 있었던 것 같이 큰 군중을 이끌어야 할 때 사용되었다.	트럼펫은 오늘날에도 예배시간이나 기념식의 신호로 쓰인다.

<도표 2-1 구약 시대의 악기>

구약 시대 아담으로부터 요셉에 이르기까지, 족장 시대에 대한 음악적인 기록과 자료들은 드물다. 하지만 그 당시의 고고학적 역사에서 얼마나 많은 악기들이 노래와 춤과 함께 등장되었는지를 기억해야 한다. 요셉에서부터 모세에 이르기까지, 역시 마찬가지로 애굽의 음악 안에 영향을 가지고 있었음을 추측할 수 있다.

출애굽 후, 홍해를 건너 애굽의 병사로부터 구원받은 이스라엘 백성들은 여선지자 미리암과 함께 합창을 불렀다. 최초의 여성 예배 인도자인 미리암과 최초의 찬양대다.

"바로의 말과 병거와 마병이 함께 바다에 들어가매 여호와께서 바닷물을 그들 위에 되돌려 흐르게 하셨으나 이스라엘 자손은 바다 가운데서 마른 땅으로 지나간지라 아론의 누이 선지자 미리암이 손에 소고를 잡으매 모든 여인도 그를 따라 나오며 소고를 잡고 춤추니 미리암이 그들에게 화답하여 이르되 너희는 여호와를 찬송하라 그는 높고 영화로우심이요 말과 그 탄 자를 바다에 던지셨음이로다 하였더라"(출 15:19-21)

광야 40여년의 여정 속에, 이스라엘의 음악은 '나팔'이 행진 등의 군사용으로 사용되었다. 이는 하나님께서 모세를 통해 가르치신 말씀을 통해 알 수 있다(신 32:1-43). 또한 여리고 성을 정복할 때에 7일간 나팔을 앞세우고 주위를 돌 것을 말씀하셨다.

한편 구약의 사사 시대에는 산당을 중심으로 선지자들이 음악을 연주하며 예언한 말씀을 찾을 수 있다(삼상 10:5-6).

"그 후에 네가 하나님의 산에 이르리니 그 곳에는 블레셋 사람들의 영문이 있느니라 네가 그리로 가서 그 성읍으로 들어갈 때에 선지자의 무리가 산당에서부터 비파와 소고와 저와 수금을 앞세우고 예언하며 내려오는 것을 만날 것이요 네게는 여호와의 영이 크게 임하리니 너도 그들과 함께 예언을 하고 변하여 새 사람이 되리라"(삼상 10:5-6)

선지자들은 이 같은 악기를 연주하고 하나님을 찬양했으며, 그때 하

하나님의 영이 크게 임해 영적 능력을 행했다고 기록되어 있다. 구약 시대의 음악과 찬양에 대한 내용은 비록 많이 찾아볼 수 없지만, 당시 말씀과 시대적 역사와 배경들을 통해 많은 음악과 노래가 존재했음을 알 수 있다.

3. 레위 지파(The Levites)

구약 시대 찬양과 음악 등에 대한 예배 사역을 감당했던 사람들이 레위인(Levite)이다. 레위인들은 예배를 준비하는 일들을 했는데, 주로 피의 제사를 드리는 일, 아론의 자손인 제사장을 수종 드는 일을 감당했다. 그들은 이스라엘의 절기를 따라 장막의 일을 수행했으며, '예배를 통해 각 절기의 비밀을 누리라'는 뜻의 장막의 일과 백성이 드린 예물을 관리했다. 진설병과 소제물을 가지고 제물을 만드는 일들이다. 그리고 새벽과 저녁마다 서서 여호와께 축사하며 찬송하는 사람들이 레위인이었다.

민수기 18장 1-32절에는 레위인에 대한 보다 더 자세한 말씀이 나온다. 하나님께서 아론과 모세를 통해 레위인의 임무와 사역에 대한 말씀을 하셨으며, 지켜야할 준칙들을 명령하셨다.

"레위인은 네 직무와 장막의 모든 직무를 지키려니와 성소의 기구와 제단에는 가까이 하지 못하리니 두렵건대 그들과 너희가 죽을까 하노라 레위인은 너와 합동하여 장막의 모든 일과 회막의 직무를 다할 것이요 다른 사람은 너희에게 가까이 하지 못할 것이니라 이와 같이 너희는 성소의 직무와 제단의 직무를 다하라 그리하면 여호와의 진노가 다시는 이스라엘 자손에게 미치지 아니하리라 보라 내가 이스라엘 자손 중에서 너희의 형제 레위인을 택하여 내게 돌리고 너희에게 선물로 주어 회막의 일을 하게 하였나니 너와 네 아들들은 제단과 휘장 안의 모든 일에 대하여 제사장의 직분을 지켜 섬기라 내가 제사장의 직분을 너희에게 선물로 주었은즉 거기 가까이 하는 외인은 죽임을 당할지니라"(레 18:3-7)

한편 여호수아 13:32-33에 '레위 지파'는 땅을 받지 못한 지파라고 언급되어있다.

"요단 동쪽 여리고 맞은편 모압 평지에서 모세가 분배한 기업이 이러하여도 오직 레위 지파에게는 모세가 기업을 주지 아니하였으니 이는 그들에게 말씀하신 것과 같이 이스라엘의 하나님 여호와께서 그들의 기업이 되심이었더라"(수 13:32-33)

다윗 왕 시대에 레위인들은 3개의 계급으로 나뉘었고, 각 계급은 다시 24반으로 분류되었다. 첫째 계급은 사제직이었고, 둘째 계급은 예루살렘 성전에서 악기를 연주하는 역할을 했으며, 셋째 계급은 성전지기 및 문지기였다. 그 밖에 모든 레위인은 성전에서 일하는 자 외에는 백성을 가르치는 일을 맡았다.

| 레위 지파 |

이스라엘은 이들의 생활을 유지시키기 위해 48개의 성읍과 각각의 땅을 제공했다. 또한 국내 농산물과 가축의 10분의 1을 주었는데, 그들은 다시 그 10분의 1을 사제에게 바쳤다. 이것이 십일조 제도의 기원이다. 신약 시대에 와서는 이미 그 제도나 세력이 미약해져, 성전 제사 예식에서 심부름을 하는 정도였다.

레위인들이 성경에서 중요한 위치를 차지하는 이유 중 하나는 예배 사역이다. 음악을 연주하는 레위인은 성별된 자로서 찬양하는 일에만 열중했으며(대상 9:33, 23:5). 연주에는 찬송과 함께 하프, 심벌즈, 혼(Horn) 등의 악기가 사용되었다(대하 5:13).

"또 찬송하는 자가 있으니 곧 레위 우두머리라 그들은 골방에 거주하면서 주야로 자기 직분에 전념하므로 다른 일은 하지 아니하였더라"(대상 9:33)

"다윗이 나이가 많아 늙으매 아들 솔로몬을 이스라엘 왕으로 삼고 이스라엘 모든 방백과 제사장과 레위 사람을 모았더라 레위 사람은 삼십 세 이상으로 계수하니 모든 남자의 수가 삼만 팔천 명인데 그 중의 이만 사천 명은 여호와의 성전의 일을 보살피는 자요 육천 명은 관원과 재판관이요 사천 명은 문지기요 사천 명은 그가 여호와께 찬송을 드리기 위하여 만든 악기로 찬송하는 자들이라"(대상 23:1-5)

"나팔 부는 자와 노래하는 자들이 일제히 소리를 내어 여호와를 찬송하며 감사하는데 나팔 불고 제금 치고 모든 악기를 울리며 소리를 높여 여호와를 찬송하여 이르되 선하시도다 그의 자비하심이 영원히 있도다 하매 그 때에 여호와의 전에 구름이 가득한지라"(대하 5:13)

레위인들에게 찬양에 대한 임무가 구체화되었으며(대상 15:22), 그들은 전문화된 교육을 받았다(대상 25:1-8). 예배 음악이 조직화되었고 많은 인원이 찬양 대원으로서 임무를 맡았는데(대상 25장, 대하 5:12), 제사장들은 나팔을 불며 찬양에 참석했다(대하 5:12, 7:6).

"노래하는 레위 사람 아삽과 헤만과 여두둔과 그의 아들들과 형제들이 다 세마포를 입고 제단 동쪽에 서서 제금과 비파와 수금을 잡고 또 나팔 부는 제사장 백이십 명이 함께 서 있다가"(대하 5:12)

"그 때에 제사장들은 직분대로 모셔 서고 레위 사람도 여호와의 악기를 가지고 섰으니 이 악기는 전에 다윗 왕이 레위 사람들에게 여호와께 감사하게 하려고 만들어서 여호와의 인자하심이 영원함을 찬송하게 하던 것이라 제사장들은 무리 앞에서 나팔을 불고 온 이스라엘은 서 있더라"(대하 7:6)

시간이 지나면서 레위인들의 역할은 한층 확장되었는데, 각종 예식과 기념을 찬양으로 이끌었으며, 오늘날 예배 찬양 인도자의 역할과 비슷해졌다. 레위인은 성전의 공식적인 찬양대(대상 15:16, 대하 20:21, 왕상 10:12) 역할을 담당했으며, 다윗은 레위 지파로 하여금 '예루살렘 성전'에서 음악을 담당하도록 지명했다(대상 6:31-47, 16:4-7).

시편에는 노래하는 사람이나 악기를 연주하는 음악가들이 하나님께서 과거에 이스라엘 백성들에게 베풀어주신 구원과 사랑의 행동을 기억하게 하는 중요한 임무를 수행했다고 기록되어 있다(시 78편, 81편, 105편).

레위인들이 예배와 관련된 많은 역할들에 집중함으로써 나머지 사람들이 하나님께 좀 더 자유롭게 집중할 수 있게 되었다. 레위인들은 이와 같이 많은 예배 예식의 절차에 대한 직무를 수행했으며, 번제를 드리고 제사장들의 희생 제사를 보조했다. 또한 하나님은 레위인들이 큰 능력으로 찬양하고 예배할 수 있도록 하셨는데, 여호사밧의 군대가 적들과 대항하여 행진할 때 레위인들이 군대에 앞서 걸으며 하나님을 찬양했으며, 적군들은 서로를 공격했고 혼란 속에 도망했다.

레위 지파와 레위인들을 통해 우리는 진정한 예배는 육체적인 것, 즉 우리가 생각하고 행동하는 것과 영적인 것, 즉 우리가 느끼고 경험하는 것을 모두 포함한다는 것을 배울 수 있다.

그것은 예배의 두 가지 측면, 즉 '마음의 예배'와 '표현의 예배'다.

하나님은 우리의 진심어린 마음도 중요하며, 그 마음에 따른 행위에 대해서도 예배 받으시기 원하신다. 성경은 마음을 강조하는 예배와 형식과 절차를 강조하는 예배가 있음을 말해준다. 로버트 웨버는 이에 대해 크게 '성막 예배(Tabernacle Worship)'와 '다윗 예배(Davidic Worship)'로 구분하기도 했다.

"성막에서의 예배는 보다 격식 있고 세밀한 의식으로 구성되어있고, 하나님께서 지시하신 예배의 방법이었기는 하지만 하나님께서는 다윗의 자유롭고 즉흥적인 예배도 찬양과 감사를 드리는 행위로 받아주셨다."

레위인들을 통해 우리는 하나님을 향한 우리의 마음뿐 아니라, 예를 갖추며 시간을 드리고 정성을 드리는 주일 예배 등 공예배 예식의 모습 또한 받으시기 원한다는 사실을 깨닫게 된다.

팬데믹의 영향으로 인해, 이전의 모습을 회복한다고 해도, 청년 학생을 포함한 다음 세대의 약 30%가 온라인 예배를 선호한다는 최근 설문조사가 있다. 이들에게 레위인들은 사역과 임무 수행은 마음만이 중요한 것이 아니라, 하나님께 나아가는 예배의 절차 또한 무시되어서는 안된다는 중요한 진리를 알려준다.

최근 팬데믹을 계기로 점점 많아지고 있는 온라인 예배는 자칫 우리의 편리함만을 추구하는 '소비자지향주의적인 예배'의 형태로 변질될 가능성이 농후하다. 우리의 죄된 본성의 하나는 편함을 추구하기 때문이다.

우리는 과거 미국에서 케이블 TV를 통한 예배 설교 방송이 등장했을 때 환호성을 질렀던 많은 크리스쳔들을 잊지 말아야한다. 주일, TV 앞에 처음에는 경건하게 넥타이를 매고 예배 드리다가, 3개월 후 자유 복장으로, 6개월이 지나서는 일어난 잠옷 그대로 드리게 되었다는 이야기가 당장 눈앞에 펼쳐질 우리의 이야기가 될 것 같은 걱정이 앞선다.

하나님께서 세운 레위인들의 사명을 통해, 우리의 영성을 약화시키는 세속의 물결을 거슬러, 마음과 정성과 뜻을 다해 참되게 예배하는 예배자들이 되기를 소망한다.

"솔로몬이 또 그의 아버지 다윗의 규례를 따라 제사장들의 반열을 정하여 섬기게 하고 레위 사람들에게도 그 직분을 맡겨 매일의 일과대로 찬송하며 제사장들 앞에서 수종들게 하며 또 문지기들에게 그 반열을 따라 각 문을 지키게 하였으니 이는 하나님의 사람 다윗이 전에 이렇게 명령하였음이라"(대하 8:14)

4. 구약 시대 예배 음악가들

다윗은 왕위를 솔로몬에게 물려준 후, 성전에서 봉사할 레위인의 역할을 정해주었다. 그는 자신의 손으로 성전을 짓고 싶었지만 하나님께서 허락하지 않으셨고, 그의 아들 솔로몬에게서 짓도록 하셨다. 성전에 관심이 많았던 다윗은 세상을 떠나기 전에 성전의 제도를 세워주고 싶었다. 그래서 레위인들을 게르손, 그핫, 므라리의 후손들로 나누었고, 성전의 섬기는 일들을 정해 주도록 유언을 남겼다.

다윗은 성전의 사역을 보다 더 체계적이고 효과적으로 하기 위해 아론의 후손들인 제사장을 24반차로 나눈 것처럼 찬양대도 24반차로 나누도록 했다(대상 25:1-31). 이런 전통은 이스라엘의 분열 왕국시대를 지나, 포로귀환 후 재건된 성전을 거치면서 계속되었다. 이처럼 성전 찬양대의 조직은 레위 사람들로 구성되었으며 예수님 당시까지 계속되었다.

구약 성경 선지자서에는 여러 곳에서 하나님을 찬양하는 무리들을 보여준다. '모여서 찬양했다'는 것은 절대적인 그분께 마음을 다한 행동이며, 모든 피조물이 함께 그리고 전심으로 찬양했다는 것을 말해준다.

요시아 왕의 임종에 남성 찬양대와 여성 찬양대가 총애하는 왕을 위해 애가를 지었다. 당시 여자의 사회적 신분이 남자보다 낮았기 때문에 두 찬양대가 함께 노래하는 것은 일반적이지 않은 일이었다. 그럼에도 불구하고 두 찬양대가 함께 음악으로 하나가 되어 직무를 수행했다.

"예레미야는 그를 위하여 애가를 지었으며 모든 노래하는 남자들과 여자들은 요시야를 슬피 노래하니 이스라엘에 규례가 되어 오늘까지 이르렀으며 그 가사는 애가 중에 기록되었더라"(대하 35:25)

바벨론으로 포로 되어 갔던 유대 백성들이 선지자 에스라와 함께 예루살렘으로 돌아가는 것을 허락 받았다. 그때 그들은 남녀 모두 245명의 노래하는 자를 데리고 올 수 있었다. 당시 유대인들이 예루살렘에서 높은 수준의 예배를 다시 드리기 위해 헌신적인 남녀 혼성 찬양대를 중요하게 생각했음을 알 수 있다.

"그 외에 노비가 칠천삼백삼십칠 명이요 그들에게 노래하는 남녀가 이백사십오 명이 있었고"(느 7:67)

그리고 예루살렘 벽들은 다시 세워졌으며, 하나님의 영광을 찬양하고 감사하기 위해 참여한 레위 사람들과 음악가들과 함께 축하 잔치가 열렸다.

"예루살렘 성벽을 봉헌하게 되니 각처에서 레위 사람들을 찾아 예루살렘으로 데려다가 감사하며 노래하며 제금을 치며 비파와 수금을 타며 즐거이 봉헌식을 행하려 하매"(느 12:27)

음악은 우리에게 놀라운 힘을 미친다. 우리 곁에서 영감을 주거나 기운을 북돋아준다. 음악이 없는 세상은 상상하기 어렵다. 이와 같이 노래가 없는 예배도 상상하기 힘들다. 감사하게도 우리는 하나님 창조주를 음악으로 찬양할 수 있으며, 성경은 음악이 우리의 예배에 중요한 부분이라고 성경을 통해 지속적으로 알려준다.

| 아삽과 고라 자손들 (Asaph and the Sons of Korah) |

언약궤를 예루살렘으로 되찾아왔을 때, 다윗 왕은 레위 사람들이 즐거운 노래를 부르도록 합창단을 임명했다. 이 노래들은 자주 악기들과 함께 사용되었는데, 합창단의 음악가들 중에는 심벌을 연주하기도 했으며, 주로 아삽(Asaph)의 자손들이 맡았다 (대상 15:19, 16:5).

"노래하는 자 헤만과 아삽과 에단은 놋제금을 크게 치는 자요"(대상 15:19)

"아삽은 우두머리요 그 다음은 스가랴와 여이엘과 스미라못과 여히엘과 맛디디아와 엘리압과 브나야와 오벧에돔과 여이엘이라 비파와 수금을 타고 아삽은 제금을 힘있게 치고"(대상 16:5)

그리고 아삽의 자손들은 예배와 찬양에 대한 열두 개의 시편을 썼다(시 50편, 73-83편).

- 시 50편 "아삽의 시"
- 시 73편 "아삽의 시"
- 시 74편 "아삽의 마스길"
- 시 75편 "아삽의 시, 인도자를 따라 알다스헷에 맞춘 노래"
- 시 76편 "아삽의 시, 인도자를 따라 현악에 맞춘 노래"
- 시 77편 "아삽의 시, 인도자를 따라 여두둔의 법칙에 따라 부르는 노래"
- 시 78편 "아삽의 마스길"
- 시 79편 "아삽의 시"
- 시 80편 "아삽의 시, 인도자를 따라 소산님에듯에 맞춘 노래"
- 시 81편 "아삽의 시, 인도자를 따라 깃딧에 맞춘 노래"
- 시 82편 "아삽의 시"
- 시 83편 "아삽의 시 곧 노래"

또한 아삽은 베레갸의 아들이라고 기록되어있다(대상 6:39).

"헤만의 형제 아삽은 헤만의 오른쪽에서 직무를 행하였으니 그는 베레갸의 아들이요 베레갸는 시므아의 아들이요"(대상 6:39)

| 시편을 노래하는 아삽(Asaph) |

한편 고라의 자손들(the Descendants of Korah)은 예배 인도자로서 또 다른 중요한 레위 지파이며 열두 개의 시편이 그들에게서 지어졌다(시 42-49편, 84-85편, 87-88편).

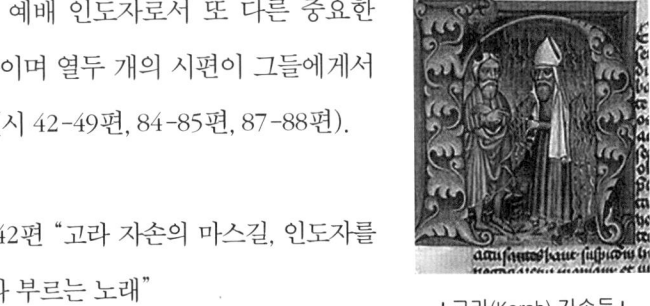
| 고라(Korah) 자손들 |

- 시 42편 "고라 자손의 마스길, 인도자를 따라 부르는 노래"
- 시 43편
- 시 44편 "고라 자손의 마스길, 인도자를 따라 부르는 노래"
- 시 45편 "고라 자손의 마스길, 사랑의 노래, 인도자를 따라 소산님에 맞춘 것"
- 시 46편 "고라 자손의 시, 인도자를 따라 알라못에 맞춘 노래"
- 시 47편 "고라 자손의 시, 인도자를 따라 부르는 노래"
- 시 48편 "고라 자손의 시, 곧 노래"
- 시 49편 "고라 자손의 시, 인도자를 따라 부르는 노래"
- 시 84편 "고라 자손의 시, 인도자를 따라 깃딧에 맞춘 노래"
- 시 85편 "고라 자손의 시, 인도자를 따라 부르는 노래"
- 시 87편 "고라 자손의 시, 곧 노래"
- 시 88편 "고라 자손의 찬송 시 곧 에스라인 헤만의 마스길, 인도자를 따라 마할랏르안놋에 맞춘 노래"

성전에서 '노래하는 자들'이나 '음악가'는 하나님을 향한 예배의 영을 조성시키고, 이스라엘 백성들이 함께 하나님께 영광 돌리며 찬양하도록 돕는다. 성전 음악인들은 자신의 임무를 결코 가볍게 받아들이지 않았다. 그들은 예배자로서 일평생 음악으로 하나님을 섬기기로 헌신했으며, 자신들의 음악 기술을 한 세대에서 다음 세대로 전수해 주었다.

다윗 왕의 통치 후 몇 세기 동안 128명의 아삽 자손들이 바벨론 포로에서 돌아왔다. 그들이 돌아와 가장 처음 한 일은 예배의 회복이었다. 성전과 예배를 재건하는데 중요한 일들을 감당했으며, 이후 이 성전 음악인 가문은 매우 힘든 상황 속에서도 거의 오백년을 생존했다.

아삽과 그의 동료 레위 사람들은 예배에서 질서는 물론, 보이는 것 모두를 매우 중요시했다. 이 음악인들에게는 각각의 고유한 임무가 할당되었는데, 그들은 각자 독특하고 필수적이며, 전문적인 부분들을 최선을 다해 훌륭하게 연주해냈다.

또한 레위 사람들은 보이는 외적인 행실과 행동도 중요하게 여겨 경건하게 예배했으며, 하나님이 그들에게 요구한 정결함을 상징하는 세마포 예복을 입었다(대상 15:27).

> "다윗과 및 궤를 멘 레위 사람과 노래하는 자와 그의 우두머리 그나냐와 모든 노래하는 자도 다 세마포 겉옷을 입었으며 다윗은 또 베 에봇을 입었고"(대상 15:27)

이를 통해 우리는 하나님께 찬양으로 영광 돌리는 자들의 가장 중요한 것은 정결함이며, 거룩임을 알게 된다. 분명한 것은 그들이 드러난 행동과 마음, 모든 면에서 주님이 기뻐하시는 예배를 드리길 원했다는 사실이다. 하나님께 예배한다는 것은 은혜이자, 책임과 그에 따른 의무가 있음을 알게 된다.

오랜 시간 동안, 비록 이 땅 위에서 땅을 유업으로 받지는 못했지만, 아삽과 고라의 자손들을 포함한 레위 사람들은 이스라엘 역사에서 위대한 순간들, 즉, 언약궤를 예루살렘으로 옮긴 일, 성전 봉헌식, 히스기야의 성전 정화, 성전 재건축 등에 악기와 노래를 통해 하나님을 기념하고 예배하는 축복을 받았다.

> "다윗이 레위 사람의 어른들에게 명령하여 그의 형제들을 노래하는 자들로 세우고 비파와 수금과 제금 등의 악기를 울려서 즐거운 소리를 크게 내라 하매"(대상 15:16)

"하나님이 지으신 그 모든 것을 보시니 보시기에 심히 좋았더라"(창 1:31)는 창세기 말씀을 통해 우리는 하나님이 창조물들이 각각의 아름다움으로 하나가 되어 경배할 때 가장 기뻐하셨다는 것을 알 수 있다. 서로 다른 수많은 사람들이 각각의 특색 있는 목소리로, 그리고 작고, 크고, 여러 모양과 소리를 내는 악기들이 하나가 되어 연주하고 찬양할 때, 그때가 하나님이 가장 원하시는 예배의 모습이다.

더 나아가 너무나 다른 우리의 성격과 모습들이 하나 되어 하나님을 노래할 때, 그리고 나이가 지긋한 1세대와 MZ(Millenium &

Generation)를 포함한 다음 세대들이 함께 모여 찬송가 '복의 근원 강림하사'와 매트 레드먼(Matt Redman)의 '주 이름 찬양'을 모두 한 목소리로 기쁘게 찬양할 때, 이것이 진정 사랑으로 하나된 예배 공동체이자 교회이며 요한계시록 4-5장의 천상의 예배임을 기억해야할 것이다.

5. 신약 시대 이후 찬양과 음악의 발전

신약 성경에는 구약 성경과 달리 음악과 찬양에 대한 자료가 많지 않다. 가장 큰 이유 중 하나는 역사적으로 초대 교회 시기에 로마의 핍박과 박해로 드러내놓고 찬양을 부르고 악기를 연주하기가 쉽지 않았기 때문이다. 이 시기의 예배는 다윗 시대의 성전예배 양식을 많이 따랐으며, 당시 그리스, 로마 시대의 음악과 접촉하면서 여러 교류가 있었을 것으로 추측된다.

한편, 사도 바울은 고린도교회의 무질서한 예배를 책망하면서 예배에 대해 다음과 같이 언급하고 있다.

> "그런즉 형제들아 어찌할까 너희가 모일 때에 각각 찬송시도 있으며 가르치는 말씀도 있으며 계시도 있으며 방언도 있으며 통역함도 있나니 모든 것을 덕을 세우기 위하여 하라"(고전 14:26)

이를 통해 바울은 예배 요소의 다양성과 공동체적인 개념의 중요성에 대해서도 강조하고 있음을 알 수 있다.

초대 교회는 AD 313년, 콘스탄티누스(Aurelius Constantinus, 272-337) 황제가 밀라노칙령으로 기독교를 공인하면서 신앙의 자유를 얻게 되었으며, 비로소 교회가 지상으로 올라올 수 있었다. 이때부터 지역마다 교회가 하나씩 있는 경우가 많았으므로 이를 '지역 교회(Local Church)'라 부르게 되었다. 이후 교회는 예전(Liturgy)이 발달함에 따라서 찬양대의 발전에 힘을 쏠 수 있게 되었다. 하지만 기대와 달리 교회는 특권층이 되어갔으며, 성전을 건축하고 예배 형태도 자리 잡으면서 음악적인 수준도 높아져갔다. 이때부터의 예배는 오히려 지도층을 위한 예배가 되었으며, 평신도는 수동적으로 앉아 예배를 드릴 수밖에 없었고 찬송마저도 부르지 못했다.

당시 찬양은 훈련된 찬양대만이 할 수 있었으므로 평신도들은 마치 공연에 온 것과 같은 느낌을 받았다. 게다가 이교도와 이단들의 범람으로 인해 악기를 사용하지 못하게 하였으며, 찬송은 대부분 특별한 행사에만 부르게 되었다.

중세 시대의 교회 음악은 가톨릭 시대의 음악과 궤를 같이 한다. 교황 레오(Sanctus Leo, 440-461)는 수도원을 세웠으며 성가학교에도 관심을 가졌다. 이후 교황 그레고리 교황(Gregory the Great 540-604)은 교황의 사절로 콘스탄티노플(Constantinople)에 7년간 파견되어 머무르면서, 라틴 예배식 초기 성가인 '암브로시우스(Ambrosius, 340-397) 성가'를 연구해 이를 밀라노에서 주로 사용했다. 이후 교황 즉위 후에는 새롭게 보강하여 음악을 만들었는데, 이것이 '그레고리 성가(Gregorian Chant)'다. '그레고리 성가'는 가톨릭의 전통적인 단선율 성가의 무반주 음악이다.

또한 '스콜라 칸토룸(Scholar Cantorum)'이라는 음악 학교를 설립해 예배에서 찬양하는 사람을 교육시키고 배출했는데, 이는 잘 훈련된 사람이 찬양해야 예배가 경건하다고 생각했기 때문이다. 초기에는 음악이 단순했으므로 남자 성인만으로 구성한 아카펠라였지만, 음악이 단성 음악에서 다성 음악으로 발전하면서 여러 파트가 필요해지게 되었다. 그러나 예배에 여성을 세울 수 없다는 생각으로 여성 대신에 소년들을 찬양대에 기용하게 되었으며, 이런 구성은 16세기까지 이어졌다. 이 시대에 음악이 더욱 발달하면서 변성기 이전의 소년들을 거세시켜 변성하지 못하게 해 소프라노를 담당하게 되었는데, 이를 '카스트라토(Castrato)'라고 한다.

그레고리 성가는 7세기 말 영국으로 전해졌으며, 8세기 초에는 독일로 퍼져갔다. 이후 로마제국의 세력이 커지자 그레고리 성가는 모든 유럽에까지 퍼져 교회음악의 모범이 되었다. 8세기부터 10세기에 이르는 중세 초기에는 더욱 발전하면서 다성 음악이 주류가 되었으며, 11세기에서 12세기에 이르러서는 다양한 새로운 시도들도 일어났지만 역시 모두 사제 중심의 찬양과 음악이었다.

15세기부터, 1400년대부터 1600년대 사이에 르네상스 음악이라고 불리는 새로운 합창음악 양식이 소개되었다. 합창음악은 전 유럽에 퍼져나갔으며, 많은 작곡가들이 대부분 가톨릭 교회의 미사를 위해 작곡했다. 르네상스 음악은 음악이론, 작곡, 연주의 수준을 높였으며, 많은 악기들이 이 시기에 만들어졌다.

1517년, 종교 개혁은 예배와 찬양에 있어서 획기적인 전환기를 맞이하는 사건이다. 기존 가톨릭의 예배, 즉 미사는 앞에서 언급한대로 사제 중심의 미사였으며 찬양 또한 특수한 계층의 노래였다. 마틴 루터의 종교 개혁이 성공하자 곳곳에서 이런 전통적 찬양대를 해산시키게 되었다.

이에 따라 예배 예식에서 찬양대만 노래를 하는 것이 아니라 평신도가 직접 찬송하는 새로운 전통이 생기게 되었다. 그러나 찬양의 질적 저하를 우려한 끝에 다시 오늘날과 같은 찬양대를 조직하게 되었다. 그리고 지금과 같은 혼성 찬양대의 편성은 18세기 이후 독일에서 시작되었는데, 이는 종교 개혁의 영향이다.

마틴 루터(Martin Luther, 1483-1546)가 1517년 비텐베르크 성문에 '95개조 반박문'을 붙이며 촉발된 종교 개혁 이후 여러 교회와 신앙 운동들이 일어났는데, 그 원인과 결과를 살펴보면 찬양이 어떻게 발전해왔는지 들여다 볼 수 있다.

종교 개혁자들은 시적인 가사에 곡을 붙여 일반 회중들이 쉽게 하나님을 찬양할 수 있도록 해 신앙적 깨달음을 갖도록 했다. 특히 루터는 그동안의 형식적 틀에서 벗어나 여러 사람의 저자에 의해 이루어진 종교시 등을 노래하는 형식을 선호했으며, 이를 통해 대중들의 신앙을 고취하려고 했다. 반면 칼빈(John Calvin, 1509-1564)은 시편, 즉 시편의 성구를 가사로 노래하는 정형화된 형식을 취했다.

이 같이 종교 개혁자들의 생각은 서로 다른 부분들이 있었지만, 종교 개혁의 가장 크고 분명한 공헌은 중세 가톨릭 미사에서의 라틴어가 이제 독일어를 비롯한 각 나라의 언어로 번역돼 하나님을 찬양할 수 있게 되었다는 사실이다.

바로크 시대인 16세기 후반부터 17세기에 이르러서는 기보법의 발전과 악기 발달에 힘입어 기악 음악이 상당한 수준에 이르렀다. 예배에서뿐만 아니라 행사와 공연을 위해서도 교회 음악이 만들어졌다. 이 시기에 바흐(Johann S. Bach, 1685-1750)와 헨델(George F.

Handel, 1685-1759) 등은 성경 말씀을 바탕으로 장엄한 '메시아' 같은 오라토리오를 비롯해 웅장한 칸타타와 다양한 곡들을 작곡했다.

활발한 음악의 발전은 영국 찬송가의 아버지 아이작 와츠(Isaac Watts, 1674-1748)와 요한 웨슬레(John Wesley, 1703-1791) 등에 많은 영향을 주었다. 특히 와츠는 750개의 찬송시를 써서 회중들의 경험과 감정의 중요성을 알렸으며, 당시 영국 국교회의 음악을 시편에서 찬송가로 전환하는데 큰 역할을 했다.

종교개혁이 끝나고 난후, 유럽은 종교개혁을 지지하는 나라들과 반대하는 가톨릭 진영과 나뉘지면서 정치, 경제, 사회, 문화 등 전반에 이르는 모든 것이 분리되기 시작한다. 유럽의 기독교인들은 교회의 양분 이후 사회적으로, 경제적으로 혼란한 시기를 맞이했다. 심지어 대부분이 기독교인이었던 유럽 사회에서 교리적으로 가톨릭과 개신교 중 어디에 속하는지에 대한 질문들은 사회생활과 실생활에도 영향을 끼쳤다.

교회 내부에서도 교회의 정통성, 즉 정통주의 신학의 교리적 강조에 중점을 두게 되었고, 교회 설교와 선교도 기독교인의 태도와 실천보다는 정통성을 강화하는 교리의 인정에 중점을 둘 수밖에 없었다. 이에 점차 개신교의 제도 중심화, 교리 중심화가 신앙의 실천, 변화의 경험을 막는 것에 대한 반성이 나타났는데, 이 반성은 독일 루터교회의 내부에서 경건주의(Pietism)로 발생하였으며, 점차 전 유럽 전역과 영국과 미국의 교회들로 퍼져갔다.

| 경건주의 대표적 지도자들(스펜서, 프랑케, 진젠도르프) |

경건주의 창시자인 필리프 슈페너(Philipp J. Spener, 1635-1705)와 그의 젊은 동역자인 아우구스트 필리페(August H. Francke, 1663-1727) 등을 중심으로 경건주의 사고, 독서와 실천, 상업 활동, 사회 개화, 종교적 경험, 할레 대학 등의 학교 설립까지 광범위의 영향력을 발휘해 17세기에서 18세기까지 영향을 주었으며, 계몽주의 발전의 기독교적 배경을 마련했다. 이 같은 교리 중심의 교회에 대한 반성에서 시작된 '경건주의(Pietism)'는 신학적 개념보다는 기독교인의 생활과 실천을 강조하는 사상이자 종교 운동이었다.

16세기말부터 17세기까지 지속된 경건주의 운동은 교회의 죽은 정통과 냉담한 영성에 대한 문제가 제기되어 영적 운동을 염원하는 '모라비안 형제회(Moravian Brethren)' 등에 영향을 주게 되었다. 모라비안들은 1722년 가톨릭의 탄압을 피해 진젠도르프(Nikolaus L. Zinzendorf, 1700-1760) 백작의 영지로 들어가게

| 경건주의 운동 |

| 존 웨슬리의 거리 설교 |

되었으며, 그곳에 모라비안 공동체를 형성하게 되었다. 이후 복음주의자들이었던 모라비안 교도들은 유럽 각지로 흩어져 영향을 주었는데, 요한 웨슬리(John Wesley)가 감리교회를 창설하게 되는 원인이 되었다.

1727년경 당시 헤른후트(Herrnhut)는 신앙에 있어 예정설, 거룩함, 세례(침례) 등 여러 다른 견해로 서로 다투며 상처받고 분열된 상태였다. 이곳에서 진젠도르프는 집회를 통해 연합과 사랑과 회개를 촉구했으며, 계속된 기도회를 통해 많은 사람들이 회개하고 새로워지는 성령의 강한 능력을 경험하게 되었다. 이를 통해 공동체마다 회개와 기도운동이 일어났으며, 성령의 기름 부으심을 통해 많은 사람들이 주님께로 돌아오는 역사가 계속되었다. 성령으로 무장되기 시작한 모라비안들은 모일 때마

| 헤른 후트(Herrnhut) |

다 기도와 찬양을 함께 불렀으며, 은혜가 넘쳐 거리에서도 복음을 전하며 찬양을 불렀을 정도였다.

종교 개혁이후 교회가 신앙적 갈등 속에 빠져 있을 때, 18세기에 일어난 경건주의 운동은 수동적인 교리 중심의 신앙을 적극적이면서 마음으로 기도와 찬양을 통해 하나님을 새롭게 경험하고자한 복음주의적인 성령운동이라 할 수 있다. 이는 18세기 이후 성령 운동을 확장시켜 은사주의에 영향을 주게 되고, 감리교회와 성결교회 그리고 더 나아가 오순절운동에 커다란 영향을 주게 되었다.

또한 종교 개혁과 정통적 교리중심의 교회에 반대하며 예배에 있어서 수동적이 아닌 능동적인 예배와 찬양을 지향했다. 이를 통해 기독교 공동체에 기도운동이 일어나게 되었으며, 회개와 치유와 사랑을 바탕으로 한 복음주의 운동으로 발전하게 되었다.

초대 교회의 말씀과 성찬으로 하나 되었던 기쁨의 예배 공동체는 예배사에서 '잃어버린 1000년'이라고 일컫는 AD 500년에서 16세기 종교 개혁의 시대까지 예배의 역동성을 잃어버리고 사제 중심의 수동적 예배를 거치면서 예배의 본질이 사라져버렸다.

종교 개혁이후, 종교 개혁자들을 중심으로 초대 교회의 유산을 회복시키면서 다양한 믿음의 성향대로 종파들이 나누어졌으며, 말씀 중심의 교리 중심화는 하나님을 향한 소통과 체험을 중시하는 경건주의 운동이 발생하는 원인이 되었다. 은사주의의 씨앗과 같은 경건주의의 발생은 하나님을 수동적이 아닌 능동적으로 찾고 경험하는 것이 중요하다는 인식을 갖게 했으며, 예배에서의 찬양의 역할의 중요성을 인식하는 계기가 되었다. 경건주의는 이후 발생하는 여러 복음주의 집회와 기도 운동, 그리고 현대 예배와 찬양의 임재신학 등에 직간접적인 영향을 주었다.

2장 찬양과 경배 운동의 발전

1. 18세기 이후 부흥운동

하나님을 경험하고 소통하는 삶이 진정한 예배이며 찬양이라고 생각한 경건주의자들은 당시 많은 교회에 영향을 주었으며, 성령 체험을 바탕으로 한 은사주의 운동의 시초가 되었다. 이 영향을 받은 사람 중 한 명이 요한 웨슬리(John Wesley, 1703-1791)였다. 그는 영국 출신으로 옥스퍼드 대학교를 졸업한 후, 복음적 회심을 경험했으며, 유럽에서 모라비안 교도들을 만나 성령 운동을 체험했다.

영국으로 돌아온 그는 1738년 5월 24일 저녁 8시 45분, 마음이 별로 내키지 않았으나, 올더스게이트(Oldersgate) 거리에 있는 한 모라비안 교도의 교회에 참석하게 되었다. 그곳에서 그는 예배를 인도하는 사람이 루터의 '로마서 서문'을 읽고 "그리스도를 믿는 신앙을 통해 하나님께서 우리 마음에 역사하심으로써 일어나는 변화에 대하여 설명할 때에 이상하게 뜨거워지는 것을 느꼈다"고 말했다. 웨슬리는 성령님을 인격적으로 체험하게 되었으며, 비로소 완전한 구원의 체험을 하게 되었다.

이를 계기로 요한 웨슬리를 중심으로 한 은사주의적 복음주의(Charismatic Evangelical) 운동은 개인적 복음과 사회적 복음의 입장을 지닌 감리교회로 발전했으며, 당시 국가 교회인 영국 국교회가 성공회로 전환되는 원인이 되었다. 또한 교회가 교리로만 안주하는 것이 아닌 복음주의적 생명력이 중요함을 알게 되었다. 이후 웨슬리의 사역과 저술은 감리교의 활동만이 아니라 19세기 성결 운동과 20세기 오순절 운동 및 기독교 사회복지 운동에 커다란 영향을 끼쳤다.

찬양을 즐겨 부르고 대중 집회 때마다 자주 사용했던 그는 매우 어렵던 교리와 사상을 쉬우면서도 전인적으로 배우고 경험하는데 찬양을 효과적으로 사용했다. 찬양은 집회의 강력한 통로가 되었으며, 참석한 많은 사람들은 은혜가 넘치는 성령의 능력을 경험하게 되었다. 이후 개인의 신앙적 고백과 체험, 신앙생활들을 시로 표현하기도 했으며, 성경적인 기독교 신앙과 교리를 표현하는 데 적극적이었다.

한편 웨슬리는 찬양을 통해 회중이 은혜를 경험한다면 그것은 하나님을 영화롭게 함으로 경험하게 된 결과이지, 그 자체가 주된 목적이 되어서는 안 될 것이라고 주장하기도 했다.

이 같은 웨슬리의 찬양에 대한 깊은 관심은 예배자들이 찬양이 하나님을 경험하는 중요한 통로로 인식되었으며 예배에서 찬양이 점점 중요한 위치를 차지하게 되었다. 이후 성결교와 오순절 교회의 성령 운동에 찬양의 역할이 더 강조되는 계기가 되었으며, 찬양이 예배에 중요한 요소로 자리 잡아 갈 수 있었다.

하나님을 예배에서 경험하고자 하는 열망으로 촉발된 '경건주의'는 대륙을 넘어 영향을 미치기 시작했다. '제 2차 대각성 운동(The Second Great Awakening Movement)'은 17세기 말부터 18세기 초까지 유럽을 휩쓴 경건주의가 18세기 초 미국으로 건너가 극적인 영향을 일으킨 대표적 신앙 부흥운동이다. 이 운동의 대표적인 인물이 조지 휫필드(George Whitefield, 1714-1770)로 그는 영국의 신학자이자 설교자로 18세기 영국 존 웨슬리와 감리교운동을 시작했으며, 개혁주의적 감리교 신학을 주장해 그 기틀을 다졌다.

'제 2차 대각성 운동'은 당시 영국 식민지였던 뉴잉글랜드의 메마른 합리주의와 중부 네덜란드 개혁교회의 예배 의식에 집착한 형식주의, 그리고 남부의 목회감독 소홀 등에 반대하고 하나님과 백성 사이의 계약을 새롭게 하고자 일어났다. 초교파적인 이 운동은 회개의 외적 증거와 내적인 은총 체험을 강조했으며 성경연구와 전도에 주력했다.

헨리 메이(Henry Farnham May, 1915-2012)는 그의 책 "The Enlightenment in America(미국의 계몽주의)"에서 '제 2차 대각성 운동'이 갖는 세 가지 변화를 다음과 같이 정리했다.

"첫째는 칼빈주의의 교리적 중심에서 체험을 강조하는 면이 부각되면서, 중생의 체험을 강조하다 보니 교리적 가르침, 즉 웨스트민

스터 신앙고백을 외우고 공부하는 것보다, 감정위주의 체험신앙이 등장하게 되었다. 둘째는 에드워즈의 후천년설이 등장하면서, 이 신세계에서의 그들의 새로운 역할이 강조되었다. 즉, 재림을 기다리는 신앙보다, 이 땅에서의 삶을 보다 강조하는 설교가 등장하게 되었다. 셋째는 경건주의자와 이성주의자라는 양 극단의 대립이 날카로와졌다."2

미국에서 일어난 '제 2차 대각성 운동'은 유럽에서의 경건주의 운동과 함께 수동적 신앙생활과 교리중심의 예배로부터 하나님과의 만남을 통한 실제적인 삶을 중시하는 운동이었다. 이 운동은 1740년대 후반에는 미국 남부 지역까지 확대되었으나, 너무 감정적으로 흘러 장로교회와 회중교회 사이에 신학적 해석을 달리하게 되었고, 성공회와 영국 복음주의 교회들로부터 교회를 분열시킨다는 비판을 받으면서 쇠퇴했다.

이 부흥운동을 이끈 주요 인물로는 교파를 초월해 조나단 에드워즈(Jonathan Edwards, 1703-1758)와 찰스 피니(Charles Grandison Finney, 1792-1875)를 비롯해 길버트 테넌트(Gilbert Tennent, 1703-1764), 사무엘 데이비스(Samuel Davies, 1723-1761) 등이 있다.

예배 속에서 하나님을 체험하고자 하는 열망은 '제 2차 대각성 운동' 이후 '아주사 부흥운동'으로 연결되었다. '아주사 부흥운동(Azusa Rivival)'은 1906년부터 1931년까지 미국 캘리포니아 아주사(Azusa) 거리에서 일어난 20세기 오순절 부흥운동이다. 이 운동을 시작한 윌리엄 시무어(William J. Seymour, 1870 – 1922)는 자유 노예의 아들 출신으로 방언 사역을 주창하는 오순절 설교자 찰스 파햄((Charles F. Parham, 1873-1929)의 제자였으며 작은 성결교회 목사였다. 그는 예수 그리스도의 재림이 임박 했으며, 늦은 비 성령이 곧 임할 것으로 주장했다.

텍사스에서 로스앤젤레스로 온 시무어는 아주사 거리의 모퉁이 창고에서 성령을 사모하는 집회를 갖기 시작했다. 1906년 4월 9일부터 12일까지 금식으로 진행된 집회에서 그는 사도행전 2장 4절 "그들이 다 성령의 충만함을 받고 성령이 말하게 하심을 따라 다른 언어들로 말하기를 시작하니라"를 본문으로 설교를 했는데, 많은 사람들이 관심을 가지고 모여들기 시작했다. 방언을 사용해 기도하기도 했으며, 많은 사람들이 동참하며 밤을 새면서 기도가 계속되었다. 피상적이 아닌 체험적 신앙과 성령의 은사를 갈급해하는 사람들과 영적으로 굶주린 사람들이 모여들면서 집회는 영적 운동이 되어갔다.

아주사 거리(312 Azusa Street)의 예배는 거의 24시간 내내 진행되었으며 자발적이었다. 그 부흥회에 참석한 사람들 중에는 성결교뿐만 아니라 침례교, 메노나이트, 퀘이커, 장로교도들이 있었다. 또한 집회에는 어떤 악기도 사용되지 않았으며, 서서 또는 앉아서, 하늘을 보면서 찬양을 불렀다. 그리고 특별한 지도자들이 없었지만 집회는 뜨거웠으며, 성령 체

| 아주사 부흥운동의 요람 |

험을 하는 사람들이 늘어갔다. 일부 매체와 백인중심의 교단에서는 이러한 방언과 예언에 대해 이단성을 말하기도 했지만 그들의 열정과 사모함은 오히려 타올랐다.

이곳에서 성령의 은혜 받은 사람들이 전도와 선교를 위해 흩어졌으며, 선교사로 또는 전도자로 헌신되었다. 약 50개국이 넘는 나라로 복음을 전하기 위한 선교사들이 넘쳐났으며, 현대 오순절 운동과 오순절교단(기독교 하나님의 성회)의 시초가 되었다.

많은 교회 지도자들과 신학자들은 '아주사 부흥운동은 이 시기에 전 세계적으로 일어난 영국의 '웨일스 부흥운동(1904년)', 1907년 평양 장대현에서 일어난 '평양 대부흥'과 성령

| 1907년 평양 대부흥 운동 |

부흥운동의 관점에서 서로 관련이 있다'고 말하기도 한다.

영적 침체에 빠져 있던 18세기 영국은 웨슬리와 같은 위대한 인물로 말미암아 새로운 부흥기를 맞게 되었으나 세월이 흐르자 다시 침체기에 빠져 들었다. 20세기 초에 영국을 부흥시킨 강령한 성령운동이 웨일스 지방에서 일어났는데, 그것이 바로 1904년의 '웨일스 부흥운동(The Welsh Revival)'이다. 광부의 아들로 태어나 13살 때부터 탄광 일을 돕던 이반 로버츠(Evan Roberts,1878-1951)는 1904년 "Lord, bend us(주님 우리를 굴복 시켜주소서)"란 설교를 듣고 성령 체험을 했다. 그는 로마서 5장 8절 "우리가 아직 죄인 되었을 때에 그리스도

께서 우리를 위하여 죽으심으로 하나님께서 우리에 대한 자기의 사랑을 확증하셨느니라"는 말씀을 통해 성령과 부흥을 강렬히 갈망하게 되었으며, 그 후 5년 만에 웨일스 지방 이곳저곳에서 10만 명이 참석하게 되면서 영국 오순절 운동과 부흥운동, 그리고 20세기 세계 부흥운동에 불을 붙이게 되었다.

아주사 부흥운동과 마찬가지로 '웨일스 부흥운동'의 특징 중의 하나는 감동적인 찬양이었다. 사람들은 누구나 전문가들 못지않게 은혜롭게 찬양을 잘 불렀다. 찬양을 부를 때 놀라운 성령의 충만한 감동을 받았다. 찬양대도, 지휘자도, 오르간 반주도 없었는데도 자발적인 기름부음이 강한 영혼의 찬양이었다.

아주사 부흥운동과 웨일스 부흥운동은 형식적인 관념적 예배를 거부한 하나님을 경험하고자하는 갈급한 심령들이 성령의 은혜 속에 일어난 성령운동이자 은사주의 운동이라 말할 수 있다. 예배와 찬양 면에서도, 이 운동들은 '빈야드 운동'에 영향을 주며, '찬양과 경배 운동'에도 영향을 미치게 되었다.

| 아주사 부흥운동 창시자 시무어와 110주년 기념 12만 명 집회 |

'복음송' 또는 '복음성가'라고 불리는 찬양은 대략 19세기 미국에서 시작되어 20세기에 걸쳐 약 100여 년 동안 영향을 주며 발전되어 왔다. 이 시기를 '전기 가스펠' 시대라고 부른다. '복음송'은 당시 예배에서 주로 부르는 찬송가(Hymns)와 대비되는 의미로서 사용되었는데, 1874년 미국의 부흥사 다니엘 휘틀(Daniel. W. Whittle, 1840-1901)과 함께 찬양 인도자로 활동하던 필립 블리스(Philip. P. Bliss, 1838-1876)의 노래 모음집 '가스펠 송(Gospel Song)'에서 처음 유래되었다. '가스펠(Gospel)'이란 앵글로색슨어로 '하나님(God)'과 '말씀(Spell)'의 합성어다. 즉 "하나님의 말씀에 음정과 리듬을 맞추어 부르는 것"이 '복음송(Gospel)'이며, 헬라어로는 '유앙겔리온(εὐαγγέλιόν, Good News)' 곧 '복음(기쁜 소식)'이다.

종교 개혁이후 200여년이 지난 18세기에 이르러서 말씀 중심의 이성적이고 수동적인 예배에 대해 부적적인 기류가 나타났다. 루터의 성경 번역이후 회중들이 성경 말씀을 쉽게 접하게 되면서 예배에서 그동안의 말씀에 대한 갈증들이 많이 회복되었지만, 한편으로는 하나님과의 소통과 고백, 마음의 감동 등을 예배 속에서 느끼고자하는 의지와 기류들이 나타나기 시작했다.

또한 18세기에 유행하기 시작한 이성의 원리를 중요하게 강조하는 '계몽주의(Enlightenment)'도 머리로만 하나님을 이해하는 우리의 마음을 일깨워 하나님을 만나고 경험하고자 하는 욕구를 불러일으키기에 충분했다. 이와 같은 흐름은 성령 운동을 촉발시키는 시작점이 되었는데, 복음전도 집회는 성령 운동에 기름을 붓게 만들었으며 찬양은 가장 중요한 도구가 되었다. 요한 웨슬리를 비롯한 은사주의를 지향하는 지도자들은 집회에서 찬양을 중요시하여 곡을 많이 만들었으며, 찬양을 발전시키는 중요한 계기가 되었다. 그리고 20세기 후반에 일어난 은사주의 운동인 '빈야드 운동(Vineyard Movement)'에도 영향을 주었다.

종교개혁을 통해 지난 1000여년의 가톨릭 미사의 사제 중심 음악에서 회중들의 찬양으로 큰 변혁을 이루었으며, 신학적 논쟁의 소용돌이에서 '경건주의' 운동이 태동되었다. 그리고 '경건주의' 운동은 성령운동과 맞물리게 되면서 감리교와 성결교, 오순절 계통의 종파들을 새롭게 떠오르게 했으며, '제 2차 대각성운동'과 '아주사 부흥운동', '웨일스 부흥운동' 등에 직접적인 영향을 주었다. 이 운동들은 종교개혁의 한 축인 칼빈주의나 개혁교회 등의 보수적 종파들과 대립하게 되었으며, 말씀 예배 중심의 교회들과 각을 세우면서 교회사적으로는 신학과 신앙적인 면에서 중요한 두개의 축이 되었다. 이런 면에서 최근 발전하고 있는 '찬양과 경배(Praise & Worship)' 운동은 하나님을 경험하려는 강렬한 움직임, 즉 경건주의-성령운동-부흥집회-은사주의로 이어지는 뿌리에 조금 더 깊게 닿아있다고 할 수 있다.

2. 현대 예배(Modern Worship) 초기 시대

'복음송(Gospel Song)'은 부흥 집회나 캠프 집회 같은 대중 집회에서 노래할 수 있도록 했기 때문에 주 내용은 예수 그리스도를 구주로 고백하거나 구원의 기쁨을 간증하는 내용들이다. 또 천국의 소망에 대해 개인적이고 주관적으로 표현했으며, 음악적으로는 대중성을 고려해 세속적인 스타일에 가깝게 만들어졌다.

복음송의 발전을 가져온 대표적인 인물은 무디(Dwight L. Moody 1837-1899)와 생키(Ira D. SanKey 1840-1908)였다. 무디는 전도 집회를 이끌어가는 목사로서 찬양의 중요성을 인식하여, 찬양 사역자였던 생키를 합류시켰으며 함께 대중 전도 집회를 순회하게 되었다. 당시 미국의 북동부 지역을 중심으로 많은 사람들이 집회를 통해 회심하고 예수를 구주로 영접했으며 이들은 배를 타고, 열차를 타고 여러 지역을 순회하면서 집회를 열었다.

| 무디와 생키(Moody and Sankey) |

이 때에 활약했던 대표적인 인물이 평생 시각 장애인으로 살았던 패니 크로스비(Fanny J. Crosby, 1820-1915)다. 그녀는 태어나면서 5주 만에 시력을 잃었으며, 평생동안 무려 약 10,000여 편의 찬송시를 썼다. 우리 찬송가에도 그녀의 찬송이 20여 편이 넘게 실려 있는데, "나의 갈길 다가도록" "예수를 나의 구주삼고" "주의 음성을 내가 들으니" "예수 나를 위하여" "오 놀라운 구세주 예수 내주" "나의 영원

| 패니 크로스비
(Fanny J. Crosby) |

하신 기업" "인애하신 구세주여" "찬양하라 복되신 우리 주 예수" 등이 그녀가 쓴 대표적인 찬양들이다.

생키는 패니 크로스비를 당시 살아 있는 복음성가 작사가 중에 가장 훌륭하다고 생각했다. 그래서 그녀에게 새 찬송가 수백 편을 쓰도록 격려했고, 집회뿐 아니라 복음찬송가와 성가, 독창곡을 그녀의 작품으로 채우기 시작했다.

한편 필립 블리스(Philip Paul Bliss, 1838-1876)는 무디의 전도 집회를 도운 찬양 인도자였는데, 우리 찬송가에도 그의 복음적인 곡이 많다. "내 평생에 가는 길"을 비롯해 "속죄하신 구세주를" "할렐루야 우리 예수" "달고 오묘한 그 말씀" "하나님 아버지 주신 책은" "주의 확실한 약속의 말씀 듣고" "하나님의 진리 등대" 등이다. 블리스는 안타깝게도 1876년 12월 30일 시카고에서 열렸던 무디의 전도 집회에 찬송 인도를 위해 아내와 함께 기차로 가던 중 오하이오 주 아쉬타불라(Ashtabula) 근교에서 발생한 철교붕괴사고로 인해 길지 않은 생(38세)을 마감했다.

그리고 "나 주를 멀리 떠났다" "어둔 죄악 길에서" 등의 복음송을 많이 작곡해 무디의 전도 집회에 감동을 주었던 윌리엄 커크패트릭(William J. Kirkpatrick, 1838-1921)도 당시 전도 집회에 많은 영향을 끼친 사람 중 한명이다.

일부 크리스천들 가운데 찬송가는 주일 공예배에서 부를 수 있고,

복음성가는 안 된다고 하는 말들이 있는데 복음집회를 위해 사용된 수많은 곡들이 우리의 찬송가에 많이 실려 있음을 인식할 필요가 있다. 18세기부터 20세기에 거쳐 수많은 찬양 곡들이 만들어졌는데, 한국 찬송가에 실린 대부분의 많은 곡들이 위에 소개된 작사 작곡자들의 복음송이기 때문이다. 이들은 세속적 음악이면서 민요적인 요소가 가미되었으며, "나 주를 멀리 떠났다", "이 몸의 소망 무엔가", "저 장미꽃 위에 이슬", "하나님의 진리 등대"와 같은 곡들이다.

 이 시기의 예배와 찬양은 하나님을 경험하기 위한 갈급함과 역동성이 있었으며, 대중 집회의 영향으로 복음에 대한 진정성을 회복하고, 하나님과의 개인적인 소통, 즉 기도의 회복과, 전도의 열정 등이 살아난 시기였다.

 공예배에서의 찬양의 선곡을 가르는 기준은 찬송가나 복음송 혹은 CCM과 예배 곡의 종류가 아니라 가사의 내용이다. 공예배에서는 하나님께 영광 돌리며, 하나님이 하신 일들을 찬양하고 경배하며, 예수 그리스도의 구원의 역사와 다시 오실 예수님을 찬양하는 내용이어야 한다. 이것을 수직적인(Vertical) 찬양이라고 한다. 이에 대비해 기도회와 전도 집회, 개인적인 간증 및 고백에 사용되는 찬양은 수평적(Horizontal) 찬양이다.

 1940-50년대에 빌리 그래함(Billy Graham, 1918-2018), 빌 브라이트(Bill Bright, 1921-2003), 토리 존슨(Torrey Johnson, 1909-2002) 등의 복음주의자들이 등장했다. 당시 공산주의에 대항해 미국의 군대가 싸우고 있는 동안, 미국 내에서는 예수 그리스도의 복음을 통해 젊

은이들을 새롭게 깨우고자하는 열정이 일어나기 시작했다. 토리 존슨의 '십대 선교회(Youth for Christ, YFC)'가 1946년에 창립되었으며, 나중에 빌리 그래함이 토리 존슨에 이어 이 단체를 이끌게 되었다.

빌리 그래함은 '십대 선교회'의 초기, 한 연설에서 다음과 같이 말했다.

"멋있는 복음송, 흥미로운 간증, 그리고 무엇보다도 젊은이를 위한 짧은 설교들은 수천 명의 외롭고, 불안하고, 두려워하는 십대들과 젊은이들을 사로잡았다."3

빌리 그래함의 대중 집회가 인기를 끌면서 많은 젊은이들이 집회마다 모이기 시작했다. 이 시기 젊은이들이 미래의 비전을 잃어가고 전쟁의 불안과 사회적 안정을 찾지 못하면서 복음의 소리에 더 이끌리게 되었다.

이와 같은 대형 집회와는 다른 가정 모임과 교제들을 통해 복음을 전하려고 힘쓰는 단체가 생겨났다. 1941년 텍사스 주 게인즈빌(Gainesville)에서 '영 라이프(Young Life)'가 짐 레이번(Jim Rayburn, 1909-1970)에 의해 만들어졌다. '영 라이프(Young Life)'는 모든 인종, 서로 다른 종교적 전통이나 문화, 능력 등을 초월하는 젊은이의 모임을 표방했으며, 여러 클럽들을 만들어 젊은이들의 공간이 되게 했다. 이 공간을 통해 복음을 전하려는 목적이 있었지만 참석을 강요하지는 않았다. 1951년에는 빌 브라이트에 의해 '대학생 선교회(Campus

Crusade)'가 창설되어 대학생들을 대상으로 복음을 전파하기 시작했으며, 당시 시대적 상황과 맞물려 많은 젊은이들이 복음을 받아들이기 시작했다.

1960-1970년대에는 빌 & 글로리아 게이더(Bill Gaither, 1936-) 부부의 미국 남부 스타일의 음악이 바탕이 된 복음 찬양이 교회를 중심으로 인기를 끌기 시작했다. 아내인 글로리아(Gloria)는 주로 가사를 썼으며, 빌(Bill)은 그 가사 위에 작곡을 하면서 지금까지 약 1000여곡을 만들어냈다.

1962년에 나온 "He Touched Me(험한 세상 나그네길)"는 선풍적인 인기를 얻었다. 이 곡은 인디애나 주 알렉산드리아 근처에서 열린 천막집회에서 놀라운 경험을 한 빌 게이더에 의해 작곡되었는데, 1963년 음반으로 발표되면서 많은 교회에 영향을 주었다. 이 곡은 많은 가수들에 의해 불렸으며, 엘비스 프레슬리가 불러 그래미상을 수상하기도 했다.

| 빌과 글로리아 게이더 부부
(Bill and Gloria Gaither) |

빌 게이더는 이후 빌이 '빌 게이더' 남성 트리오를 만들어 전 세계를 투어 했으며, 전 세계 집회 티켓이 110만장 이상이 팔리는 인기를 누리게 되었다. 지금까지 10여 차례의 그래미상과 수십 차례의 GMA 도브상(Dove Awards)을 수상했다.

한편 이 시대에는 찬양의 다른 장르가 등장했는데, 복음송의 아버지라고 불리는 토마스 도르시(Thomas A. Dorsey, 1899-1993)의 커다란 영향을 바탕으로 아프리카계 미국인 공동체 교회를 통해 새로운 음악가들이 나타났다. 이들은 '째즈(Jazz)'와 '블루스(Blues)'를 유행시키며 흑인 침례교, 감리교와 은사주의 교회 예배에 영향을 주었다.[4] 이는 1950년대와 1960년대 초에 유행했던 흑인 '복음송' 출현의 동기가 되었다.

한편, 현대 찬양의 초기 발전의 한 부류는 '말씀송(Scripture In Song)'이다. 말씀송은 성경 말씀에 근거한 가사에 곡을 붙이는 찬양으로 대표적인 인물이 데이빗 게렛(David Garratt, 1938-)이다. 그는 뉴질랜드 웰링턴 출신으로 1962년 동역자이자 아내인 오클랜드 출신의 데일 게렛(Dale Garratt, 1939-)을 만나 1964년에 결혼했으며, 이후 1968년부터 음악 출판사를 세우고 '말씀송(Scripture In Song)'을 만들어 보급하기 시작했다. 이 곡들을 보급하기 위해 음반을 출시했는데, 남편 데이빗이 주로 예배를 인도했고, 부인인 데일은 작곡을 담당했다. 성경 말씀을 기초로 쓰인 짧으면서도 영감 있는 곡들은 이 악보를 통해 전 세계로 급격히 퍼져 나가기 시작했다.

이 악보를 통해 데일 게렛(Dale Garratt), 브렌트 체임버즈(Brent Chambers), 릭 라이딩즈(Rick Ridings)와 데이빗과 데일의 사위인 레이먼 핑크(Ramon Pink) 등의 곡들과 밥 피츠(Bob Fitts)의 'Blessed be the Lord God Almighty(사랑하는 나의 아버지)' 등을 발표했다. '마라나타 뮤직(Maranatha! Music)' '프레이즈(Praise)'를 통해서도 이들의 '말씀송' 곡들이 소개되었고 전 미국에 영향을 미치기 시작했다.

1990년대로 넘어가면서 '말씀송'은 대형 음반기획 회사인 '인테그리티 뮤직(Integrity Music)'의 자회사가 되었으며, 이후 40여 년 동안 현대 교회 예배 음악의 방향을 잡아주었다. 또한 갈보리채플(Calvary Chapel)의 '마라타나 뮤직(Maranatha! Music)' 탄생에 영향을

| '말씀송'의 데이빗 가렛
(David and Dale Garratt)부부 |

주었으며, 호주의 '힐송 뮤직(Hillsong Music)'과 뉴질랜드의 '패러슈트 뮤직(Parachute Music)' 등이 세계적인 영향력을 끼치는 원동력이 되었다.

'말씀송'은 하나님 말씀인 성경을 찬양의 가사로 사용한다는 점에서 매우 성경적이다. 찬양의 가사가 자주 세속적으로 흘러간다는 점에서 '말씀송'은 계속 발전될 가치가 있다. 그동안 전 세계적으로도 시편 등의 성경 가사로 찬양을 작곡하려는 노력은 있어 왔는데, 앞으로도 계속 발전되어야할 것이다.

'말씀송'의 대표적인 곡들은 다음과 같다.

"이 날은 이 날은(This is the Day)"/ 레스 게렛(Les Garrett)
"할렐루야! 전능하신 주께서 다스리네(Hallelujah! Our God reigns)"/ 데일 게렛(Dale Garratt)
"주님과 담대히 나아가(Victory Song)"/ 데일 게렛(Dale Garratt)

"내가 만민 중에(Be Exalted, O God)"/ 브렌트 체임버즈(Brent Chambers)

"오, 하나님 받으소서(Song of Offering)"/ 브렌트 체임버즈(Brent Chambers)

"주께 감사하세(O Give Thanks to the Lord)"/ 브렌트 체임버즈(Brent Chambers)

"나 기뻐하리(I will Rejoice)" / 브렌트 체임버즈(Brent Chambers)

"아버지여, 우리는(Father, Make Us One)"/ 릭 라이딩즈(Rick Ridings)

"오라 우리가(Come and Let Us Go)"/ 퀴글리(B. & M. Quigley)

"사랑하는 나의 아버지(Blessed Be The Lord God Almighty)"/ 밥 피츠(Bob Fitts)

"영광 주님께(Glory, Glory Lord)" / 밥 피츠(Bob Fitts)

"로마서 16:19(Roman 16:19)"/ 데일 게렛(Dale Garratt), 라몬 핑크(Ramon Pink), 칠더스(John Mark Childers), 그레함 버트(Graham Burt)

그리고 이를 바탕으로 만들어진 현대 예배 음악의 초기 찬양들은 다음과 같다.

"우리 모일 때 주 성령 임하리(As We Gather)" / 타미 쿰즈(Tommy Coomes)

"감사함으로 그 문에 들어가며(He Has Made Me Glad)" / 앨리슨 헌틀리(Alison Huntley)

"주는 평화(He Is Our Peace)" / 캔디 그로브스(Kandy Groves)

"주님의 시간에(In His Time)" / 볼 다이앤(Ball Diane)

"이와 같은 때엔(In Moments Like These)" / 데이비드 그래함(David Graham)

"날 만나라(Commune With Me)" / 커크 디어맨(Kirk Dearman)

"주의 거룩하심 생각할 때(When I Look Into Your Holiness)" / 켄트 헨리(Kent Henry)

"항상 진실케(Change My Heart, O God)" / 로비 듀크(Roby Duke)

"거룩하신 하나님 주께 감사드리세(Give Thanks)" / 헨리 스미스(Henry Smith)

"왕이신 하나님 높임을 받으소서(He Is Exalted)" / 트와일라 패리스(Twila Paris)

"크신 주께(Great Is The Lord)" / 짐 길버트(Jim Gilbert)

3. 마라나타 음악(Maranatha! Music)과 갈보리 채플(Calvary Chapel)

현대 예배(Modern Worship) 시대를 여는 현대 예배 음악은 '마라나타 음악(Maranatha! Music)'을 빼놓고는 상상할 수 없으며, 현대 기독교 음악과 예배 찬양에 큰 영향을 주었다. 우리나라에서 부르는 초기 예배 곡 중 약 50% 이상이 마라나타 음반사를 통해 발표되었는데, 지금도 예배에서 많은 찬양이 불리고 있다.

1967년 베트남 전쟁은 많은 젊은이들의 희생을 가져왔는데, 한편으로는 기성 교회에 대한 부정적안 생각과 명분 없는 전쟁에 반대하며 절망을 느낀 많은 젊은이들이 캘리포니아 해변으로 몰려가 히피(hippie) 문화를 만들어내는 계기가 되었다. 히피 문화는 처음 많은 젊은이들의 공감대를 이끌어내며 사회 문화적인 동조도 많이 있었지만, 점점 그들의 의도와는 달리 절제가 사라지고 정당성과 신선한 문화운동의 진정한 목적이 사그라지면서 그 가치를 잃어버리게 되었다. 자유와 사랑, 평화를 추구하던 이들의 꿈은 이후 폭력과 마약, 살인들로 번지면서 처음 순수 동기가 많이 훼손되었으며 실망을 드러냈다.

60년대와 70년대를 거치면서, 서구의 전통적 개신교 예배는 심각한 위기에 부딪혔다. 젊은이들이 전통적 예배 의식에 대한 거부적 성향을 보이면서 교회를 이탈하기 시작한 것이다. 교회는 젊은 세대에 대한 새로운 대응과 방식을 찾아야했고 이러한 상황에서 예배는 큰 변화를 겪었다. 오르간과 피아노 대신 기타와 드럼이 유입되고, 찬송가와 성가대 대신 록 밴드를 중심으로 한 경배와 찬양이 새로운 형식으로 자리를 잡았다.

이 시기에 갈보리 채플(Calvary Chapel) 교회의 척 스미스(Chuck Smith) 목사는 정신적, 사회적으로 어려움에 처한 젊은이들에게 관심을 가졌다. 지속적으로 변화된 젊은이들을 토요 찬양집회를 통해 영적으로, 음악적으로 깊이 훈련시켰고, 그 당시 젊은이들이 만들었던 음악을 전문적인 작업을 거쳐 사람들에게 보급하게 하기 위해 1971년 '마라나타 음악(Maranatha! Music)'이라는 음악 선교 단체를 설립해 앨범을 만들어내기 시작했다.

척 스미스 목사가 이끄는 갈보리 채플에 매료된 사람들 중에서는 마약에 취해있고 사양길에 접어든 록 밴드인 5인조 밴드 '러브 송(Love Song)'이 있었다. 이 밴드의 리더인 척 지라드(Chuck Girard)는 산타 로사(Santa Rosa) 출신으로 베테랑 스튜디오 음악가이자 가수였는데, 1960년대 초반 히트를 기록했던 '카스텔스(The Castells)'과 '혼델스(The Hondells)'라는 밴드에서 주요 파트를 연주하기도 했다.

| 젊은이들에게 복음을 전하는 척 스미스(Churck Smith) 목사 |

| 1970년대 갈보리 채플(Calvary Chapel) |

'러브 송(Love Song)'의 새로운 역사는 1969년 밴드의 멤버인 프레드 필드(Fred Fields)가 대학생 선교회(Campus Crusade for Christ, CCC)의 일원을 헌팅턴 비치(Huntington Beach)에서 우연히 만남으로서 시작됐다. 당시 히피 목회자였던 로니 프리스비(Lonnie Frisbee)와 갈보리 채플에서 일어났던 위대한 사건을 들은 필드는 밴드 멤버들에게 저녁 예배에 참석해보자고 권면했다. 그 날 저녁 설교를 맡은 사람은 척 스미스 목사였는데 지라드는 이 집회에서 스미스 목사의 설교를 듣고 충격을 받았다. 지라드는 자신과 밴드 멤버들이 따뜻한 분위기를 지닌 스미스 목사의 기존 교회와는 다른 편안하고 자유로운 설교에 크게 감동 받았다고 말했다. 이 집회 후 2주가 지나지 않아 밴드의 모든 멤버들은 영적 변화를 체험했으며, 1970년대 초반 모든 멤버들이 갈보리 채플에 정기적으로 출석하게 되었다.

그들이 모두 침례를 받은 후 약 1개월 지난 시점에 로니 프리스비는 밴드 멤버들에게 척 스미스 목사에게 새 음악을 작곡해 연주해주자고 말했다. 그들의 말을 들은 스미스 목사는 밴드를 따라서 공원에 갔으며, 그곳에서 밴드는 기타로 몇 가지 노래를 연주했다. 이들의 음악에 스미스 목사는 매우 감동했으며 컨트리 풍 사운드의 '러브 송'이라는 소프트 록은 갈보리 채플의 일부가 되었다. 그리고 곧 그들은 로니 프리스비의 성경 공부에 정기적으로 참석하게 되었다.

그들의 손끝에서 일어나는 폭발적인 음악적 달란트에서 영감 받은 스미스 목사와 프리스비는 1970년대 초반, 젊은이들에게 한 걸음 더 다가서기 위한 특별한 콘서트를 열기로 결정했다. 어느 봄날, 금요일에 갈보리 채플은 롱비치(Long Beach)의 밀리켄(Milliken) 고등학교 강당을 빌렸으며, 이는 앞으로 매주 수년 동안 개최되었던 찬양 콘서트의 시초가 되었다. 콘서트가 진행되는 동안,

| 척 스미스(Churck Smith) 목사와 해변 집회 |

지역 신문은 2천명 이상으로 추정되는 10대들이 몰려들어 자리가 모자라 학교 밖에까지 줄을 섰다는 기사를 발표했다. 그러나, 참석자 숫자라는 단순한 지표는 콘서트의 주 목적에 비해 중요하지 않은 두 번째 목표였다. 가장 중요한 것은 '러브 송'의 공연 후에 약 600여명의 젊은이들이 예수를 영접하고 '그리스도의 초청' 앞으로 나아왔다는 사실이다.

갈보리 채플에서 연주되고 불린 많은 음악들은 이전 전통적인 교회의 음악, 찬양과는 다른 형식의 새로운 음악으로, 후에 '찬양(Praise song)'이라 불렸다. 그리고, 이후 교회 공동체 예배 대부분에서 공유되었다. 이러한 새로운 형태의 음악은 단순한 찬송가와 현대 포크(Folk) 음악과 19세기 후반의 부흥에 사용되었던 오래된 복음송과 모두 결합되었다. 또 다른 찬양의 형태는 성령 안에서 노래하는 현상이었는데, 이는 오순절(Pentecostal) 운동 및 성령 은사주의 운동에 영향을 주었으며 '빈야드 운동'의 효시가 되었다.

'러브 송'의 멤버인 타미 쿰즈는 그에게 감동을 준 갈보리 채플 음악의 느낌을 다음과 같이 고백했다. "나는 불리기도 전에 다음 곡조를

알았어요." 그는 또 이렇게 회상했다. "저는 그처럼 단순한 음악에 익숙하지 않았지만, 저를 완전히 매료시켰어요. 그것은 사람들을 주님의 전으로 이끄는 음악이었습니다."

음악이 갈보리 채플의 사역에 준 깊은 영향력에 놀란 척 스미스 목사는 이러한 음악이 지속적으로, 그리고 많은 사람들이 들을 수 있는 음반으로 담길 수 있는지에 대해 궁금해 했다. 1971년 초반, 그는 개인적으로 2,500달러를 헌금해 '갈보리 채플' 앨범을 출시했다. 이 앨범은 '갈보리 채플' 콘서트에서 수천 장이 판매되었던 훌륭한 스튜디오 앨범 중 하나였다. 이것은 그해 말, 스미스 목사가 '마라나타! 음반사(Maranatha! Music)'를 만드는 계기가 되었다. 이를 시초로 향후 10년 동안, '마라나타! 음반사'는 거의 100여개에 가까운 앨범을 녹음했으며, 동시에 서부 연안(West Coast)으로부터 시작해 미국 북동부를 포함한 전역으로 확대된 '갈보리 채플' 밴드의 복음적인 사역 투어를 감당하게 되었다.

1971년 타미 쿰즈(Tommy Coomes)와 '러브송(Love Song)' 밴드는 갈보리 교회 음악 사역 팀과 'The Everlastin' Living Jesus Music Concert(영원히 살아계신 예수 음악 집회)'라는 음반을 출시했다. 이 앨범은 대단한 선풍을 가져와 엄청난 판매가 되었으며 '마라나타! 음반사(Maranatha! Music)'가 탄생하는 결정적 계기가 되었다. 이후 1973년에는 'The Praise Album(찬양 앨범)'을 출시했으며 1977년까지 30여개의 앨범이 제작 출시되었다.

초창기에는 '프레이즈송(Praise Song)'과 성경 말씀을 기반으로 한

'말씀송(Scripture in Song)'이 만들어졌으며, 1971년에 '마라나타! 음악(Maranatha! Music)'을 통해 발매된 첫 번째 앨범에는 CCM의 선구자들인 '러브송(Love Song)', '더 웨이(The Way)', '스위트 컴포트(Sweet Comfort)' 등이 포함되어 있었다.

당시 토요 찬양집회를 통해 회심한 젊은이들의 목소리에 기타, 현악기, 드럼 같은 악기 그 당시의 음악적 스타일로 표현된 이 음악은 젊은이들에게 폭발적인 인기를 얻었다. 이때 만들어진 음악이 '예수 음악(Jesus Music)', '예수 록(Jesus Rock)'이다. '러브 송(Love Song)' 밴드 그룹의 리더였던 척 지라드(Chuck Girard, 건반, 리드보컬)와 '예수, 가장 귀한 그 이름', '우리 모일 때' 등의 곡을 작곡한 타미 쿰즈(Tommy Coomes, 기타, 보컬)는 자연스럽게 갈보리 채플 교회에서 집회 공연을 해오다가, 그 공연에 참여한 청중들이 자신들의 곡을 따라하게 되면서 찬양 인도자로 사역하기 시작했다.

| 러브송(Love Song) 밴드 |

'마라나타 음악'은 마라나타 음반사를 세우면서 본격적인 교회 예배 음악을 발전시키게 되었는데, 1975년 성장을 위해 조직적인 체계를 갖추었으며

| 마라나타 음반사(Maranatha! Music) 로고 |

타미 쿰즈(Tommy Coomes)를 찬양 앨범 제작의 책임자로, 척 스미스의 조카인 척 프롬(Chuck Fromm, 1950-2020)을 지도 목사로 세워 찬양과 음악적인 사역의 방향성을 잡아가도록 했다. 예배학자인 로버트 웨버(Robert E Webber) 박사와의 대화에서 척 프롬은 '예배에서의 찬양이 이 시대의 성찬'이라고 주장할 정도로 예배에서 찬양의 중요성을 강조했다. 이후 마라나타 음반사를 비롯해 'Worship leader Media(워십 리더 미디어)'를 세워 '워십 리더 매거진(Worship Leader Magazine)'을 발행했으며 '내셔널 워십 리더 컨퍼런스(National Worship Leader Conference)' 등을 주관하면서 예배 인도자와 찬양 사역자들을 새롭게 세워가며 지금까지 현대 예배와 찬양에 많은 영향을 끼쳐오고 있다. 최근에는 찬양과 예배 음악의 이론적인 근거를 음악 사역자들에게 제공하면서 세미나와 컨퍼런스를 통해 영적인 면뿐만 아니라 성경적 예배와 찬양의 이론과 실제의 균형 있는 접근을 통해 예배 인도자와 사역자들에게 영향을 끼치고 있다.

| 마라나타 음악을 세운 척 프롬(Chuck Fromm)과 필자|

갈보리 채플과 마라나타 음반사에서 처음 활약한 예배 인도자는 대니 대니얼즈(Danny Daniels)다. 그는 1970년대 후반부터 빈야드 운동에 합류, 초창기 예배 인도자로 활약했으며 'Glory In The Highest(영광 가장 높은 곳에)' 'Hold Me Lord(주님의 손으로)'를 작곡했다. 또 1996년 '마라타나 싱어즈(Maranatha! Singers)'와 함께 한국을 방문하여 집회를 가졌던 '테리 클락(Terry Clark)'은 마라타나 음반사를 통해 꾸준하게 영향을 미친 예배 인도자중 한 사람이다. 그는 우리에게 친숙한 'Isn't He(예수의 이름은)'를 비롯해 수많은 찬양들을 통해 깊은 감동을 주었다. 특히 감미로운 목소리와 함께 깊은 진정성 있는 찬양은 지금까지도 그의 곡들이 사랑받는 이유다.

그리고 마라나타가 자랑하는 또 한명의 탁월한 예배 인도자는 모리스 채프만(Morris Chapman)이 있다. 그는 'Blessed Be The Name Of The Lord(주의 이름 송축하리)' 등의 찬양을 통해 우리에게 잘 알려져 있는데, 다수의 앨범을 통해 수많은 곡을 작사 작곡해 소개해왔으며 감동의 찬양을 통해 많은 예배자들에게 영향을 끼쳤다.

이후 마라나타 음악은 차세대 젊은 예배 인도자들을 배출해냈는데, 타미 워커(Tommy Walker)와 폴 발로쉬(Paul Baloche)는 대표적인 예배 인도자다. 타미 워커는 'He

| 폴 발로쉬(Paul Baloche) |

| 타미 워커(Tommy Walker) |

Knows my Name(내 이름 아시죠)' 'Only a God like You(나는 주만 높이리)' 등 우리에게도 잘 알려진 많은 곡을 작곡하며 영향을 끼쳐왔다. 지금도 로스앤젤레스 이글락(Eagle Rock)에 위치한 크리스천 어셈블리(Christian Assembly) 교회의 예배 인도자로 30년 이상 사역하면서 전 세계 예배자들의 많은 사랑을 받고 있다. 최근까지도 한국에 4회 내한해 지역교회와 예배자들에게 예배와 찬양에 대한 많은 동기부여를 해왔다. 초기 마라나타를 통해 그의 곡들이 소개되었으며, 지금까지 그가 발표한 곡들은 수백 곡에 이른다.

'Hosanna(호산나)' 'Open The Eyes of My Heart(내 맘의 문을 여소서)' 'Your Name(그 이름)' 등을 작곡한 폴 발로쉬(Paul Baloche) 또한 사역 초기 마라나타에서 오랫동안 활동했던 사역자다. 그는 '마라나타 음반사'에서뿐만 아니라 이후 대형 음반사인 '인테그리티 음반사(Integrity Music)'를 통해서도 계속 앨범을 발매하며 예배 음악의 중요한 인물로 자리매김해왔다.

기타 연주의 어쿠스틱한 사운드와 부드러운 스트링 연주가 주를 이루던 이들의 음악은 1980년대 들어서면서 좀 더 세련되고 새로운 스타일의 음악으로 변화되기 시작했다.

마라나타 음반사는 이후 1990년대 교회와 기독교 사역단체를 섬기기 시작했으며 '프레이즈 앨범(Praise Album)' 시리즈의 '마라나타 싱어즈' 외에도 현대적인 찬양 앨범을 제작해 '프레이즈 밴드(Praise Band)' 그리고 여러 소속 예배와 찬양 사역자뿐 아니라 단체들을 돕는 일을 해왔다. 또 어린이를 위한 '솔티 시리즈'를 통해서 전 세계적으로 수많은 교회와 아이들을 변화시켰다. 또한 쉽게 누구나 부를 수 있는 음악과 중후한 아카펠라 그리고 찬송가 메들리의 찬양과 음악을 통해 영향을 끼쳤으며, '프라미스 키퍼스(Promise Keepers)'와 연합을 통해 앨범 등을 제작하기도 했다.

마라나타 음악은 거룩한 교회음악과 세속적인 음악의 장벽을 허무는 계기와 차별을 없애는 일을 했다는데 의의가 있지만, 성장과 발전을 이룬 이후 나타나는 상업성과 예배에서의 '전자 음악(Electric Music)'의 무분별한 사용과 경건성의 상실 등은 고민해봐야 할 문제로 대두되었다.

4. 예수 운동(Jesus Movement)과 예수 음악(Jesus Music)

1960년대 당시 미국의 대중음악 장르는 '로큰롤(Rock N' Roll)'이었다. 이 음악은 1940년대 말부터 1950년대 후반에 발생해 발전해나갔는데, 60년대 중반부터 폭발하기 시작한 젊은이들의 기존 사회에 대한 거부운동, 히피 문화와 기존 교회 부정 등의 기류와 맞물리면서 이들의 자유분방한 생각에 이 음악적인 감정은 기름을 붓게 되었다.

이 같은 젊은이들의 운동은 폭력적인 세상에서 자유와 평화를 찾기 위해 로큰롤의 대중음악과 환각제, 자유연애(Free Sex)를 추구하면서 '우드스탁 페스티벌(Woodstock Festival)'과 '우드스탁 뮤직 앤 아트 페어(Woodstock Music & Art Fair)'에서 절정을 이루었다. 그러나 다른 한쪽에서는 이러한 무분별적인 자유와 비 절제적인 운동에 반대하고, 기존 교회에 환멸을 느낀 히피 젊은이들의 움직임이 일어났는데 그것이 캘리포니아 해안을 중심으로 펼쳐진 '예수 운동(Jesus Music)'이다.

'예수 운동(Jesus Movement)'은 캘리포니아 남부 해안의 코스타 메사(Coasta Mesa)에 위치한 '갈보리 채플(Calvary Chapel)' 교회를 중심으로 급속히 퍼져 나갔는데, 갈보리 채플 교회의 담임이었던 척 스미스(Chuck Smith) 목사는 주변의 재능 있는 가수들과 연주자들을 모아 음악적 스타일에 상관없이 오직 주님과 복음을 위한 음악을 만들도록 했다. 당시 교회 음악은 오랜 기독교 역사의 상징인 '코럴(4부) 중심'의 합창의 성격을 띤 찬양대를 중심으로 한 예배와 찬양이 대세였다. 기존 교회 음악과 다른 성향의 이들의 음악은 그리스도 안에서 회심한 젊은이들에게, 세속적이지만 유행하고 선호하는, 자연스럽고도 중요한 신앙의 표현 방법으로 새로운 크리스천 문화의 한 부분을 형성했다.

| 1970년대 예수 운동(Jesus Movement) |

'예수 운동'은 기존의 대형 콘서트 형태인 '우드 스탁 페스티벌'이나 '웨스트 팜 비치 록 페스티벌(West Palm Beach Rock Festival)' 같은 쾌락과 염세주의에 빠져있는 젊은이들에게 예수 그리스도의 복음을 전하기 위해 새로운 시도를 시작했다. 그들은 매주 토요일 밤 젊은이들을 위한 콘서트, 록 음악이나 포크 음악에 성경말씀을 가사로 사용하는 '말씀송(Scripture Song)'이나 '프레이즈 송(Praise Song)' 등의 찬양을 통해 접근하는 것이었다.

'예수 운동'을 통해 그리스도를 영접한 열정적인 젊은 새 신자들은 주님을 만난 후 그들이 경험한 영적인 변화를 자신들이 가지고 있었던 록 음악으로 표현했다. 그 내용은 주로 포장되지 않은 순수하고 체험적인 주제들이었다. '예수 운동'은 기독교적 직설적인 복음적 가사와 당시 유행하는 현대 록 음악의 결합을 통해 60년대 후반 미국 교회의 경직되고 획일적이며, 근대적이고 금욕주의적인 모습을 개혁하고자 하는 움직임이었다. 또한 교회 내 젊은 청년들이 직면하고 있는 세상 문화에 그리스도 중심의 소망의 메시지를 전하기 위한 운동이었다.

'예수 운동'에 차용된 세속적 음악은 이 운동의 시작부터 예수 그리스도 운동의 복음적 메시지와 호소에 있어 핵심적인 부분이다. 예수님을 찬양하는 음악을 제외하고 예수 그리스도 운동을 상상하기란 어렵기 때문이다.

'예수 운동'의 노래들은 캐런 래퍼티(Karen Lafferty)의 'Seek Ye First(먼저 그 나라와)'에서 래리 노만(Larry Norman)의 'The Rock That Does't Roll(흔들이지 않는 바위)'에 이르기까지 전 영역을 다루었다. 래퍼티의 음악은 잔잔한 멜로디와 더불어 복음적으로 충실한 가사를 통해 예배에서의 '찬양과 경배' 장르에 특별히 영향을 주었으며, 노만의 노래들은 음악적인 세밀함과 리듬을 강조하면서 또 다른 영향력 있는 음악 산업의 성장에 영향을 주었는데, 그것이 CCM(Christian Contemporary Music)이다. 이는 나중에 세계적인 CCM 가수인 에이미 그랜트(Amy Grant)와 마이클 W. 스미스(Nichael W. Smith)에 영향을 주었다.

래리 노만(Larry Norman, 1947-2008)은 크리스천 록 음악의 선구자로 불렸는데, 그는 할리우드 거리 사역과 록 뮤지컬에도 관심을 보였다. 초기 그의 록 음악은 보수적 복음주의자들의 반감을 가져왔음에도 불구하고 세속에서의 음악 사역은 크리스천 음악 산업 전반에 영향을 주었다.

| 크리스천 록 음악 선구자 래리 노먼(Larry Norman) |

반면 크리스천 음악 산업과는 또 다른 방향의 키스 그린(Keith Green)이나 리치 멀린스(Rich Mullins), 마이클 카드(Michael Card)와 트와일라 패리스(Twila Paris)에

도 영향을 주었는데 이들은 나중에 '예배(Worship)'을 지향하는 부류가 되었으며, 지역교회 중심의 현대 예배 찬양의 기초가 되었다. 이들의 가장 중요한 특징은 찬양과 교회 음악의 상업성을 경계하며 순수한 마음으로 하나님을 찬양하는 것에 가장 중요한 목적을 둔 예배 음악의 시초라는 점이다.

| 키스 그린(Keith Green)과 그의 아내 멜로디 그린(Melody Green) |

교회 음악의 상업성을 경계하며 순수한 예배로서의 음악을 지향했던 대표적인 사람이 '정결한 맘 주시옵소서(Create In Me A Clean Heart)'로 잘 알려진 키스 그린(Keith Green, 1953-1982)이다. 1980년 키스 그린(Keith Green)은 자신의 새 앨범을 '자유 가격제'로 판매했다. 그는 더 많은 사람들이 자신의 음악을 통해 복음을 들을 수 있도록 자신의 세 번째 앨범 재킷 뒷면에 'This Album is not for sale(이 앨범은 판매하지 않습니다.)'라는 문구를 써 넣었다. 그 결과 당시 거의 20만장이 팔려나간 이 앨범은 비록 약 4분의 1이 공짜로 배포되었지만 당시 복음송의 상업화에 의미 있는 경종을 울리고, 음악을 도구로 한 선교의 방향을 제시하는 계기가 되었다. 또한 당시 무료로 진행된 그의 콘서트를 통해 수많은 젊은이들을 예수를 믿고 선교에 헌신하는 일이 일어났다.

키스 그린은 1982년 데뷔 5년 만에 28세라는 꽃다운 나이에 비행기

사고로 사망하기까지 짧은 생애동안 그의 아내 멜로디 그린(Melody Green)과 'Last Days Ministries'를 세워 'Newsletter(소식지)'를 발행했으며, 키스 그린이 죽은 후에도 그의 아내가 계속 오랫동안 사역을 이어가며 수많은 선교사들을 길러내고 후원했다.

키스 그린은 현대 기독교 음반사인 'Sparrow Records(스패로우 음반)'와 찬양 앨범 작업을 하면서 그가 가진 유대인 신앙유산들을 지키며 앨범을 구매한 사람이 결정하는 방식 또는 무료로 나눠주기도 하면서 복음의 도구로 사용하기도 했다. 지금도 그의 대표적인 찬양 '정결한 맘 주시옵소서(Create In Me A Clean Heart)'는 그의 정신에 따라 저작권이 없다. 이 곡은 누구나 무료로 카피하고 사용할 수 있다.

1960년대 후반, '예수 운동'의 록 음악의 발전은 원래 많은 사람들이 마음속에 그려왔던 그림은 아니었다. 이와 관련해 1950년대, 이러한 세속적 로큰롤 음악을 통한 교회 음악과 예배의 사용에 대해 비평한 사람 중에는 YFC(Youth for Christ, 십대 선교회) 지도자인 로빈 하드맨(Robyn Hardman)과 빌리 그레이엄(Billy Graham) 등의 복음주의자들이 있었다.

이후 1964년 미국의 레이 랩(Ray Rab)이 가톨릭 교회에서 '포크 미사(Folk Mass)'를 선보인 것을 시작으로 빌리 그래함 등 대형집회를 인도하는 복음주의 전도자들이 'Jesus Music(예수 음악)'을 하는 사람들을 그들의 전도 집회나 교회 사역에 함께 하도록 권면하고 이끌었다.

크리스천 음악이나 크리스천 록의 시작과 발전은 하나의 가수, 밴드, 장소로부터 나왔다고 볼 수 없다. 그러나 광범위한 남부 캘리포니아의 젊은이들 문화였던 '예수 운동(Jesus Movement)'은 비록 복음주의적인 가치관과 예수 그리스도의 복음 전도 주제를 중요한 목표로 삼고 있다고 할지라도, 당시 유행했던 록의 비트와 악기를 활용한 크리스천 음악에 크게 의존했음이 분명하다.

'예수 음악'은 꾸준히 미국 전역에서 더욱 큰 인기를 얻었다. 1975년이 될 때까지, 미국 내 전파를 타고 '예수 음악'의 존재가 작지만 증가세를 보였던 것은 이 장르가 당시 유행하던 음악 형태와 잘 맞았으며, 수준 높은 음악적 실력으로 인해 모두에게 깊은 영감을 가져다주는 단단한 음악적 기초가 있었기 때문이다. 또 다른 괄목할만한 발전은 'Jesus Festival(예수 축제)'의 증가였다. 젊은이들을 비롯해 많은 크리스천을 위한 큰 규모의 장소에서 여러 날에 걸친 찬양과 음악집회는 그동안 세속적인 록 음악계를 지배했던 대규모 야외 콘서트의 '크리스천 축소판'이었다.

1976년 이후, '예수 음악'은 다른 모습을 보였다. 반문화적이며 세속적인 음악의 자연적인 성장으로서 처음 보잘 것 없게 시작되었지만 이후 발전을 해나가면서 미국 대중음악의 새로운 한 장르로서 확고한 입지를 다지게 되었다. 이렇듯 현대 크리스천 음악의 변화는 '예수 운동'으로부터 출발하였으며, 이후 모든 음악가들의 선호와 변화를 통해 여러 갈래로 확장해나갔다.

'러브 송'은 리더인 척 지라드가 솔로로 활동을 개시함에 따라 1976년 해체(1970-1976년)되었으며, 두 명의 다른 멤버들은 개종한 록 스타이자 '버팔로 스프링필드(Buffalo Springfield, 2010-2012)'와 '포코 (Poco,1987-1990)'의 전 멤버였던 리치 푸레이(Richie Furay, 1944-)의 새로운 밴드에 합류했다.

래리 노먼은 여전히 다양한 후원자들로부터 재정 지원을 받을 수 있었다. 그는 '솔리드 락(Solid Rock)'이라는 음반사에서 앨범을 출시했으며, 재능 있는 사람들을 찾기 위해 '머(Myrrh)' 음반사와 계약을 맺었다. 그러나, 이러한 대규모 콘서트와 포크 형태의 음악은 커피숍 같은 무대 스타일과 작은 규모의 콘서트 장소가 영향력을 확장해나가기 시작한 1976년 이후로 쇠퇴하기 시작했다.

복음주의적인 크리스천 음악 측면에서는 키스 그린(Keith Green) 이후 더욱 팝 음악에 가까운 스타들인 '무지개를 찾아 다니시나요(Give Them All to Jesus)'로 우리에게도 잘 알려진 에비 톤퀘스트(Evie Tornquist)가 새롭게 등장하게 되었다. 에비는 당시 드문 여성 보컬로서 매력적인 음색을 가져 수많은 앨범과 찬양들을 통해 영향을 끼쳤으며, 'Word Records(워드 음반사)' 'Gaither Music Group(게이더 음악 그룹)' 'Spring House(스프링 하우스)'를 비롯해 많은 음반사들에게 매력적인 찬양 사역자로 자리매김했다.

한편, 최초의 '하드 록 예수 그리스도 밴드'라고 칭했던 '아가페(Agape) 밴드'(1968-1974)는 완전

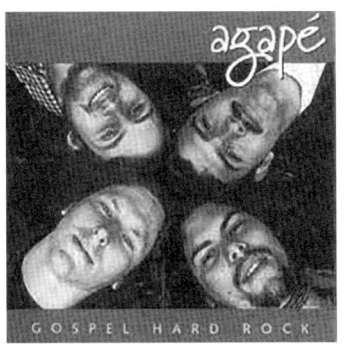

| 크리스천 하드 록 '아가페(Agape)' 그룹 |

히 해체를 결정하였으며 1974년 후반 고별 공연을 개최했다. 대표적인 곡으로는 'Wouldn't It Be a Drug' 'The King Is Christ' 'Change of Heart' 등이 있다.

'가스펠 송(복음송, Gospel Song)'이라고 알려진 교회 음악은 세 부류로 나뉘어 발전해갔다. 한 부류는 1920년 경 흑인 영가와 재즈(Jazz)의 요소를 혼합하여 생기 있고 더욱 힘찬 곡으로 변해갔으며, 후에 미국 북동부 흑인들 위주 발전해 가면서 리듬 앤 블루스(R&B, Rhythm and Blues, 소울(Soul) 등의 요소를 가미하여 오늘날 좁은 뜻의 가스펠 음악이 되었다. 이를 '블랙 가스펠(Black Gospel)'이라 부른다.

다른 한편, 백인들 사이에서도 가스펠 송에 컨트리 음악의 요소를 혼합해 나름대로의 가스펠 송을 발전시켜 나갔는데 이 음악은 남부를 중심으로 발전하였으므로 '서든 가스펠(Southern Gospel)'이라 불리게 되었다. 백인들의 가스펠(Gospel song)인 '서든 가스펠'은 1950년대와 1960년대의 주된 '가스펠 음악(Gospel Music)'이었다. 이후 백인들의 전통 가스펠은 록 음악의 요소를 혼합하고 새로운 현대적인 다양한 음악 요소를 받아들이면서 CCM(Contemporary Christian Music)으로 발전하게 되었다.

CCM은 1960년대 'Jesus Music(예수 음악)', 또는 'Jesus Rock(예수 록)'이라고 불린, 팝(Pop) 음악과 흡사하면서, 내용은 기독교적인 음악으로 계속적인 발전을 통해 1970년대 말부터 이 음악들을 통칭하여 'CCM'이라고 부르게 되었다.

오늘날 빌보드지(Billboard Chart)에 의하면 현대 교회음악은 크게 두 부류로 나눠지는데, CCM은 팝(Pop)이나 록(Rock) 계열의 음악으로, 가스펠(Gospel)은 '흑인 전통 가스펠'과 '소울', '리듬 앤 블루스' 스타일로 구분된다.

| 빌보드 차트의 CCM |

5. CCM(Contemporary Christian Music)

1960년대 후반부터 시작된 '예수 운동(Jesus Movement)'은 세속적인 음악 장르에 복음을 실어 젊은이들을 교회로 이끌었다. 그 중심에는 갈보리 채플(Calvary Chapel) 교회와 척 스미스(Chuck Smith) 목사가 있었다. 척 스미스 목사는 젊은이들이 교회에 계속 머무를 뿐만 아니라, 세속의 젊은이들을 예수님께로 더 많이 이끌기를 소망하며 체계적인 교회 음악과 찬양을 더 발전시키기 원했다. 그것이 '예수 음악(Jesus Music)'이며 '마라나타 음악(Maranatha! Music)'이다.

이후 1970년대에 현대 찬양의 모태가 된 '예수 음악'과 '마라타나 음악'은 목적과 공동체에 따라 여러 방향으로 나뉘어 발전하게 되었다. 흑인들은 소울(Soul)이나 리듬 앤 블루스(Rhythm & Blues) 중심의 가스펠로, 백인들은 팝(Pop)이나 록(Pock) 계열의 크리스천 음악인 CCM으로 발전해 나갔다.

'컨템포러리 크리스천 뮤직(Contemporary Christian Music)'의 약자인 CCM은 단어의 뜻 그대로 '동시대적인 현재의 음악'을 대변한다. 한마디로 '지금 시대에 유행하고 부르는 크리스천 음악'이다.

이후 1985년 M-TV라는 음악전문 TV 개국으로 뮤직 비디오 산업이 성장했는데, 이어 등장한 크리스천 M-TV를 통해 많은 CCM 관련 뮤직 비디오들이 제작되면서 크리스천 음악 비디오가 방송되기 시작했으며 이를 통해 CCM은 더욱 발전하게 되었다.

1980년대 CCM을 세속적인 음악의 수준으로 높인 대표적인 아티스트는 에이미 그랜트(Amy Lee Grant, 1960-)다. 1977년 18살의 나이에 데뷔한 소녀 가수 에이미 그랜트(Amy Grant)는 크리스천 음악계에 새로운 흐름을 만들었다. 데뷔 2년 후에는 그의 곡이 크리스천 라디오 차트 1위로 올랐다. 에이미는 당시 교회와 커뮤니티 중심의 전통적인 가스펠 사운드와는 다른 컨트리 뮤직을 바탕으로 한 팝 스타일의 음악으로 크리스천 음악계에 혁신적인 바람을 불러일으켰다. 새로운 형식의 크리스천 음악과 일반인에겐 친숙한 이미지를 통해 선교적인 마인드와 오락적인 면 두 가지를 충족하며 CCM을 진일보시킨 아티스트로 인정되었다.

  1982년 내놓은 앨범 'Age to Age'는 1백만 장 이상이 팔린 플래티넘 음반이 되었다. 1985년까지 그녀의 음악은 더 많은 청중들에게 퍼졌으며, 그녀의 앨범 'Unguarded'(1985)에 수록된 'Find a Way'가 빌보드 탑 40에 진입함으로서 크리스천 가수로서는 처음으로 일반 차트에 등장했다. 1991년 나온 'Heart In Motion'이 지금까지 가장 많이 팔린 음반이며, 싱글 곡으로는 데뷔 초에 출시된 'Baby Baby'가 가장 유명하다.

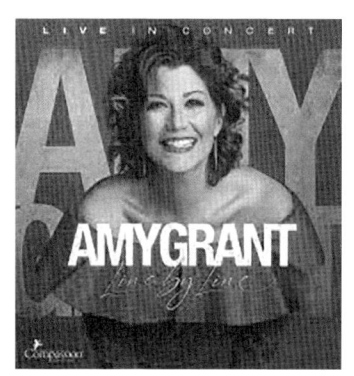
| 에이미 그랜트(Amy Grant) |

  1985년에는 '워드 레코드(Word Record)'가 일반 팝 회사인 'A & M'사와 계약하여 CCM 가수 '에이미 그랜트'의 앨범을 일반 시장에 보급하게 되었다. 이를 통해 나온 음반

들은 또다시 세상적인 성공을 위해 순수한 복음과 영적인 부분 보다는 세상과 타협했다는 비판이 제기되었으며, 보수적인 복음주의자들로부터 상업적, 세속적인 이유로 인해 비난의 표적이 되었다.

하지만 이러한 논란에도 불구하고 1986년 이 음반이 무려 1백만 장 이상 팔려나가 '에이미 그랜트'는 '플래티넘 앨범상'을 수상했다. 그리고 당시 대통령이던 레이건과 '워싱턴의 크리스마스'라는 쇼에 등장하는 등 전국적인 명성을 얻게 되자 '에이미 그랜트(Amy Grant)'야말로 크리스천 음악을 통해 진리를 전파함으로서 진정으로 복음이 필요한자들에게 복음을 들려준 사람이라는 여론이 우세해지게 되었으며 이후 비난은 잦아들었다.

그녀는 1990년대와 2000년대 초까지 복음적 요소가 없는 팝음악 활동을 하다가 2002년 'Legacy... Hymns and Faith' 앨범을 통해 CCM으로 다시 돌아왔다. 이후 2006년 NBC 'Three Wishes'에 출연하기도 했다. 그녀는 데뷔 후 25년간 총 2천 2백만 장의 앨범 판매를 기록했으며, 올해의 아티스트에 4회나 선정되면서 20개의 도브상과 5개의 그래미상을 수상했다. 팝계의 크로스오버를 통해 6개의 빌보드 라디오 싱글 넘버원 히트를 기록했으며, 5백만 장의 판매를 기록한 크로스오버 앨범으로 가장 성공한 CCM 아티스트이자 미국 CCM 산업에 가장 큰 영향을 끼친 아티스트로 자리매김했다.

1980년대 또 한명의 CCM 거장을 꼽는다면 마이클 W. 스미스(Michael W. Smith, 1957-)로 CCM의 살아있는 역사이자 최고의 뮤지션이다. 그는 당시 저명한 작곡가로서 유명 가수들과의 교류가 많았으며 1983년 첫 앨범을 발표했다. 수많은 플래티넘 앨범과 골든 앨범을 기록했으며 그가 발표한 앨범과 노래들은 CCM 음악의 새로운 기틀을 마련했다. 그는 CCM 시장에서뿐만 아니라 빌보드 차트 점령을 통해 크로스오버에 성공했으며, 명실상부한 CCM 최고의 뮤지션으로 인정받았다. 1978년 데뷔해 지금까지 40년간 그래미상을 3회 수상했으며, 40개의 도브상을 수상했다. 또한 1천 3백만 개가 넘는 음반이 판매되었으며, '아메리칸 뮤직 어워드' 수상과 '피플' 지 '가장 아름다운 사람들' 가운데 한 명으로 이름을 올리기도 했다.

'Draw Me Close(주님 곁으로 날 이끄소서)', 'Agnos Dei(알렐루야 전능하신 주)', 'Breathe(주님은 내 호흡)' 등 수많은 찬양들은 그의 앨범과 집회를 통해 많은 영향력을 끼쳤다.

이후 'Via Dolorosa(비아 돌로로사, 십자가의 길)'로 유명한 샌디 패티(Sandy Patti)와 에이미는 전체 크리스천 레코드 판매의 10%를 점유하며 1980년대 CCM에 큰 영향력을 행사했다. 마이클 W 스미스 이외에 'He Is Risen'의 존 마이클 탈보트(John Michael Talbot), '그들은 모두 주가 필요해(People need the Lord)'의 스티브 그린(Steve

| 마이클 W. 스미스(Michael W. Smith) |

Green), 'King of Hearts'의 랜디 스톤힐(Randy Stonehill) 등으로 인해 1980년대 CCM계는 더욱 활발해지고 발전하게 되었다.

1980년대 중반 이후부터는 다양한 음악가뿐 아니라 다양한 장르의 음악 스타일이 시도되었으며, 일반 팝의 흐름과 거의 대등한 흐름을 이어갔다. 다니엘 아모스(Daniel Amos) 밴드, 페트라(Petra), 화이트 하트(White Heart), 러스 태프(Russell Taff) 등이 '크리스천 록'을 성장시켜 나갔으며, 스트라이퍼(Stryper)가 헤비메탈을 통해 크리스천 음악을 시도했다. 또한 화이트 크로스(White Cross)와 같은 크리스천 헤비메탈도 등장했으며, 이밖에도 크리스천 랩, 포크, 재즈 에어로빅 음악, 묵상을 위한 연주음악 등의 다양한 장르의 시도들이 있었다.

1986년에는 CCM이 대학에서 정식으로 가르쳐지게 되었는데 세인 트루이스 근처의 그린빌 칼리지(Greenville College)는 CCM을 정규 학과로 세워서 그 커리큘럼에 '스튜디오 레코딩 테크닉', 'POP 이론과 작곡', 실기 코스, 무대효과, 프로그래밍, 프로모션, 경영 등 CCM의 여러 분야를 학문적으로 다루었다.

한편 1980년대에 일어난 놀라운 변화 중 하나는 1980년대 말부터 자유화의 물결이 일던 소련을 비롯한 동유럽에도 CCM이 들어가기 시작했다는 사실이다. 1989년 발트 해 공화국의 하나인 에스토니아 공화국(Republic of Estonia)의 탈린(Tallin)에서 열린 '에스토니아 89'는 소련의 공산화 이래 처음으로 열린 CCM 공연으로 수많은 결신자를 배출하기도 했다.

1990년 미국의 빌보드는 '가스펠'과 'CCM' 차트를 세속 음악과 함께 게재하기 시작했다. 이로 인해 일반 시장과 미디어들도 크리스천 아티스트에 관심을 갖기 시작했다. 또 대형 음반사인 소니(Sony) 레코드사가 워드(Word)사의 음반을 일반 팝 시장에 보급하기로 계약을 맺었으며, 워드사가 보급하고 있던 산하 레이블의 음반 보급도 담당하게 되면서 많은 CCM 음반들이 상당수 일반 시장에 진출하는 계기를 마련했다.

에이미 그랜트와 마이클 W 스미스에 이어 '베베 앤 세세 와이넌스(BeBe & CeCe Winans)'는 '리듬 앤 블루스' 차트에서 1위를 기록했으며, 테이크 식스(Take 6)도 그래미상에서 여러 부문의 상을 수상하는 등 크리스천 음악은 일반 시장에서도 강세를 보이기 시작했다. 또한 제임스 잉그램(James Ingram)과 요란다 애덤스(Yolanda Adams) 등의 소울 가수들도 실력 있는 CCM 가수로 인정받았다.

이와 같은 CCM의 일반 음악 시장에서의 발전은 수십 년 동안 CCM 뮤지션들이 품어왔던 "일반 시장에도 크리스천 음악을"이라는 목표가 실현됐다는 점에서 의미가 있다. 1995년에는 빌보드 CCM도 일반 팝과 함께 집계해서 차트를 내기 시작했는데 '에이미 그랜트'와 '마이클 스미스' 'Jars of Clay'가 200만장 이상의 판매고를 기록하면서 크리스천 음악 역사상 가장 많이 팔린 데뷔 앨범으로 기록됐다. 이 앨범은 차트에 오랫동안 머물렀으며, 이로 인해 CCM은 명실상부하게 대중음악의 한 장르로 자리 잡았다. 이렇게 되자 90년대 중반에는 일반 레코드사들이 크리스천 음반사를 소유하기 시작했으며 유통은 물론 일반 라디오와 소매상에까지 시장 공급 망을 확장시켰다. 이렇게 CCM

프레이즈 음악은 르네상스를 맞이하였으며 아티스트이자 제작사 대표로도 성공한 돈 모엔(Don Moen, 1950-)이나 론 케놀리(Ron Kenoly, 1944-) 같은 사람들의 앨범은 웬만한 일반 팝스타의 앨범보다 더 많은 판매와 호응을 얻게 되었다.

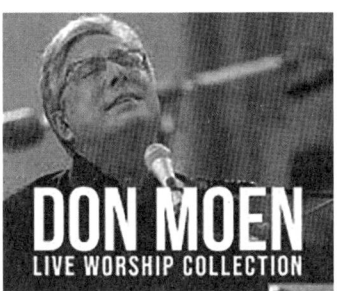

| 돈 모엔(Don Moen) |

'가스펠 뮤직 협회(Gospel Music Association, GMA)'에서 매년 개최되는 도브 시상식(Dove Awards)을 통해 CCM의 발전은 가속화되어 튼튼하게 마련되었으며, 국제적인 기업 경영자들에 의해 생긴 여러 엔터테인먼트 회사들이 급진적으로

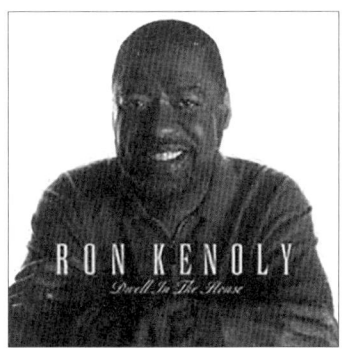

| 론 케놀리(Ron Kenoly) |

CCM계의 의사 결정에 영향을 주면서 재정적인 규모와 시장은 계속 증가해나갔다.

하지만 이와 같은 크리스천 음악의 발전은 1990년대 후반 상업적 성공의 정점을 찍은 후 복음적 사명과 그 본질에 대한 돌아보기 시작했다. 외형적으로나 재정적으로 CCM은 일반 주류 음악계와 어깨를 나란히 할 만큼 엄청난 성장했지만, CCM의 목적과 가사 내용, 아티스트의 명성과 세속성 등이 문제가 되기 시작했다.

이러한 CCM의 세속적인 영향력과는 달리 '정결한 맘 주시옵소서

(Create in Me a Clean Heart)'의 키스 그린(Keith Green)이나 마이클 카드(Michael Card) 등은 대중적인 인기와 유행에 거부감을 갖고 순수하고 복음적인 찬양을 교회에 전파하고 나누고자 시작되었다. 마이클 카드(Michael Card)의 '엘 샤다이(El Shaddai)', 트와일라 패리스(Twila Paris)의 '왕이신 하나님 높임을 받으소서(He is Exalted)', '하나님의 어린양(Lamb of God)' 등이 대표적인 곡들이다.

1980년 키스 그린은 자신의 새 앨범을 '자유 가격제'로 판매했다. 그는 더 많은 사람들이 자신의 음악을 통해 복음을 들을 수 있도록 자신의 세 번째 앨범 재킷 뒷면에 'This Album is not for sale(이 앨범은 판매하지 않습니다.)'라는 문구를 써 넣었다. 그 결과 거의 20만장이 팔려나간 이 앨범은 비록 약 4분의 1이 공짜로 배포되었지만 당시 가스펠송의 상업화에 의미 있는 경종을 울리고, 음악을 도구로 한 선교의 방향을 제시하는 계기가 되었다. 또한 당시 무료로 진행된 그의 콘서트를 통해 수많은 젊은이들이 예수를 믿고 선교에 헌신하는 일이 일어나기도 했다.

이 같은 움직임은 복음주의적 음악과 찬양을 추구하는 음악가들로부터 호응을 얻으며 점차 영향력을 확대해나갔다. 이때부터 크리스천 음악과 찬양은 "세상에 들어가 빛과 소금을 추구할 것인가?" 아니면 "강력한 복음을 통해 세속에 영향력을 줄 것인가?"에 따라 목적과 비전이 나뉘게 되었다. 이는 마치 우리나라의 '세속에서의 빛과 소금의 영향력'을 외치는 CBS(Christian Broadcasting System)와 '복음의 능력을 통한 세속의 변화'를 꿈꾸는 CTS(Christian Television System)나 극동방송(FEBC) 등의 방송국 비전과 마찬가지다.

6. 빈야드(Vineyard) 운동

현대 예배 찬양에 큰 영향을 미쳤던 조류 중 하나는 '빈야드 운동(Vineyard Movement)'이다. 1970년대 이후 '예수 운동(Jesus Movement)'은 기존 전통교회와는 다른 예배와 찬양의 형태를 통해 많은 젊은이들의 지지 속에 성장해나갔다. 예전적이며 전통적인 교회에 싫증을 느낀 많은 젊은이들이 현대 음악을 예배와 찬양에 접목하면서 교회로 돌아오게 되었는데, 이를 통해 새로운 형태의 현대 예배가 여러 교회에 정착되기 시작했다. 현대 예배(Modern Worship)의 형태는 전통 교회의 예식과는 다른 단순한 예배 순서를 지향하며, 중요한 예배의 핵심은 '찬양'과 '말씀'이다.

1970년대와 1980년대 초 풀러 신학교 교회 성장학 교수였던 피터 와그너(C. Peter Wagner)가 북미 은사주의 운동의 '제 3의 물결'[5]을 경험했다고 말했는데, 그 물결의 정점에 이른 것이 바로 '빈야드 크리스천 펠로우십(Vineyard Christian Fellowship)' 교회를 통한 빈야드 운동이었다. 빈야드 운동을 현대 예배(Modern Worship)의 범주에서 한마디로 요약한다면, "교회의 하드웨어 위에 영적인 소프트웨어의 찬양을 통해 강렬하게 영향을 끼친 현대 예배 찬양 운동 중 하나"라고 말할 수 있다. 지금도 빈야드 운동은 예배에서 하나님을 경험하기 위한 영적 중요성을 남겨두면서 다음 세대를 위한 새로운 예배 공동체로서 가능성을 도모하고 있다.

빈야드 운동은 1970년 이후 빈야드 운동에 영향을 받지 않은 교회가 없다고 할 정도로 많은 영향을 끼쳤다. 빈야드에서 은혜를 체험한

니키 검블(Nicky Gumbel) 목사의 '알파 코스'와 풀러신학교 피터 와그너의 '제 3의 물결' 등을 포함해, 캘리포니아 레딩(Redding)의 베델처치(Bethel Church), 아이합(IHop), 24시간 기도운동 등의 은사주의와 더 나아가 이적과 치유의 은사주의 운동인 신사도 운동에 기초를 제공했다.

살아계신 하나님과의 영적인 체험을 신앙의 본질로 삼는 빈야드 운동은 전통 교회에 비해 신앙이 주관화되거나 체험주의화 되는 경향이 있었다. 또한 성경 말씀을 중심으로 예배 드리는 보수적 교회들과는 달리 하나님과의 깊고 강한 영적 교감을 추구하는 경향으로 인해 신앙의 노선상 스펙트럼이 매우 넓다.

한편, 빈야드 교회들에서조차 서로 추구하는 방향에 따라 서로 다른 모습이 나타난다. 은사주의를 얼마나 적용할 것인가, 또는 성경에서 말하고 있는 은사를 어떻게 해석하느냐에 따라 매우 다른 모습으로 나타나기 때문이다. 예를 들면 방언을 포함한 예언의 은사를 공예배나 공동체에서 직접 사용하느냐에 따라 보수적인 교회들에게는 거부감이 들 수 있는데, 이를 중요한 예배의 핵심으로 받아들이는 교회들도 많이 있기 때문이다. 그러므로 빈야드 교회는 말씀 중심의 예전을 중시하는 보수적 교파에서 나타나는 위험성에 비해, 개인적이고 감정적이며 더 나아가 담임목사의 의중에 따라 많은 변화가 불가피한 면이 존재한다는 점에서 은사를 선용할 수 있는 부분에서는 분명 한계가 존재할 수밖에 없다.

빈야드 운동의 시작은 영화 '사랑과 영혼' 주제가 '언체인드 멜로디(unchained melody, 1965)'를 부른 그룹 '라이처스 브라더스(The Righteous Brothers, 1962-2003, 재결성 2016-)'의 키보드 주자였던 히피 출신의 존 윔버'(John Wimber)를 통해서였다.

그는 초기 갈보리 교회에 열심히 참여했지만 좀 더 깊은 임재와 신비주의적인 은사를 추구하던 그의 생각과 강해 설교와 말씀 중심의 '척 스미스' 목사와 노선이 달라 오랜 고민 끝에 1982년 '갈보리 채플'을 떠나기로 결심하고 빈야드 교회를 세웠다. 지금의 캘리포니아 애너하임에 위치한 '빈야드 애너하임(Vineyard Anaheim)' 교회다.

| 존 윔버(John Wimber)와 그의 아내 |

| 존 윔버의 빈야드 애너하임(Vineyard Anaheim) 교회의 초기 예배 모습 |

예배에서의 찬양과 음악의 중요성을 인지한 빈야드 교회는 1984년 갈보리 교회의 '마라나타 음반사'를 본보기로 삼고 '머시 음반사(Mercy Music)'를 만들어 교회와 집회에 보급할 음반을 제작하기 시작했다. 이 음반사는 곧 '빈야드 음악 그룹(Vineyard Music Group)'으로 명칭을 바꾸었으며, 이후 1988년 '인테그리티 음반사(Integrity Music)'가 소규모 은사주의 교회들의 연합으로 설립되었다. 은사주의 계열에 뿌리를 두고 있는 두 음반사는 매년 '예배 인도자(Worship

Leader)' 세미나를 개최해 많은 호응을 얻었으며 최근까지도 리버티 대학(Liberty University), 리젠트 대학(Regent University)과 연계해 예배 연구에 관한 학위 프로그램을 제공해오고 있다.6

이후 빈야드 교회는 계속적인 발전을 했으며, 시간이 흐른 후 은사의 깊이와 강약에 따라 노선이 나뉘게 되었다. 온건적 빈야드 교회들은 주로 찬양의 임재를 갈망하며 보편적인 교회와 비슷한 예배 모습을 추구한 반면, 급진적 빈야드 교회들은 예배뿐 아니라 공동체에서 여러 성령 운동과 방언과 예언 사역 등의 은사주의에 더 비중을 두는 현상을 보였다. 급진적 빈야드 교회는 처음 출발했던 기존 빈야드 교회보다 더 신비주의적, 더 은사주의적 경향을 보이며 온건적 빈야드 교회와 차츰 멀어지게 되었다.

급진적 빈야드 교회의 정점은 이후 토론토 빈야드 교회를 통해 일어났던 '토론토 블레싱(Toronto Blessing)' 사건이다. 1994년에 일어

| 빈야드 애너하임(Vineyard Anaheim) 교회의 현재 예배 모습 |

난 이 사건은 빈야드 교회를 나눈 결정적 계기가 되었으며 지금까지도 이단시비에 휘말리고 있다.

1994년 1월 20일, 존 아놋(John Arnott) 목사와 그의 부인 캐롤 아놋(Carol Arnott)이 사역하는 토론토 에어포트 크리스천 펠로십(Toronto Airport Christian Fellowship, TACF) 교회는 랜디 클라크(Randy Clark) 목사를 초청하여 4일간의 부흥집회를 가졌다. 이 집회에서 성령의 체험과 기름 부음이 강력하게 임했으며, 이후 야간집회가 수개월간 월요일을 제외하고 매일 계속되었고, 소문을 통해 호기심이나 성령체험에 대한 기대를 가진 사람 등이 구름 같이 모여들었다. 이 사건은 신문이나 TV를 통해서도 알려졌으며, 이 사건을 '토론토 블레싱'이라 부른다.

'토론토 블레싱'의 중심에 서 있는 랜디 클라크(Randy Clark) 목사는 플로리다의 리빙 워터(Living Water) 교회에서 사역하던 중, 플로리다 레이크랜드(Lakeland, Florida)의 카펜터즈(Carpenter's Home) 교회의 특별집회에 참석하게 되었다. 당시 카펜터즈 교회는 1921년 설립된 교회인데, 1966년 칼 스트레이더(Karl Strader)가 담임목사가 된 이후에 양적인 성장을 크게 이루어가고 있었다. 카펜터즈 교회는 1993년 소위 '성령 바텐더'로 잘 알려진 로드니 하워드 브라운(Rodney Howard-Browne, 1961 -) 목사를 초청해 부흥집회를 개최했는데, 처음 랜디 목사는 별로 내키지는 않았지만 칼 목사의 강권에 못 이겨 참석했다. 하지만 그 집회에서 성령의 임재를 강하게 경험하면서 바닥에 쓰러져 주체할 수 없는 웃음에 사로잡혔다. 그리고 다음

해인 1994년, 랜디 클라크는 토론토공항교회의 부흥집회를 인도하면서 '토론토 블레싱'을 촉발시켰다.

   랜디 클라크 목사에게 영향을 준 로드니 하워드-브라운 목사는 남아프리카 태생으로 목사인 아버지의 영향으로 목회자의 길을 걸으며, 1996년 형제들과 함께 플로리다 주 탬파 베이에 더 리버(The River) 교회를 설립했다. 당시 이 교회는 청중들에 '거룩한 웃음'을 터뜨리는 것으로 알려진 부흥 모임을 통해 오순절 은사 집회를 이끌었다. 이 교회의 예배는 신도들이 영적인 술에 취해 킥킥 웃거나, 방언을 말하거나, 동물의 소리를 내거나, 통제할 수 없는 거룩한 웃음을 터뜨리거나, 흔들리고, 복도에서 춤을 추거나, 땅에 쓰러지는 모습 등이 특징이다. 자신을 이 같은 행동을 유발시키는 '하나님의 바텐더', '성령 바텐더'라고 칭했다. 이 집회에서 캐나다 뉴브룬스워크의 스테반 위트 목사 외에 5명의 목사가 안수를 받은 사건이 있었는데, 이 때 한 명을 제외하고는 모두 쓰러져 미친 듯이 웃어댔다고 한다. 이후 위트 목사가 자신의 교회로 돌아와 주일 예배에서 교인들에게 안수하여 백여 명의 교인들이 쓰러져 웃어대는 현상이 벌어지기도 했다.

   캐나다에서 시작된 '토론토 블레싱'은 영국에도 큰 영향을 끼쳤는데, 상당수의 영국교회 지도자들이 토론토를 방문하여 깊은 성령을 체험해 돌아갔다. 영국 국교회 존 멈포드(John Mumford) 목사의 사모인 엘리노어 멈포드는 1994년 봄에 토론토에서 체험 이후 영국으로 돌아가 기도회를 가졌으며, 이 기도회에는 영국 국교회에서 가장 큰 런던 브롬튼 지역에 위치한 '성삼위 교회(Holy Trinity, Brompton)'의

닉키 검벨(Gumbel) 목사도 있었다. 검벨 목사 역시 이 모임을 통해 '토론토 블레싱'의 성령체험을 하게 되었고, 이 현상은 곧 교인들에게 전이됐다. 이렇게 전파된 '토론토 블레

| 토론토 블레싱(Toronto Blessing) |

싱'은 셀 수 없을 정도의 영국 교회와 1만 2천 교회들이 같은 체험을 했으며, 이후 미국 플로리다의 펜사콜라에서 일어난 '브라운스빌 부흥(Brownsville Revival)'에도 영향을 끼치게 되었다.

이후 검벨 목사는 1994년, 진 프레스톤 목사가 사역하는 홍콩 유니온 교회에서 집회를 인도하게 되었는데, 진 목사가 자신의 교인들이 화이트칼라 타입의 차분한 사람들이었다고 했지만, 검벨 목사가 인도한 집회에서 교인들은 쓰러져 미친 듯이 웃어대는 등, 성령체험이 휘몰아치게 되었다

토론토의 빈야드 교회는 이후에도 극단적인 체험주의와 신비주의적 경향 등의 급격한 흐름을 이어갔다. 예배 중에 웃음, 쓰러짐, 뒹굴고 하는 행위들을 하나의 성령 운동으로 받아들이며, 이후 모잠비크 등의 아프리카 여러 나라에 5000여 교회를 세운 동기가 됐다. 급진적 빈야드 교회는 은사주의의 접점에 있는 일부 오순절 교회와 맞물리면서 발전해나갔으며, 오순절 계통의 교파들이 발전하고 있는 아프리카 교회에 상당한 영향을 끼치게 되었다.

이 같은 예배에서의 은사체험을 통한 급진적 빈야드 교회와 달리

경배와 찬양을 통한 하나님의 임재를 추구하는 온건적 빈야드 교회들도 계속 발전해 나갔다. 온건적 빈야드 교회는 현대 예배 특히 찬양에 영향을 많이 끼쳤으며, 지금의 현대 예배를 지향하는 대부분의 교회들이며 메가 처치(Mega Church)들도 많이 있다. 온건적 빈야드 교회는 예수 운동과 갈보리 채플의 정신을 이어 받으며, 처음 존 웜버가 추구했던 하나님의 깊은 임재를 경험하고 실천하는 데 주요한 목적을 두었다.

이후 빈야드 운동은 경배와 찬양에 있어 탁월한 예배 인도자들을 통해 영향력을 확대해나갔다. 빈야드는 찬양을 통해 많은 사역자들을 조기에 발견해내어 세계적 사역자로 키워내는 사역을 중요하게 여겼으며, 실제로 빈야드 음반을 통해 신인 예배 인도자와 여성 인도자들이 대거 소개되었다. '빈야드 찬양'은 화려하지 않으면서도 그들의 장점인 성령께 이끌리는 깊은 예배 음악이 무엇인지를 계속 보여주었다. 1970-80년대 빈야드의 예배 인도자들은 대부분 가수나 그룹 출신의 음악인들이었지만, 평범한 아마추어나 음악과 신학학위가 없는 평신도들도 사역자로 배출되었다.

빈야드 운동의 찬양은 본래 예배의 자유함과 즉흥 찬양을 추구하여 라이브 음악이 훨씬 색깔에 맞았다. 하지만 가정 교회로부터 소규모로 시작한 그들의 형편에 좋은 라이브 앨범을 낼 수 없어 마라나타 음악의 연주자들의 도움으로 스튜디오 앨범들을 출시하게 되었으며, 1988년이 되어서야 첫 라이브 시리즈인 'Touching the Father's heart'라는 앨범을 낼 수 있었다. '빈야드 찬양'은 이 시리즈를 통해 미국을 비롯한 전 세계에 빈야드의 여러 예배 인도자들을 선보이게 되었으며, 참여한 교회들은 자연스럽게 부흥되어 갔다.

지금 한국 교회 예배의 많은 찬양들이 '빈야드 찬양'이며, 미국, 캐나다뿐 아니라 아시아 등 전 세계 교회 예배 속에서 불리고 있다. 또한 지금도 빈야드 찬양과 관련된 단체들이 세미나와 집회들을 통해서 예배 찬양의 임재를 포함한 은사주의의 장점들을 이어가고 있다.

7. 모던 워십(Modern Worship)

'마라나타 음악(Maranata! Music)'이 성장시켜온 CCM과는 또 다른 길인 현대 예배(Modern Worship) 찬양은 80년대에 접어들면서 '호산나 인테그리티 뮤직(Hosana Integrity Music)'의 '찬양과 경배(Praise & Worship)' 시리즈가 출시되면서 예배 음악으로서의 영역을 키워 나가기 시작했다. 여기에 '빈야드 크리스천 펠로우십(The Vineyard Christian Fellowship)' 교회의 예배 곡들도 현대적인 '찬양과 경배(Praise & Worship)' 분야를 함께 성장시키면서 영국과 유럽에 영향을 끼쳤다.

1980년대 왕성한 발전을 이룬 미국의 CCM은 1989년 '에스토니아 89(Estonia 89)'나 영국의 '뉴 와인(New Wine)' 같은 사역을 통해 유럽에 영향을 주었다. 미국의 CCM은 당시 상대적으로 보수적이었던 유럽 교회의 인식을 변화시켰으며, 이를 바탕으로 유럽 특유의 크리스천 음악을 발전시켰다. 1991년에는 유럽 각국의 크리스천 아티스트들이 스위스에 모여 유럽 각국의 CCM을 모은 앨범 '퍼스트 스텝(The First Step)'을 출시하면서 유럽에서의 CCM 운동이 본격적으로 시작됐다.

이 무렵 미국의 '인테그리티 뮤직(Integrity Music)'과 호주의 '힐송(Hillsong)' 스타일에 적잖은 충격을 받았던 영국의 '경배와 찬양' 운동은 '뉴 와인'을 통해 다른 집회 앨범들과 차별적으로 미국, 영국, 독일 등의 다양한 예배 인도자를 초청해 당시 널리 불리는 곡들을 담아내기 시작했다. 데이빗 루이스(David Ruis)나 앤디 팍(Andy Park), 에디 에스피노자(Eddie Espinosa) 등의 빈야드 출신의 예배 인도자들과 매트 레드먼(Matt Redman), 팀 휴즈(Tim Hughes), 오원 히슬립(Eoghan Heaslip) 등의 영국의 예배 인도자들이 여러 예배 찬양 사역과 '뉴 와인' 앨범에 참여했다.

1990년대 중반부터 미국 CCM계는 오히려 영국으로부터 매트 레드먼과 딜리리어스(Delirious?, 1992-2009) 밴드와 같은 영국 싱어송라이터(Sing a Songwriter)들의 영향을 받게 되었다. 그들은 일찍이 존 윔버(John Wimber)가 이끄는 빈야드의 영국 전도 집회에서 많은 영향을 받은 사역자들이었다. CCM의 본고장인 미국의 내슈빌(Nashville)에서도 이런 흐름을 놓치지 않았다. '빈야드 뮤직 그룹'의 대표이면서 연주자인 알렉스 맥도걸(Alex MacDougall)은 영국의 '스톤리 밴드(Stoneleigh Band)'를 초청해 'Worship'(예배 찬양)'의 능력과 깊이를 확인했으며, 그 결과 CCM 내에서 '모던 워십' 장르가 점점 힘을 얻어가게 되었다.

영국의 '경배와 찬양'은 처음 찬양 중심의 집회보다는 말씀 중심의 '사경회(Bible Weeks Convention)'를 중심으로 시작되었다. 케직(Keswick)이나 스톤리히(Stoneleigh) 등과 같은 여러 도시에서 매년 열리는 사경회에 예배 인도자들이 함께 활동했으며, 이를 통해 새 곡을 발표하고 그 곡들이 각 지역 교회로 전해졌다.

영국 예배 찬양의 아버지는 그래함 켄드릭(Graham Kendrick, 1950-)이다. 'Knowing You(나의 만족과 유익을 위해)', 'Shine Jesus Shine(비추소서)', 'For the Purpose(세상 권세 멸하시러)' 등의 찬양

| 그래함 켄드릭(Graham Kendrick) |

으로 영국 예배 찬양 역사에 커다란 영향력을 끼친 그는 침례교 목사의 아들로 런던에서 출생했으며, 1960년대부터 곡을 쓰기 시작해 당시 보수적인 영국 성공회의 그늘에서 벗어나 예배에서 좀 더 자유롭게 하나님을 마음으로부터 찬양할 수 있는 기틀을 만들었다.

대규모 복음주의 운동인 "March for Jesus(예수 대행진)"의 설립자이기도한 켄드릭은 찬양을 통한 교회의 새로움과 예배자들이 복음의 참 기쁨을 누리기를 원했으며 예배 찬양 곡들을 많이 작곡했다. 동료 작곡가이자 켄드릭 밴드의 전 멤버인 스튜어트 타운엔드(Stuart Townend)는 "100년 후 영국의 최고의 찬송가 목록에서 켄드릭의 이름이 와츠(Watts)와 웨슬리(Wesley)와 함께 있을 것"이라고 말하기도 했다.

이후 영국의 예배 찬양은 좀 더 젊은 인도자들로 채워져 갔다. '딜리리어스'의 마틴 스미스(Martin Smith), 매트 레드먼, 스튜어트 타운엔드 같은 탁월한 젊은이들은 세계의 여러 가지 흐름을 잘 소화하여 영국의 현대 예배 찬양의 새로운 바람을 일으켰다. 마틴 스미스는 1992년에 팀을 결성했으며 기존의 찬양 곡들과는 다른 곡들을 연이어 발표하며 일반 시장에서도 크리스천 뮤지션으로서 당시 가장 앞서가는 그룹이 되었다.

한편 1993년 마이크 필라바치(Mike Pilavachi) 목사에 의해 시작된 '소울 서바이버(Soul Survivor)' 집회는 그래함 켄드릭의 'March for Jesus' 운동의 정신을 계속 이어갔다. 2001년까지 '소울 서바이버'의 대표적인 지도자 중 한 사람인 매트 레드먼이 중심이 되었으며, 'Heart of Worship(마음의 예배)'가 이곳에서 탄생했다. 그가 '소울 서바이버'를 떠난 2002년 앨범부터는 젊은 예배 인도자인 팀 휴즈가 중심이 되어 'Here I am to Worship(빛 되신 주)'와 'Beautiful one(놀라운 주의 사랑)'의 곡 등으로 영향력을 확대해나갔다.

1997년에는 캐나다 빈야드의 예배 인도자인 브라이언 덕슨(Brian Doerksen)이 존 윔버(John Wimber)의 권유로 영국으로 건너가 'Everlasting God(새 힘 얻으리)'의 좋은 예배 곡들을 많이 작곡한 브랜튼 브라운(Brenton Brown) 등 젊은 예배 인도자들을 세웠으며, 그동안 미국 중심으로 이루어졌던 빈야드의 찬양들이 각 지역 중심으로 흩어지는 데 견인차 역할을 했다. 이를 바탕으로 초기에 'Winds of Worship(윈드 오브 워십)' 시리즈에 이어 아일랜드 출신의 여성 예배 인도자인 캐서린 스캇(Kathryn Scoott)의 'Hungry(1999년)' 등의 곡들이 쏟아져 나왔으며 1990년대 가장 영향력 있는 현대 예배 찬양의 앨범이 되었다. 이후 'Surrender' 'Doing the Stuff'를 통해 위상을 확고히 한 이들은 각자의 지역 교회로 돌아가 새로운 예배 인도자들을 길러내며 'Holy', 'Beautiful', 'Hold on' 등의 후속 앨범들을 선보였다.

· 소울 서바이버(Soul Survivor)

'소울 서바이버'는 영국 왓퍼드(Watford)의 청년중심의 예배 단체로 매트 레드먼이 그의 동료인 마이크 필라비치(Mike Pilavachi)의 권유로 영국의 젊은이들을 포함한 다음 세대의 회복과 예배의 부흥을 위해 세워졌다. 당시 영국 기독교의 침체 그리고 많은 기독교인들 또는 세속화 이론가들은 유럽의 기독교가 죽어가고 있으며, 유럽 대륙뿐만 아니라 성공회와 감리교의 본산인 영국의 기독교 또한 같은 상황에 놓여 있다고 개탄해왔다. 이런 시기에 '소울 서바이버'는 영국의 영적 회복의 희망이 되었으며, 이후로 성장을 거듭하여 '딜리리어스(Delirious?, 1992-2009)'와 같은 예배 팀들과 함께 영국의 예배를 갱신하는 데 큰 역할을 했다. 당시 어린 나이의 팀 휴즈(Tim Hughes) 등 차세대 예배 인도자들을 끊임없이 발굴함과 동시에 그들의 음악 활동도 돕고 있다.

'소울 서바이버'는 지금도 매년 여름 야외 집회를 개최하면서 청년을 비롯한 다음 세대가 하나님께 더 가까이 가며 제자가 될 수 있도록 노력하고 있다. 더불어 점점 세속화되어가는 영국 사회에 대한 사회 문화적 갱신에도 목적을 두고 있다. 지금도 팀 휴즈와 같은 '소울 서바이버'의 지도자들과 1,000여명의 스태프들은 영국뿐만 아니라 지경을 넓혀가고 있으며, 네덜란드, 인도, 호주, 말레이시아, 남아프리카 등 여

| 팀 휴즈(Tim Hughes) |

러 나라의 교회와 예배자들과 네트워킹을 통해 교회 갱신과 영적 회복을 위해 열정을 다하고 있다(soulsurvivorwatford.co.uk.)

· 패션(Passion)

'패션(Passion)'은 1985년 루이(Louie)와 샐리 기글리오(Shelley Giglio) 목사에 의해 텍사스 주 와코의 베일러(Baylor) 대학에서 'Choice Ministries'라는 이름으로 설립되었다. 처음 미국의 18세에서 25세의 대학생들의 영적 각성

| 루이(Louie)와 샐리 기글리오(Shelley Giglio) |

을 목적으로 대학교 캠퍼스 기반의 학생 사역으로 시작되었다. 이들은 베일러 대학에서 10년간 사역한 후 조지아 주 애틀랜타로 이사해 'Passion Conferences(패션 컨퍼런스)'를 설립했으며, 전 세계 젊은이들로 점차 영향력을 확대해나가고 있다.

2008년 기글리오 목사는 크리스 탐린(Chris Tomlin)을 대표적인 예배 인도자로 세우며 애틀랜타에 'Passion City(패션 시티)' 교회를 개척했다. 1997년 텍사스 오스틴에서의 처음 집회를 시작으로 매년 2월에 4일 동안 대규모 '패션 컨퍼런스'가 애틀랜타에서 열리며, 이 기간에 애틀랜타의 호텔과 숙박시설은 대부분 만석이다.

'패션 컨퍼런스'에는 John Piper(존 파이퍼) 목사를 비롯해 Andy Stanley(앤디 스탠리), Francis Chan(프랜시스 챈) 등 영향력 있는 강

사들을 비롯해, 예배 인도자로 크리스 탐린과 Matt Redman(매트 레드먼), David Crowder(데이비드 크라우더) 밴드, Christy Nockels(크리스티 녹클스), Kristian Stanfill(크리스챤 스탠필)과 Hillsong United(힐송 유나이티드), Jesus Culture(지저스 컬처), Kari Jobe(케리 조브) 등이 매년 함께한다. 존 파이퍼(John Piper) 목사의 "당신의 시간을 낭비하지 마십시오"의 강연은 유명하다. '패션'은 또한 2008년부터 세계 투어를 시작했으며, 우크라이나, 시드니, 호주 등 6개 대륙의 17개 도시에서 컨퍼런스를 개최했다. 최근 열린 '패션 2020'은 조지아 주 애틀랜타에 있는 '메르세데스 벤츠 스타디움'에서 열렸으며, 가장 많은 65,000명 이상의 사람들이 참석했다(passionconferences.com).

패션은 대학생들의 '영적 대각성'을 위해 설립되었는데, 그들의 성경적 기초를 이사야 26:8에서 찾는다.

"여호와여 주께서 심판하시는 길에서 우리가 주를 기다렸사오며 주의 이름을 위하여 또 주를 기억하려고 우리 영혼이 사모하나이다"(사 26:8)

8. 빈야드(Vineyard)의 예배 인도자들과 찬양들

1990년대부터 많은 영향을 끼친 빈야드 찬양은 존 윔버와 그의 뜻을 따르고 발전시킨 훌륭한 예배 사역자들이 있었기에 더욱 영향을 끼칠 수 있었다. 빈야드 찬양은 음악 자체가 록같이 과격하지 않으면서 당시 지역교회의 예배와 잘 융합될 수 있는 여지가 많았으며, 하나님의 임재를 추구하는 것을 목표로 하기에 좀 더 깊고 영성 있는 찬양들을 만들어내기 위해 최선을 다했다.

빈야드 찬양 사역자들의 특징 중 하나는 음악이 소프트하면서 순수한 동기로 찬양을 시작한 사람들이 많다는 것이다. 이 같은 사역자들의 헌신과 열정에 힘입어 지금도 세계 곳곳에서 빈야드 세미나가 열리고 있으며, 빈야드 교회들이 다른 교파들에 견주어 자신들만의 특색을 가지고 성장해나가고 있다.

아래 빈야드 찬양 사역자들을 통해 이 시대 그들이 추구한 찬양의 성향과 신앙의 방향을 살펴보고, 2000년대 이후 미국과 영국에서 나타난 현대예배 찬양과 어떻게 연결되고 다른지를 비교하여 다음 세대를 위한 준비를 삼을 수 있을 것이다.

· 대니 대니얼스(Danny Daniels)

'Glory, Glory in the Highes(영광 가장 높은 곳에)'라는 곡으로 유명한 대니 대니얼스는 70년대 초 '예수 운동(Jesus Movement)'을 시작으로 마라나타 음악 그룹과 '베들레헴(Bethlehem)'의 창설 멤버로 섬겨 온 경력 많은 크리스천 음악 사역자다. 그는 캘리포니아와 콜로

| 대니 대니얼스(Danny Daniels) |

라도의 '빈야드 펠로십'의 목사이자 예배 인도자로 섬겨왔으며, 미국 전역과 해외를 순회하며 국제 빈야드 사역의 예배 인도자로 그리고 강사로 사역해왔다. 1991년에 들어서서 작곡을 계속하며 새로운 곡들을 녹음했을 뿐만 아니라 컨퍼런스와 콘서트를 주관하고 가르치면서 전임 음악사역으로 되돌아왔다. 그는 아내 쉐어(Cher), 세 딸과 콜로라도 주 알바다(Alvada)에 살면서 '오로라(Aurora) 빈야드 펠로십'에서 예배 인도자로 섬겼다.

· 칼 터틀(Carl Tuttle)

'Hosanna(호산나, 높은 곳에서)', 'Open Your Eyes(눈을 들어 영광의 왕을 보라)' 등의 작곡자인 칼 터틀은 다른 사역자들에 비하면 다소 평범한 수준의 연주와 작곡을 하는 사역자였지만, 빈야드 찬양과 예배를 전 세계에 확장하는 초석이 되었다.

빈야드의 대표인 존 윔버(John Wimber)도 일반 음악의 연주와 편곡으로 활약하던 음악인이었고, 예배에 대해 가르치는 은사는 있었지만, 예배를 인도하는 달란트는 없었다. 빈야드의 초기 모임은 그야말로 가정 기도 모임의 형태였고, 모인 사람들 중에 기타 연주를 할 수 있는 사람이 칼 터틀밖에 없었기에 자연스럽게 예배 인도를 하게 되었다. 이후에 그보다 더 뛰어난 음악 실력을 갖춘 "Change My Heart

Oh, God(항상 진실케)"의 에디 에스피노자(Eddie Espinosa)가 빈야드에 합류하면서 빈야드의 예배 팀은 존 윔버(건반), 에디 에스피노자(일렉 기타), 그리고 칼

| 칼 터틀(Carl Tuttle)) |

터틀(인도, 어쿠스틱 기타)로 구성되었다. 그는 다른 사역자보다 음악적으로 뛰어나진 못했지만, 주님께서 주신 은혜의 직분에 충성했기에 이후 빈야드의 본부교회인 애너하임 교회의 목사가 되었고 수많은 후배 인도자들에게 영향을 미치게 되었다.

· **앤디 팍**(Andy Park)

앤디 팍은 빈야드 운동과 찬양을 비약적으로 발전시킨 사람 중 한명으로 'My Delight(아버지 주 나의 기업 되시네)' 'The River is Here(주 보좌로부터)', 'Only You(오직 주님만)' 등의 수많은 예배 찬양 곡들을 작곡했다. 그가 본격적으로 예배 인도자로 나선 것은

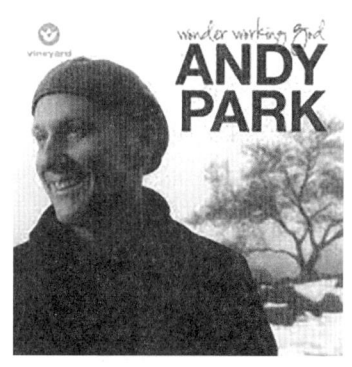

| 앤디 팍(Andy Park) |

18세 때였다. 음악에 관심이 많았던 앤디 팍 목사는 아홉 살 때부터 찬양 사역을 위한 준비를 해왔으며 그로부터 30여 년이 넘게 작은 교

회에서 큰 집회에 이르기까지 다양한 예배에 찬양 인도자로 사역하면서 예배를 사모하는 많은 예배자들에게 영향을 끼쳤다.

그는 빈야드의 초창기 멤버 중 한명으로 존 웜버(John Wimber) 목사와 함께 미국 '애너하임 빈야드 교회'에서 수석 예배 목사로 사역했다. 이후 1998년부터 캐나다 '북 랭리 빈야드 교회'의 예배 인도자로 섬기면서 캐나다 지역에 빈야드 교회 개척과 찬양팀 훈련에 큰 공헌을 했다. 그는 또한 당시 20대 초반의 나이에 불과했던 브라이언 덕슨(Brain Doerksen)의 가능성을 알아보고 그를 발굴하고 훈련시켜 지금의 세계적인 인도자로 만들기도 했다. 브라이언 덕슨(Brain Doerksen), 데이빗 루이스(David Ruis)와 함께 빈야드의 3대 예배 인도자 중 하나인 그는 아내와 여덟 자녀를 두었으며, 캐나다 써리(Surrey)에 거주하면서 지금도 세계의 많은 교회와 집회를 통해 영향을 미치고 있다.

· 테리 버틀러(Terry Butler)

테리 버틀러는 캘리포니아 동부 아주사 퍼시픽 대학교(Azusa Pacific University)를 졸업한 후 20여 년 넘게 예배 사역을 하며 역시 캘리포니아 동부 포모나(Pomona)의 '빈야드 교회(Vineyard Christian Fellowship)'의 협동목사로 섬겼다. 빈야드 교회의 대표적인 키보드 연주자이며 예배 인도자인 테리 버틀러는 예배 사역에 많은 시간들을 지도자들을 훈련시키고 격려하며 동기부여를 하는 적극적인 사역을 했다. 이를 통해 그는 미국뿐만 아니라 해외의 많은 '빈야드 예배 컨퍼런스'에 참여해오고 있다. 그의 사역에 대한 마음과 열정은 모든 그리스도의 지체들이 연합되어 오직 하나님 한 분께만 영광을 올려드리는 것을 보는 것이다. 그의 아내, 두 자녀와 남부 캘리포니아에 살고 있다.

| 테리 버틀러(Terry Butler) |

· 데이빗 루이스(David Ruis)

빈야드 운동의 가장 뛰어난 예배 인도자 중 한 명인 데이빗 루이스는 이미 고전적인 찬양인 'You're Worthy of My Praise'을 비롯해서

| 데이빗 루이스(David Ruis) |

지금도 전 세계적으로 많이 불리는 'Harvest Song', 'Let Your Glory Fall', 'True Love', 'Sweet Mercies', 'Break Dividing Wall', 'Spirit of the Sovereign Lord' 등의 예배 찬양 작곡자이며 캐나다의 '뉴 라이프 빈야드 교회(New Life Vineyard Church, Kenowna, Canada)'의 예배 인도자다.

데이빗 루이스는 미국 중부 캔자스(Kansas City)의 한 보수적인 교회에서 성장했다. 1986년 그는 한 사건을 통해 빈야드에 발을 들여놓게 되었다. 교회의 성장에 대해서 고민하고 연구하던 중 자신의 도시에 한 교회가 놀랍도록 급격하게 성장한 것을 보게 되었는데, 그는 사람들이 열정적으로 찬양하며 예배하는 데 그 원인이 있다고 믿게 되었다. 이후 그는 자신의 교회로 돌아와 그것을 시도했으며, 그들의 첫 예배가 끝나기 전에 그가 울부짖기 시작했다. 교회 집회에 참석한 모든 사람들이 함께 울며 하나님께 부르짖는 일들은 그때까지 경험해 보지 못했던 참으로 놀라운 사건이었고 교회는 이후 놀라운 성장을 경험하게 되었다. 이 변화를 통해 그는 예배가 참으로 놀라운 영향력을 가지고 있는 것을 알게 되었고 예배 사역에 전적으로 헌신하게 되었다. 짙은 수염과 좋은 몸집이 꼭 영화에 나오는 뱃사람을 연상시키는 모습인 그는 키보드나 피아노를 치며 예배를 인도하는 몇 안 되는 예배 인도자들 중의 한 사람이다.

지금은 '빈야드 캐나다(Vineyard Canada)'의 대표로 그의 아내(Anita)와 함께 예배 공동체뿐 아니라 예배자의 삶과 이웃을 위한 삶의 운동에 힘쓰고 있다.

· 캐빈 프로쉬(Kevin Prosch)

케빈 프로쉬는 대중적이고 쉬운 코드 진행, 즉흥적이고 자유로운 멜로디, 강렬한 기타 연주로 1980년대 말부터 1990년대 초까지 빈야드 음악에 새로운 바람을 일으켰다. 그의 즉흥적인 작곡 스타일과 새로운 기타 연주는 캐나다를 거쳐 영국과 아일랜드에까지 큰 영향을 주어 현대에 '모던 워십(Modern

| 캐빈 프로쉬(Kevin Prosch) |

Worship)'이라고 불리는 최신 경배와 찬양 흐름의 효시가 되었다. 이후 그는 대형 음반사인 인테그리티(Intergrity)에서 활동하는 영국의 '딜리리어스(Delirious?)'와 '매트 레드먼(Matt Redman)' 등에게도 영향을 끼쳤다.

캐빈 프로쉬의 곡들은 데이빗 루이스의 곡들과 함께 특히 국내외에서 이단 논쟁을 일으킨 토론토 에어포트 교회의 부흥에 영향을 주기도 했다. 성령의 감동에 너무 흐느껴 찬양 인도를 못 할 정도로 열정적으로 노래하고, 자유롭게 성령 안에서 기도하며 즉흥적으로 인도하는 '토론토 블레싱(Toronto Blessing)'이라 불리는 스타일 때문이다.

· 브라이언 덕슨(Brian Doerksen)

세계적인 예배 인도자이자 싱어송라이터인 브라이언 덕슨(Brian Robert Doerksen)은 러시아 출신의 캐나디언 1세로 브리티시 콜롬비아에서 태어나 지역의 메노나이

| 브라이언 덕슨(Brian Doerksen) |

트 형제회(Mennonite Bretren) 교회의 일원이었고 1983년 메노나이트 교육원(Mennonite Educational Institute)을 졸업했다. 하나님의 부르심과 음악에 대한 비전을 발견한 그는 고등학교 졸업과 동시에 일찍 결혼한 후 예수 전도단을 비롯한 많은 단체에서 세계 곳곳을 다니며 예배 사역을 했다. 그는 10대에 작곡과 예배 인도자로서 강한 기

름 부으심을 체험했으며 예수 전도단(YWAM)의 훈련을 받았다. 이후 20대 초반 '브리티시 컬럼비아'에서 그의 아내와 함께 '랭글리 빈야드 교회(Langley Vineyard Christian Fellowship)'를 섬기기 위해 랭글리에 정착했으며, 그곳에서 1980년대 말과 1990년대 초 예배 목사로 사역했다.

여러 해 동안 브라이언은 '빈야드 국제사역', '앵글리컨 리뉴얼(Anglican Renewal)'과 같은 기관들과 협력하여 북미와 유럽 그리고 아시아 지역의 수많은 컨퍼런스에서 예배와 찬양을 가르치며 예배를 인도해왔다. 이후 "Pacific Worship School(퍼시픽 예배학교)"의 디렉터로, 그리고 뮤지컬 드라마 "the Father's house"의 책임 프로듀서이자 작곡가이며 싱어로도 활동했다. 이후 빈야드의 창시자인 존 윔버의 권유로 영국으로 건너가 '브랜튼 브라운(Brenton Brown)' '캐서린 스캇(Kathryn Scott)' 등의 역량 있는 젊은 예배 인도자들과 함께 영국 빈야드를 세워 현대 예배의 열풍을 일으키며 프로듀서 기획자로 역량을 발휘했다. 이후 대형 음반사인 인테그리티(Intergrity)로 사역 무대를 옮겨 탁월한 예배 곡들을 발표했다.

그는 2003년 복음주의 음악협회가 주는 "도브 상(Dove Award)"을 받았으며, 올해의 아티스트, 올해의 찬양과 예배 앨범, 그리고 올해의 찬양과 찬양을 포함하여 2005년에 4차례를 포함해 "커버넌트 상(Covenant Awards)"을 수상했다. 2006년 3개의 "커버넌트 상", 2007년 6개의 "커버넌트 상"이 추가되었다. 2008년에는 "Holy God" 앨범으로 Juno Award를 수상했다.

우리에게 잘 알려진 'Hope of the Nations(예수 열방의 소망)', 'Refiner's Fire(나의 마음을 정금과 같이)', 'Come Now is the Time to Worship(Come, 주께 경배 드리세)', 'Faithful One(신실하신 분)', 'Isn't He(예수의 이름은)' 등이 그의 곡이며 수많은 베스트 찬양들이 있다.

· 브랜튼 브라운(Brenton Brown)

'Everlasting God(새 힘 얻으리)'라는 찬양 곡으로 우리에게 잘 알려진 싱어송라이터인 브랜트 브라운은 뛰어난 작곡 실력을 통해 많은 예배 곡들을 쓰고 예배를 인도해왔다. 특히 브라이언 덕슨과 'Hallelujah(할렐루야, 주사랑 놀라와)'를, 폴 발로쉬의

| 브랜튼 브라운(Brenton Brown) |

'Hosanna(호산나, _찬양 중에 눈을 들어)'를 협업하기도 했다. 그는 '남아프리카 공화국' 출신으로 영국 옥스퍼드 대학에서 정치학, 철학, 신학을 공부하면서 옥스퍼드의 한 빈야드 지역 교회에서 예배 인도자로 사역했다.

이후 병으로 컨디션이 나빠진 그는 '교회에서의 내가 설 수 있는 날은 끝났다'라고 생각하며 고향인 남아프리카로 돌아왔지만 하나님께서 몸을 회복시키셨고 이것은 그의 모든 것을 바꿔버렸다. 1998년 이후 예배 음악의 영향력을 가지게 된 영국 빈야드를 대표하는 사역자

인 그는 영국 빈야드의 예배 사역을 총괄하며 영국 옥스포드의 '차월 빈야드(Cherwell Vineyard)' 교회의 수석 인도자로 활동했다.

어린 나이에도 불구하고 브라이언 덕슨(Brian Doeksen)으로부터 배우는 중에 'Your Love Is Amazing(주의 사랑이)', 'Lord Reign In Me(오셔서 다스리소서)', 'Holy Holy Holy' 등의 찬양 곡을 썼으며 'Come, 주께 경배 드리세(Come, now is the time)', 'Hungry', 'Surrender' 등 대표적인 영국 빈야드의 앨범을 출시하며 예배를 인도했다. 지금은 아내와 두 딸과 함께 캘리포니아 서부 해변 말리부에서 살고 있다.

9. 현대 예배 대표적인 찬양 인도자 및 단체

2000년대 들어 영국과 미국의 '예배 찬양(Worship)'은 여러 집회와 음반을 통해 영향을 발휘했으며, 훌륭한 작곡 실력과 사운드는 수많은 크리스천 젊은이들을 사로잡았다. 이를 통해 각 지역교회의 '찬양과 경배(Praise & Worship)'는 영향을 받았으며, 예배 팀과 찬양 밴드의 수준은 높아져갔다.

찬양과 음악을 좋아하는 많은 젊은이들이 교회에 합류하면서 교회 예배와 찬양은 새로운 전기를 맞이했다. 현대 예배의 대표적인 예배 인도자들과 그들의 찬양을 살펴보고, 우리 예배 공동체와 다음 세대가 나아가야할 방향을 예측해보자.

· 매트 레드먼(Matt Redman)

1974년 영국의 하트퍼드셔(Hertfordshire) 주 왓포드(Watford) 시에서 출생한 매트 레드먼은 1993년 1집 앨범 "Wake Up My Soul"를 통해 데뷔했다. 그는 2013년 '빌보드

| 매트 레드먼(Matt Redman) |

뮤직 어워드 탑 크리스천 송', '제 55회 그래미 어워드 베스트 컨템포러리 크리스천 뮤직 송 & 크리스천 뮤직 퍼포먼스' 등을 비롯한 수많은 상을 수상한 이 시대 최고의 예배 인도자 중 한 명이다.

그는 그래함 켄드릭(Graham Kendrick), 크리스 보워터(Chris

Bowater), 데이비드 펠링엄(David Fellingham) 이후로 뚜렷한 차세대 예배 인도자가 나타나지 않던 영국의 1990년대 중반 등장했으며, 1993년부터 2000년대 초반까지 '소울 서바이버(Soul Survivor)'의 예배 인도자로 활동했다.

그의 찬양은 열정적이고 순수할 뿐만 아니라 소박하면서도 하나님의 마음을 잘 아는 강력한 메시지가 담겨있다. 또한 젊은이들과 함께 호흡할 수 있는 영적 찬양들은 당시 죽어 가는 많은 영국의 젊은 그리스도인들에게 희망과 새로운 바람을 불러 일으켰으며 모이는 집회마다 놀라운 예배의 부흥을 경험했다.

2000년대 중반이후 미국으로 넘어와 대형 음반사들과 함께 앨범을 통해 새로운 곡들로 영향을 끼쳤으며, 지금까지도 '패션(Passion)'을 비롯한 여러 집회를 통해 영적인 예배의 부흥을 열정으로 부르짖고 있다. 지금은 아내 베스(Beth), 딸 메이지(Maisey)와 함께 영국 잉글랜드 이스트서식스 주 브라이턴(Brighton)에 살고 있다.

그의 예배 곡은 'Nothing But The Blood(예수 피밖에)', 'The Happy Song(나 기쁨의 노래하리, 해피송)', 'All Over The World(온 세상 위에)', 'Now Unto The King(주는 보이지 아니하시는)', 'Once Again(예수님 그의 희생 기억할 때)', 'The Heart of Worship(찬양의 열기 모두 끝나면)', 'Dancing Generation(춤추는 세대)', 'Blessed be your name(주 이름 찬양)', 'Thank you for the blood(예수 감사하리 주의 보혈)', 'The Father's song(수많은 노래들 중)', 'Let Everything that has breath(호흡 있는 모든 만물)', 'Undignified(춤추며 찬양해)',

'Knocking on the door of heaven(우린 쉬지 않으리)' 'Mercy(엎드려 경배해)' 등이 있다.

· 폴 발로쉬(Paul Baloche)

현대 예배의 탁월한 예배 인도자 중 한 사람인 폴 발로쉬는 1962년 뉴저지 주 캄덴, 메이플 쉐드의 독실한 가톨릭 가정의 영적인 기반을 바탕으로 하나님 안에서 자랐다. 그는 한 때 신부가 될 마음을 먹기도 했지만, 뉴저지 남부의 나이트클럽을 방황하는 청년기를 보냈다. 고등학교 시절부터 밴드생활을 시작해 고교졸업 후 전문연주인의 꿈을 키워가며 뉴저지 남부의 몇몇 클럽을 전전하지만, 필라델피아 등지의 나이트클럽에서 음악생활을 하면서 세상음악으로는 채울 수 없는 공허함을 깨달았다.

| 폴 발로쉬(Paul Baloche) |

1980년 겨울, 한 모임에서 찬송가를 록 음악으로 연주하는 광경을 통해 다메섹 도상에서 바울이 밝은 빛을 보고 변화를 된 것처럼 복음을 받아들이고 자신이 추구해온 음악적인 방향을 급선회했다. 이후 캘리포니아의 그로브음악학교에서 음악을 공부하던 중 '마라나타 싱어즈'에서 활동 중이던 켈리 윌라드(Kelly Willard)를 만나 크리스천음악에 대해 관심을 갖게 되었다. 은사주의 교회에서 신앙생활을 시작한 그는 컨트리 음악에 남다른 재능을 보인 아내 리타 발로

쉬(Rita Baloche)를 만나면서 'I will celebrate(나는 주님을 찬양하리라)', 'Rock of Age(만세반석)'을 작곡했다. 이후 세 자녀와 함께 미국의 텍사스 린데일(Lindale)에 살며, "커뮤니티 크리스천 펠로우십(Community Christian Fellowship)"의 예배인도 목사로 약 20여 년간 예배를 인도했다.

'CCLI'의 발표에 따르면 '전 세계 교회의 이 시대에 가장 많이 불리는 노래 500곡' 가운데 10곡 포함되었는데, 복음의 핵심을 간파하는 가사와 다양한 스타일의 음악으로 '컨템포러리 워십'과 전통적인 예배를 아우르는 '모던 워십(Modern Worship)'의 토대를 닦은 인물로 인정되었다. 더 나아가 모던 록 사운드가 가질 수 있는 거친 톤의 느낌을 아름다운 멜로디 라인과 감성적인 표현으로 보완해 '창조적인 예배 찬양' 모델을 동시대 크리스천들에게 전파하는 선구자적 역할을 담당했다.

지금도 Leadworship. com을 통해 교회에서 실제적으로 필요한 예배음악 관련 교육 컨텐츠들을 제작, 균형 있고 창조적인 사역을 이어나가고 있으며 오랜 세월동안 축적된 많은 열매들을 맺고 있다.

그의 예배 곡으로는 'Above all(모든 능력과 모든 권세)', 'Offering(햇살보다 밝게 빛나는)', 'Open the Eyes of My Heart(내 맘에 눈을 여소서)', 'Your Name(그 이름)', 'Hosanna(호산나)', 'The Same Love(동일한 사랑)' 등이 있다.

· **타미 워커**(Tommy Walker)

타미 워커는 '독립 은사주의 교회(an Independent Charismatic Church)'의 담임목사였던 아버지와 자선구호단체 'Charlie's Lunch'나 '하트 오브 월드' 등을 설립한 형제들과 함께 자라났다.

| 타미 워커(Tommy Walker) |

어려서부터 이웃을 사랑하고 배려하는 가족의 분위기는 그가 상업적인 음악을 부정적으로 생각하는 계기가 되었다.

가장 한국적 예배 정서와 가깝다고 인정받는 그는 1990년부터 30여년이 넘게 LA 북부 이글락에 위치한 '크리스쳔 어셈블리(Christian Assembly)' 교회에서 예배 인도자로 사역하면서 전 세계적으로 컨퍼런스와 강의, 집회 등을 통해 많은 영향을 끼쳐오고 있다.

최근 다음 세대를 위한 예배와 찬양의 중요성에 대해 관심을 가지고 교회의 'CA 밴드(CA Worship Band)'와 함께 "Generation Hymns Live" 1, 2 앨범을 제작해 찬송가와 접목하는 시도를 해왔다. 그는 이 앨범 프로젝트에 대해 "최근에 교회의 예배에 있어서 찬송가가 종종 세대를 구분하게 만드는 현실이 안타깝다"고 말하면서 "다시 찬송가를 통해 모든 세대가 함께 예배드리는 믿음의 유산을 제시하고자하는 겸손한 시도"라고 말했다.

그는 지역 교회와 함께 하며 접목할 수 있는 예배와 찬양에 관심을 가져왔다. 1980년대 '마라나타 음악'에서부터 지역교회에서 함께 찬양할 수 있는 곡들을 매년 작곡해왔으며, 지금도 'Tommy Walker Ministries'(www.tommywalkerministries.org)를 통해 자신의 곡을 무료로 사용할 수 있도록 노력하고 있다. 지금은 교회에서 멀지 않은 '라크라센타(LaCracenta)'에서 아내와 예배 인도자와 찬양 사역자인 네 명의 자녀와 함께 살면서 교회와 예배자들을 섬기고 있다.

대표곡으로는 'He Knows my name(내 이름 아시죠)'를 비롯해 'Mourning into Dancing(나의 슬픔을)', 'Only a God like you(나는 주만 높이리), 'Here I am again(내 마음을 가득채운) 등이 있다.

· 크리스 탐린(Chris Tomlin)

현대 예배와 찬양을 접목한 아티스트로서 최고의 역량을 갖춘 크리스 탐린은 1972년생으로 미국 텍사스 주 그랜드 살린(Grand Saline)에서 태어났다. 그는 예배 인도자이자 싱어송라이터로 다른 예배 인도자에 비해 현대 CCM에 가까운 아티스트로도 인정받고 있으며, 본격적으로 대학교 시절부터 기독학생 운동을 시작하면서 예배 인도자로 섬겨왔다.

| 크리스 탐린(Chris Tomlin) |

1995년 앨범 "Inside Your Love"로 데뷔했으며, 2011년 '빌보드 뮤직 어워드 최우수 크리스천 송' '빌보드 뮤직 어워드 최우수 크리스천 아티스트 상' 등을 수상했다. 또한 2012년에는 앨범 'And If Our

God For Us'로 도브 상(Dove Awards) 23개, 'Best Contemporary Christian Music Album'의 그래미상을 수상한 명실 공히 21세기 가장 역량 있는 CCM 아티스트이자 예배 인도자로 자리매김했다.

그는 딜리리어스(Delirious?), 마이클 W 스미스(Michael W. Smith) 등과 힐송 컨퍼런스를 비롯해 30년 이상의 전통적 애너하임의 대형 집회인 'SoCal Harvest(소칼 하베스트, Southern California Harvest)' 등 여러 컨퍼런스와 대형 예배 투어를 이끌어왔다.

"How Great Is Our God(위대하신 주)"를 비롯해 "Forever(왕 되신 주께 감사하세)" "We Fall Down(주 앞에 엎드려)", "The Wonderful Cross(놀라운 십자가)", "Famous One" 등의 앨범과 찬양을 발표하면서 여러 대형 집회를 통해 영향을 끼쳐왔으며, 지금도 애틀랜타에서 매년 수만 명이 모이는 컨퍼런스인, '루이 기글리오(Louie Giglio) 목사가 창설하고 주도하고 있는 'Passion(패션)'의 대표 예배 인도자로 사역하고 있다.

• 팀 휴즈(Tim Hughes)

팀 휴즈는 영국이 낳은 대표적인 현대 예배 인도자다. 그는 1997년 20살의 젊은 나이에 마이크 필라 바치(Mike Pilavachi)의 권면으로 교회의 개혁과 다음 세대를 위한 예배의 부흥

| 팀 휴즈(Tim Hughes) |

운동인 '소울 서바이버(Soul Survivor)'의 예배 인도자가 되었다. 어려서부터 성공회 목사 가정에서 자랐으며, 하나님을 찬양하겠다는 서원했다고 고백했으며 그 또한 성공회 사제(목사)가 되었다. 이후 런던에 있는 성공회 교회인 '홀리 트리니티 브롬톤(Holy Trinity Brompton)'의 예배 인도자로 본격적인 사역을 시작했으며, 국제 예배 훈련 센터인 'Worship Central'(워십 센트럴, worshipcentral.com)을 이끌면서 전 세계 예배 컨퍼런스와 집회, 예배 훈련 등을 개최해왔다.

'저는 절대 아티스트라는 단어를 쓰지 않습니다. 저는 예배 인도자이며, 교회를 부흥시킬 찬양을 만드는 사람입니다.'라고 말하며, 예배 컨퍼런스에서도 자주 이렇게 강조한다. '우린 예배를 통해 내가 아니라 하나님께 초점을 맞춰야 합니다.' '우린 하나님께 모든 것을 내려놓아야 합니다. 그것이 예배입니다.'

싱어송라이터로 작곡에도 능력이 있어 수많은 훌륭한 예배 곡들을 만들어왔으며, 도브 상(Dove Award)을 수상한 'Here I Am to Worship(빛 되신 주)'를 비롯해, 'Jesus, You alone(예수 나의 첫사랑 되시네)' 'Happy Day(기쁜 날)', 'Beautiful One(놀라운 주의 사랑)', 'The Cross Stands(십자가 서있네)' 'Jesus Saves', 'At Your Name', 'The Way' 등이 있다.

'팀은 정말 예배를 인도하고 거룩한 노래를 쓰는 축복을 받은 사람입니다. 하지만 이러한 것보다 저는 그의 겸손함과 주님을 향한 열정에 감탄합니다.'라고 말하는 매트 레드먼(Matt Redman)의 언급처럼, 그의 찬양은 하나님을 향한 순수함과 열정 그리고 복음적으로 많은 예배자들의 본이 되고 있으며, 다음 세대를 이끄는 예배 인도자중 한 사람이다.

· 달린 첵(Darlene Zschech)

달린 첵은 1996년부터 2007년까지 힐송 교회의 예배 인도자이자 예배 목사였으며, 가장 영향력 있는 현대 예배의 선구자이자 여성 예배 인도자 중 한 사

| 달린 첵(Darlene Zschech) |

람이다. 이후 호주 뉴 사우스 웨일즈의 센트럴 코스트에 있는 'Hope Unlimited Church'의 예배 인도자로 사역해왔다.

우리에게도 잘 알려진 찬양 "내 구주 예수님(Shout to the Lord)"은 세계적으로 많은 영향을 끼쳤으며 '1997년 도브상 올해의 앨범 후보'로 '2000년 도브상 올해의 작곡가' 상 등 수많은 찬양과 예배 음악에 관한 상을 받았다.

이후 많은 앨범을 발표했는데 "Kiss of Heaven"(2003년), "Change Your World"(2005년), "You Are Love"(2011), "Revealing Jesus"(2013) 등이 잘 알려있으며 "모든 것 가능해(All Things Are Possible)"도 유명하다. 저서로는 'Worship'(1996)와 2002년에 발간한 '넘치는 예배(Extravagant Worship)' 'The Kiss of Heaven'(2003), 'The Great Generational Transition'(2009), 'Revealing Jesus: A 365-Day Devotional'(2013) 등이 있다.

그녀는 2013년 12월 11일 유방암 진단에도 불구하고 2014년 11월 30일에 기적적으로 하나님의 은혜로 나았다고 고백했으며, 몇 년 전 한 번의 유산도 경험했다. 이후 남편과 함께 임신, 마약, 아동학대, 과식증, 거식증 등으로 어려움에 빠진 십대 소녀들을 도와왔으며, 전쟁, 대량 학살 및 빈곤으로 파괴된 국가에 실질적인 솔루션을 제공하기 위해 세운 'Hope Global'을 통해 르완다, 우간다, 케냐, 캄보디아 등에 실질적인 도움을 위해 노력하고 있다. 지금도 남편과 함께 세계를 돌아다니며 집회와 간증을 통해 많은 예배자들에게 깊은 영향을 주고 있다.

· 지저스 컬처(Jesus Culture)

'지저스 컬처(Jesus Culture)'는 캘리포니아 북부에 위치한 레딩(Redding)의 Bethel Church(벧엘 처치)의 예배 팀으로 사역하다가 분리해, 2013년 남쪽으로 4시간 거리에 있는 지금의 새크라멘토(Sacramento)로 이전했다. '지저스 컬처'를 설립하고 이끌고 있는 배닝 리브셔(Banninig Liebscher)는 예배의 강점인 수준 높은 찬양과 더불어 호소력 있는 영적 말씀으로 지역을 변화시키려는 비전을 가지고 열정을 다하고 있다.

'지저스 컬처'는 2014년 9월 14일 새크라멘토 외곽에 있는 폴솜(Folsom) 고등학교 강당에서 본격적인 예배 모임을 시작했으며, 2020년 가을 6주년 기념예배를 드렸다. 이후 2021년 옆으로 예배 장소를 옮겨 주일마다 예배를 통해 지역의 많은 예배자들과 함께 하나님께 나아가고 있으며, 더 나은 발전을 위해 전진 기지가 될 수 있는 예배 장소를 위해 계획을 세우고 기도하고 있다. 그동안 매년 초 개최되는 수천 명이 참석하는 'Jesus Culture Conference(지저스 컬처 컨퍼런스)'를 통해 예배 찬양 세미나와 집회로 영향을 미치고 있는데, 예배 운동과 사역의 목적을 "이 땅에서의 삶속에서 예배와 찬양을 통해 영적 부흥을 일으키며, 예수 그리스도의 온전한 삶으로 변화하여 세상에 영

│ 지저스 컬쳐의 예배 │

│ 지저스 컬쳐의 리더 배닝 리브셔
(Banninig Liebscher) │

향을 미치는 것"이라고 주장한다. 최근에는 컨퍼런스 명칭을 'My City Conference'로 변경해 도시를 복음화 하는데 전력을 다하고 있다.

대표적인 예배 인도자로 킴 워커 스미스(Kim Walker-Smith), 크리스 퀼라라(Chris Quilala)를 비롯해 브라이언 & 케이티 토왈트(Bryan & Katie Torwalt), 데렉 존슨(Derek Johnson) 등이 있으며, 예배에서 찬양을 중시하듯 매주 여러 명의 예배 인도자가 매주 순환하면서 인도하는 것이 특징이다. '지저스 컬처' 예배의 특징은 완벽하게 잘 짜인 콘서트가 아닌 자유롭고 성령님의 인도하심에 맡기는 진짜 예배의 느낌을 추구하는 것이다. 다음 세대에 영향을 주고 있는 대표적인 예배 공동체로 최근 건축을 준비하면서, 앞으로 전 세계 젊은 예배자들과

지역교회에 더 큰 영향을 끼치기 위해 기도하고 있다.

· **힐송**(Hilsong)

　미국, 영국과 더불어 현대 예배와 찬양을 이끌고 있는 예배 단체 중 하나는 호주의 '힐송(Hillsong)'이다. 힐송은 호주 시드니에 1983년 설립된 힐송 교회(Hillsong Church)를 중심으로 예배 컨퍼런스를 비롯해 예배 리더십 학교 등을 운영하면서 세계적으로 많은 교회와 예배 공동체에 많은 영향을 끼쳐왔다. 브라이언 휴스턴(Brian Houston)에 의해 처음 설립된 힐송교회는 지금도 매주 13만 명이 예배를 드리고 함께 사역하며 'Hillsong Worship', 'Hillsong United' 및 'Hillsong Young & Free'와 같은 여러 예배 그룹으로 나누어 전 세계를 다니며 예배와 찬양 집회 등의 사역을 감당하고 있다.

　초창기에 사역을 함께 시작한 세계적인 여성 예배 인도자인 달린 첵(Darlene Zschech)을 비롯해 르우벤 모건(Reuben Morgan) 등 많은 예배 인도자들이 협력하여 훌륭한 예배 곡을 쓰고 부르며 체계적인 시스템을 굳건하게 해왔다. 한국 교회 예배에서 많이 부르고 있는

| 힐송의 르우벤 모건(Reuben Morgan) |

'주 품에 품으소서(Still)' '약한 나로 강하게(What the Lord has Done in Me)', '내 구주 예수님(Shout to the Lord)' 등이 힐송의 대표적인 곡들이다.

· **이스라엘 휴튼(Israel Houghton)**

1971년생인 캘리포니아 오션사이드(Oceanside) 출신의 이스라엘 휴튼(Israel Houghton)은 흑인 아버지와 백인 어머니 사이에서 태어나 남미계 교회에서 성장한 독특한 성장 배경을 가진 최근 가장 주목받고 있는 예배 인도자이자 아티스트다. 조엘

| 이스라엘 휴튼(Israel Houghton) |

오스틴(Joel Osteen) 목사가 담임으로 있는 미국 휴스턴 'Lakewood Church(레이크우드) 교회의 예배 인도자이자 '호산나 인테그리티' 음반의 싱어송라이터이며, 라틴풍의 '뉴 브리드(New Breed)' 예배 팀의 인도자다.

그가 찬양하는 모습을 보면 기타와 키보드의 탁월한 연주력이 뒷받침된 고음과 저음의 탄탄한 목소리가 안정감을 준다. 다른 예배 인도자에게는 발견할 수 없는 탁월한 리듬감과 화려한 모습은 많은 예배자들을 집중시키는데 있어 확실한 장점이다. 아티스트로서도 청중을 압도하는 음악적 탁월성과 무대매너는 세속적인 일반 가수와 비교해도 전혀 손색이 없다.

그래미상을 6번이나 수상했으며, GMA 도브(Dove)상을 11회, 스텔라(Stella)상 2회 등 많은 상을 수상한 21세기 최고의 예배 인도자이자 아티스트 중 한사람이다. 한국 교회와 예배자들에게도 사랑 받는 'You Are Good(좋으신 하나님)', 'Friend of God(나는 주의 친구)' 'Again I Say Rejoice(다시 말하니)' 등의 예배 곡들이 있다.

3장
찬양과 경배의 신학

1. 임재 신학(The Theology of Presence)

우리가 예배 드릴 때, 찬양 중에 손뼉을 친다거나, 일어서서 손을 든다거나, 또는 춤을 추고 큰 소리로 하나님의 이름을 부르고 '할렐루야'나 '아멘'으로 소리 높여 고백하는 이 모든 행위는 전통 교회의 예전이 아니다. 더 나아가 "하나님의 임재 가운데 저희를 이끌어 주소서"나 "하나님을 예배 가운데 경험하기를 원합니다." 또는 "찬양 가운데 임하시는 주님께 영광 돌립니다."라는 인도자의 멘트나 예배자의 고백은 전통 교회의 예식과는 거리가 멀다. 이것은 현대 예배 찬양의 전형적인 모습이다.

일반적으로 전통적인 교회의 예배와 찬양은 피아노 반주에 맞춰 찬송가를 부르며, 찬양대(성가대)의 4부 코랄이 있을 뿐이다. 찬양 중에 박수 치거나 소리를 내는 것도 경건치 않다고 생각하며, 설교가 예배의 가장 중요한 핵심이라고 주장한다. 현재 이렇게 예배 드리는 한국의 교회들도 있지만, 대부분의 교회는 피아노 이외의 전자 건반과 전기 기타 등 플러그(Plug) 악기에 박수를 치며 찬양 인도자의 인도에 따라 힘차고 기쁘게 찬양을 부른다.

이 같이 한국 교회 예배 찬양의 대부분은 자의반 타의반 현대 찬양에 영향을 깊게 받고 있다. 그리고 마라나타 음악이나 빈야드 찬양을 포함한 현대 예배 인도자와 단체인 힐송이나 패션, 매트 레드먼, 타미 워커, 폴 발로쉬, 달린 첵, 크리스 탐린 등의 곡을 우리는 자연스럽게 매주 부르고 있다. 그러므로 자신의 예배와 찬양 방식만 고집하기 보다는 열린 마음으로 현대 찬양의 역사와 흐름을 분명하게 인식하는 것이 지금의 각 교회의 예배 공동체뿐 아니라 다음세대의 예배와 찬양을 준비함에 있어서 매우 중요하다. 그 방식들이 우리가 가진 예배의 성경적 가치와 본질이 흔드는 것은 아니기 때문이다.

| 현대 예배 모습 |

3장 찬양과 경배의 신학

현대 예배의 시작은 1960년대 후반 갈보리채플의 척 스미스 목사로부터 시작된 '예수 운동'과 '마라나타 음악'이다. 이 두 가지의 매개체는 당시 유행하던 록 기반의 '현대 음악(Contemporary Music)'으로 당시 젊은이들의 갈망과 하나가 되어 현대 예배 운동을 촉발시켰다.

현대 예배와 찬양은 지금 세계 곳곳에서 찾아볼 수 있는 일반적인 현상이 되었다. 사실, 이런 찬양과 예배가 정착된 지는 수십 년이 채 되지 않는다. 이 놀라운 발전을 일으킨 원동력 중 하나는 하나님을 능동적으로 찬양하는 행위와 하나님의 임재를 경험하는 것에 바탕을 둔 '임재 신학(The Theology of Presence)'이다. '임재 신학'을 연결한 중요한 말씀은 "이스라엘의 찬송 중에 계시는 주여 주는 거룩하시니이다"(시 22:3)이며, '계시는 것'의 의미는 '하나님께서 그의 백성들의 찬양 가운데 계시는 것'으로 '살고 계시는 것'을 말한다. 여기서 사용된 히브리어 동사가 어떻게 해석되느냐에 따라 다른 해석도 가능하며, 하나님께서 이스라엘의 찬양 위에, 마치 '보좌 위의 왕처럼, 왕좌에 앉아 계시는 것'을 뜻한다. 둘 중 어느 해석이든, 이 말씀은 찬양을 하나님의 임재와 연결시키는 말씀이다.

이 '임재 신학'은 초기 오순절 신학에서 약간 언급되기는 했지만, 레그 레이젤(Reg Layzell) 목사가 1946년 1월에 이 신학을 구체적으로 발전시키고 가르치기 시작했다. 레이젤은 목사가 되기 전, 캐나다 동부에 위치한 큰 도시인 토론토에 거주하던 은퇴한 사업가였는데, 어느 날 캐나다 서부의 브리티시 콜롬비아에 위치한 밴쿠버에서 몇 군데 강의 요청을 받았다.

레이젤이 캐나다 서부로 갔을 때, 첫 번째 방문한 교회에서는 세미나에 대한 반응이 없었다. 사람들과의 만남은 평이했고, 하나님께서는 움직이지 않으셨고, 사람들의 마음은 차가운 느낌이었다. 걱정이 되기 시작한 레이젤은, 브리티시 콜롬비아

| 레그 레이젤(Reg Layzell) 부부 |

방문 첫째 주의 중간 즈음 하루 금식을 하고, 종일 기도하며 시간을 보내기로 결심했다. 그렇게 하루를 보내던 중, 하나님께서 그의 마음에 말씀 한 구절을 주셨다. 시편 22:3이었다. 레이젤은 그 말씀을 마음에 품고, 교회 건물 주변을 걸어 다니며, 그날 하루 동안 하나님을 찬양하며 돌아다녔다. 그리고 그날 저녁의 집회에서 작은 부흥이 일어났는데, 레이젤은 하나님께서 이 교회가 예배 가운데 추구해야 할 것을 알려주셨다는 확신이 들었다. 이는 하나님의 임재를 경험하기 위해서는 하나님을 찬양해야 한다는 것이었다.

레이젤이 그의 신학을 발전시키는 과정에서, 신학의 초석이 된 두 가지 말씀은 시편 22:3과 히브리서 13:15 말씀이다. 레이젤은 시편 22:3 말씀을 '하나님의 백성들이 하나님을 찬양할 때, 하나님께서 임재하시겠다.'는 긍정적인 약속으로서 이 말씀을 해석했다. 그리고 히브리서 13:15 "우리는 예수로 말미암아 항상 찬송의 제사를 하나님께 드리자 이는 그 이름을 증언하는 입술의 열매니라" 말씀을 레이젤은 하나님께서 우리의 마음이 어떻든지, 우리가 해야겠다는 마음이 들건

3장 찬양과 경배의 신학

아니건 하나님을 능동적으로 찬양하라는 명령으로 해석했다. 그리하여, 레이젤은 이제 우리의 마음에 있는 생각들을 찬양을 통해 하나님과 연결할 수 있으며, 찬양에는 분명한 성경적 약속과 더불어 성경적인 명령이 있었다는 것을 알게 되었다.

레이젤이 이 신학을 정립하며 강조했던 중요한 점이 있었는데, 첫째는 오순절의 재해석이다. 레이젤은 예수님이 하늘로 승천하신 후 사도들이 그저 예루살렘에서 가만히 앉아 기다린 것이 아니라, 하나님께 능동적으로 찬양하며 보냈다는 데에 주목했다. 그들이 하나님의 약속에 대해 순종적으로 반응하였기 때문에, 오순절에 하나님께서 사도들에게 성령을 부어 주신 것이라 해석했다.

둘째, 레이젤은 이것을 자율적인 것, 즉 인간의 자유 의지, 즉 우리가 원하던, 원하지 않던 하나님을 찬양하기를 선택할 수 있으며, 하나님께서는 이처럼 우리가 하나님을 찬양하고 그 이름을 높이고자할 때 그 순종을 귀히 여기신다고 생각했다.

셋째, 레이젤은 하나님을 찬양하는 것이 영적 무기라 생각했는데, 그 이유는 하나님이 임재하신 곳에 하나님께서 움직이기 때문이었다. 하나님의 사람들이 찬양하면, 하나님은 그 곳에 임재하고 활동하실 것이고 그러므로, 찬양은 교회의 영적 무기가 될 수 있다고 믿었다.

넷째, 레이젤은 찬양이 단순히 눈먼 복종이 아니라, 하나님 안에서 우리가 기뻐하는 것임을 깨달았다. 찬양에 우리의 하나님을 향한 사랑이 있는 것으로 보았다. 찬양은 단순히 교회가 사용할 수 있는 하나의 도구가 아니라, 교회가 당연히 능동적으로 하나님 안에서 즐거워하며 기뻐하는 것이라고 주장했다.

다섯 째, 레이젤은 찬양을 통해 하나님께서 역사하심으로 부흥을 가져다준다고 믿었으며, 우리의 찬양 가운데 계속적으로 하나님께서 거하시므로 교회가 부흥을 유지하고 계속해 하나님의 역사를 일으키는 것이라고 말했다.

이 '찬양 운동'은 1950년대와 1960년대에 발전하기 시작해 침례교단, 감리교단, 루터교단, 성공회, 심지어 로마 가톨릭까지 성령을 깊게 경험하던 '은사 쇄신 운동'과 맞물렸다.

하나님을 경험하는 '임재 신학'과 더불어 현대 예배 찬양이 신학적으로 정립해 나가는 데에 있어 중요한 개념은 1960년대를 거쳐 1970년대 발전했던 '모세의 장막(Tabernacle of Moses)'과 '다윗의 장막(Tabernacle of David)'이다. '다윗의 장막' 개념은 '다윗의 장막'을 복원하는 성경적 기초로부터 시작됐으며, 아모스서에 기록되어 있다. "그 날에 내가 다윗의 무너진 장막을 일으키고 그것들의 틈을 막으며 그 허물어진 것을 일으켜서 옛적과 같이 세우고 그들이 에돔의 남은 자와 내 이름으로 일컫는 만국을 기업으로 얻게 하리라 이 일을 행하시는 여호와의 말씀이니라"(암 9:11-12). 둘째는 예루살렘 공회와 이방인을 교회에 받아들이게 된 것에 관한 사도행전 15장 말씀으로 아모스 9장의 내용이다. "이 후에 내가 돌아와서 다윗의 무너진 장막을 다시 지으며 또 그 허물어진 것을 다시 지어 일으키리니"(행 15:16)

'다윗의 장막을 복원한다.'는 말씀은 여러 가지를 의미했는데, 제사장과 다윗의 장막에 있는 모든 제사장들이 음악가들로, 그 곳에서 드려진 제사가 '찬양의 제사'지, 동물을 바친 피를 흘리는 제사가 아니라는 점이다. 그러므로 이들 제사장과 같은 음악가, 혹은 음악 제사장들은 다윗의 장막에서 계속해 찬양과 경배가 이루어질 수 있도록 팀을 이뤄 섬길 수 있었다.

다윗의 장막은 우리가 모세의 장막에서 볼 수 있듯 분리된 공간이 아니라, 하나님의 백성들에게 하나님의 임재를 상징하는 언약궤가 24시간, 일주일, 7일 내내 예배를 올려 드리는 음악 제사장들과 함께 존재하는 하나의 공간이었다. 이렇게 예배를 드리려면 계속해서 새 노래를 쓰고 만들어야했다. 이와 같은 '새 노래'들은 '시편' 혹은 '시편 찬송'이라는 이름으로 지금의 우리에게도 전해져 내려오고 있다.

다윗의 관심은 하나님의 임재의 상징으로써, 언약궤 위에 있는 두 그룹의 펼친 날개 사이에 머물던 파란 불꽃에 있었다. 그 불꽃은 하나님의 임재를 의미하며, 하나님의 영광을 상징했다. 하나님의 분명한 임재가 있는 곳에는 그 어디서나 승리와 능력과 축복이 있었으며, 하나님은 임재를 사모하는 다윗의 마음에 깊이 감동하셨다. 다윗은 하나님의 본질적인 무엇인가를 사로잡은 자였으며, 하나님의 임재를 향한 다윗의 열정, 그 열정이 사람들 사이에 충만하기를 하나님은 원하신 것이다.

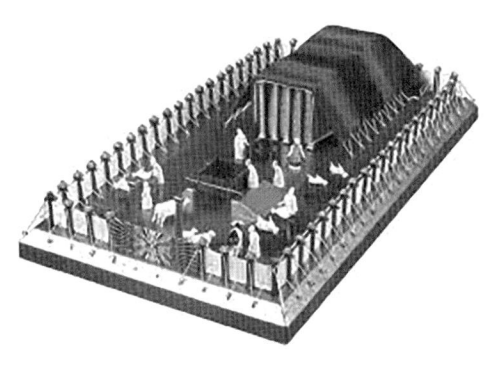

| 성막의 모습 |

다윗의 장막은 하나님께서 인간들과 만나셨던 그 감격과 추억의 장소였으며, 인간과의 만남을 귀중하게 생각하시고 우리가 하나님과의 만남을 원하듯, 하나님은 자녀들인 우리들과의 만남을 매우 원하신다는 사실을 증명해준다.

또 한 가지는 '모세의 장막' 개념인데, 예배 찬양에 대한 책을 많이 저술한 저드슨 콘월(Judson Cornwall, 1924-2005)도 '예배와 찬양'의 모델로 중요하게 생각했다. 콘월은 장막 내의 특정 공간, 예를 들면 궁정이나, 문이나, 입구와 같은 곳, 혹은 성소나 지성소 등에 관심을 가졌다. 이와 같은 신학은 예를 들면 "감사함으로 그 문에 들어가고 찬송함으로 그 궁정에 들어가는" 시편 말씀 등과 연결 짓는다. 모세의 장막은 건축적인 측면에 많이 기반하고 있으며, 하나님의 사람들은 감사함으로부터 찬양, 그리고 예배로 이어져 결과적으로 그 예배를 지성소에서 드리는 것으로 이야기한다. 정리하면 감사에서 찬양으로 진행이 되며, 찬양이 예배로 진행이 되어, 예배는 결국 지성소에서 행해진다. 이와 같은 가르침은 모세의 장막에서 행해진 동물 희생 제사와도 연관이 있기 때문에, 갈보리와 예수님의 피 흘리심, 그리고 희생을 성전과 연관시키며, 우리가 하나님의 임재 안에 들어갈 수 있는 것은 예수님의 피 흘리심이 있었기 때문이라 가르친다.

하나님께 나아가는 개념의 예배에 대한 신학적 중요한 두 기둥인 '다윗의 장막'과 '모세의 장막'은 사실 서로 배치되는 개념이 아니다. 1960년과 1970년대에 주류였던 두 신학은 매우 중요한 변화를 불러일으켰는데, 특히 이후 굉장히 흔하게 행해지는 예배 방식의 초석이 되었다.

레이젤이 주창했던 찬양의 '하나님의 임재' 개념은 1940년대와 1950년대 부흥에 참여한 사람들을 비롯해 60년대 초반까지는 처음 찬양만을 강조했다. 이 때에는 찬양이 노래의 형태든, 말의 형태든 찬양을 길게 하기만 하면 하나님께서 임하신다고 사람들이 생각했다. 그리고 실제로 이를 따르는 많은 교회들 중에서, 예배당에 모이기 전에, 깊이 헌신된 예배자들이 모여 각자 감사한 것과 하나님께 드리는 찬양의 감사를 30-45분간 서로 이야기했다. 이 모임의 공간은 오랜 시간 동안 하나님에 대한 찬미로 가득했다. 긴 시간이 지난 후, 사람들은 예배당으로 들어가 찬양을 시작했는데, 특별히 엄격한 순서보다는 자유롭고 능동적으로 행해져 언제든 은혜가 임할 수 있는 기대와 여지가 있었으며 매 주일마다 그 형태가 바뀌었다.

이후 '모세의 장막'과 '다윗의 장막'이라는 두 장막에 기반한 신학이 점점 힘을 얻기 시작한 1960년, 70년대, 80년대를 거치며 점점 찬양의 형태가 정형화되어갔다. 정형화된 찬양은 여러 특성이 있었는데, 그 중 하나는 찬양을 정의하는 히브리어 단어 7개를 중심으로 찬양을 분류하기도 했다. 한편 '다윗의 장막'을 기반으로 된 가르침에서 모든 제사장이 음악가였다는 부분에 기반해, 음악적이고 노래하는 형태의 찬양을 오랫동안 하게 되었는데, 주로 음악을 하는 사람들이 찬양을 인도했다. 시편 104편에 기초한 모형과 같이, 시간과 찬양의 진행을 어떻게 관리할 것인지, 이를테면 사용되는 노래의 종류를 바꾼다든지,

다른 방식의 찬양법을 사용한다든지 여러 가지 찬양의 모형이 생겨나기 시작했다. 이때부터 음악가들은 단순히 노래를 이끄는 사람이 아닌 '예배 인도자'가 되기 시작했다.

미국과 캐나다에서 "예배 인도자(Worship Leader)"라는 단어를 처음 사용한 것은 1970년대 후반과 1980년대 초반으로, 이는 두 '장막론'의 예배 신학을 강조하는 사람들이 만들어낸 단어다. 그에 따라 예배 인도자가 해야 할 일은 사람들을 하나님의 임재 안으로 이끄는 일이 되었으며, 모세의 장막의 '건축적'인 배경이 기초가 되었다.

이후 '찬양(Praise)'과 '경배(Worship)'의 분명한 구분이 생겨나기 시작했는데, 경배는 "교회의 예배하는 사람들, 즉 예배자들이 하나님의 임재를 경험하고 나서 하는 것"으로 정의되었다. 1960년대부터 80년대까지 계속 진화해온 예배 신학의 마지막 발전 과정으로 성경적 예배 유형을 강조하기 시작했는데, 다윗과 시편이 주로 사용되었다. 예를 들자면, 찬양 중 손을 드는 행동에 대해서도 매우 많이 강조가 되었는데, 이는 시편에 수많은 예제가 등장하기 때문이다.

| 예배 팀(Worship Team) |

| 예배 인도자(Worship Leader) |

3장 찬양과 경배의 신학

위의 언급한 예배 찬양과 관련된 신학들은 하나의 형태로, 혹은 두 가지 합친 형태로 융합하며 교회와 예배 공동체에 매우 빠르고 넓게 퍼졌나갔다. 1980년대까지, 이와 같은 신학과 더불어 이와 같은 예배 방식은 세계 곳곳에 퍼져 현대 예배와 찬양의 표준으로 자리 잡았다.

2. 문화적 적응 신학(The Theology of Cultural Adaptation)

예배와 찬양 가운데 거하신다는 '임재 신학'과 더불어 현대 찬양과 경배의 중요한 신학은 '문화적 적응 신학'이다. '문화적 적응 신학'이란 교회의 사도적인 사명, 즉 다른 이들에게 복음을 잘 전하기 위해 예배와 찬양을 문화적으로 적용시키고, 문화 속에서 일어나고 있는 변화에 맞게 변형시켜 가장 효율적인 방법으로 예배를 사용하는 것이다.

이 신학은 '임재 신학'과 더불어 현대 찬양과 예배의 근간이 된 이 두 번째 신학이다. 이 신학은 이제 세계 곳곳에서 찾아볼 수 있는 세계적 현상이 되었으며, 교회사 가운데 일어난 새로운 현상이라 볼 수 있다.

예배의 이해를 다루는 신학은 고린도전서 9장 22절 말씀을 기초로 하고 있는데, 이 말씀의 중점은 예배를 장벽을 낮추는 역할로서 적용하여, 사람들이 복음을 더욱 쉽고 효과적으로 접할 수 있게 하는 것이다. 고린도전서 9:22절에서 강조하는 내용과 '사도적인 필요성'에 대한 신학을 살펴보고, 예배를 문화에 적용시켜 복음을 더 잘 전하는 방법을 알아보자.

첫째, 고린도전서 9:22절이 말하는 것이 무엇인지를 살펴보자. 사도 바울은 "내가 여러 사람에게 여러 모습이 된 것은 아무쪼록 몇 사람이라도 구원하고자 함이니"라 했다. 이것은 사도 바울 자신의 접근법을 바꿔서라도 그가 전도하는 사람들을 주님께 더 이끌기 위한 노력의 일부였다. 그래서 사도 바울은 "유대인에게는 유대인같이 되었고 헬라인에겐 헬라인같이 되었다"고 말하고 있다. 그러나 고린도전서 9:22는 이 모든 것을 다 정리하는 한 마디, 즉 "여러 사람에게 여러 모습"이 되어 "몇 사람이라도 구원하고자 한다"는 말이다. 이것은 여기서 다루고자 하는 이 신학의 중심, 즉 바울의 사명감, 목적의식, 그리고 모든 사람에 맞춰 변하고자하는 사도 바울의 의지다. 시편 22:3에 기반한 임재 신학과 달리, 이 신학의 경우 그 근간이 되는 것은 하나가 아니다. "이 사람 혹은 이것으로부터 유래되었다"고 말할 수 있는 특정한 것이 없다고 할 수 있다.

사실 이 신학은 약 200년간 널리 퍼져 있었다. 이 신학을 지지하는 저명한 학자들은 여럿 있었으나, 이 신학 자체는 어느 한 곳에서 유래되었다고 말하기는 어렵다. 그리고 다른 예배 신학과 같이 '다윗의 장막', '모세의 장막'을 기반으로 1960년대와 1970년대에 크게 그 이론이 발전하는 것 없이, 18세기부터 200여 년간 명맥을 이어 왔다. 다른 신학과 마찬가지로 개인적으로 어떤 것을 중요하게 여기는지에 대한 차이가 있어, 모두가 같은 것을 중요하게 생각하거나 같은 것을 강조하지는 않았다.

지난 200년간 이 신학이 특별히 크게 발전되지는 않았으므로 지난 200년 동안 이어져 내려온 이 신학의 핵심을 이야기할 수 있다. 그 첫 번째 측면은, 우리의 예배 실천을 통해 예배가 사람들을 전도하는 데에 사용되어야 한다는 생각이다. 즉, 예배는 단순히 하나님을 찬양하기 위한 것뿐만이 아니라, 예배를 통해 사람들을 예수님께 인도할 수 있으며 새로운 기독교인을 양육해 내는 것이다. 이 사람들이 하나님을 믿지 않거나, 하나님에 대해 전혀 상관하지 않는다는 뜻은 아니다. 하지만 이 사람들이 설교나 강의를 듣고 글을 읽어보면, 인간이란 무엇인지, 그리고 어떻게 그들에게 효과적으로 다가갈 수 있을지를 많이 고민하는 것을 볼 수 있다.

이 신학의 두 번째 핵심은 '언어' 즉 어떤 말이 사용되었는지를 강조하는데 있다. 이 신학은 언어가 중요하다고 말하며, 사람들이 쉽게 이해할 수 있는 언어는 특히 더 중요하다고 말한다. 이 중요성은 '언어' 자체에만 국한되는 것이 아니라, 듣기 쉽고, 이해하기 쉬운 최신 화법과 비유적인 표현 모두를 포괄한다. 그리고 때로 이 신학을 옹호하는 사람들은 음악을 언어의 한 종류로 여기고 강조한다. 그러므로 예배에서는 오늘을 사는 현대인들이 듣기 쉽고, 이해하기 쉬운 음악이 있어야 한다고 여기는 것이다.

셋째, 이 신학은 복음이 전달되는 형태와 내용에 대해 분명한 선을 긋는데, 복음의 내용은 바뀔 수 없으며 성경에서 찾아볼 수 있다 이야기하지만, 복음의 내용이 표현되는 형태는 상당히 유연하다는 것이다. 그러므로, 우리의 창의력을 발휘해 복음을 가장 효과적으로 표현할 방법을 찾아야한다고 주장한다.

이 모든 것들을 다 종합하면, 넷째로 이 신학에서는 하나님께서 우리에게 언제 어느 때에 누구를 만나서 복음을 전하든 가장 효과적으로 복음을 전하고 예배드릴 방법을 찾기 위한 자유를 주셨다고 주장한다. 그래서 보통은 지도자들에게 사람들을 '읽고' 그 문화를 이해하는 것을 강조하여 예배를 맞추라고 말하며, 문화는 진화하거나 변화하는 것을 멈추지 않기 때문에 이런 맞춤의 과정이 멈춰서는 안된다는 것이다. 즉, 이 신학의 넷째 요소는 하나님께서는 지혜로운 창의적 선택을 존중하시고, 그런 선택을 축복하시며, 그 자유를 하나님께 연결시키는 것이다.

그렇다면 이 성공의 지표라는 것은 무엇인가? 다섯째, 이 신학에선 성공은 보통은 숫자로 나타난다 하며, 성도의 숫자가 늘면 우리는 그게 하나님께서 복 주신 것임을 알 수 있다고 한다. 때때로 다른 형태로, 다른 것들을 강조하며, 이 신학의 다섯 가지 요소는 지난 200년간 계속해서 순환해왔다. 지난 60년에서 70년간, 이 다섯 가지 요소는 현대 찬양과 예배가 발전하는데 매우 중요한 역할을 했다.

이 신학은 역사 속에서 찾아볼 수 있다. 약 200년 전으로 거슬러 올라가, 19세기와 18세기에서 이 신학의 예를 찾아 볼 수 있는데, 첫 번째 예는 미국 부흥사인 찰스 피니(Charles G. Finney, 1792-1875)다. 그는 19세기 초에 특히 많은 활동을 했다. 1830년대, 부흥에 대해 찰스 피니는 한 강의에서 이렇게 말했다. "복음은 종교를 홍보하기 위한 중요한 수단으로 전해졌고, 교회는 때때로 어떤 수단을 차용하고 어떤 형태로 복음을 전해야 복음에 능력을 부여할 수 있을지를 결정할 재량이 있다." 자유를 더욱 강조한 것이다.

피니가 사도들을 지칭한 '그들'에게 맡겨진 일은 가서 복음을 전하고 모든 나라를 제자 삼는 일이다. 주님께서 맡기신 명령은 어떤 특정 형태를 규정하지 않으셨다. 어떤 정해진 형태가 없었기에 누구도 주님의 지상대명령을 '어떻게' 실천하면 될지 명령을 받았다 말할 수 없었다. "그냥 최선을 다하고, 하나님께 지혜를 구하세요. 하나님께서 주신 당신의 능력을 사용하세요. 성령님의 인도하심을 구하세요. 그냥 섬김의 자리로 나아가서 하세요. 이것이 사도들에게 주어진 명령이었습니다. 목적이기도 했고요. 사도들의 목적은 복음을 가장 효율적으로 알리는 일이었고, 하나님의 말씀이 돋보이도록 해 사람들이 그들에게 주목하고 되도록이면 많은 사람들이 구원을 받는 것이었습니다. 성경에 '어떻게 하라'고 명확하게 지시된 것을 찾을 수 있는 사람은 아무도 없습니다. 복음이 돋보이도록 전도하는 것이 중요한 일입니다. 방법은 아무래도 상관없습니다."

| 찰스 피니(Charles G. Finney) |

이 책에서 피니는 그의 신학, 그리고 신학의 중점을 제시하며, 복음을 전하는 방법론과 복음의 내용의 구분에 매우 의존하고 있다는 것을 볼 수 있다. 피니가 가정한 것은 교회가 자유를 가지고 전도 대상자에 맞춰 적응을 하고, 창조적일 수 있고, 예배 안에서 시간과 장소와 상관없이 복음을 가장 효율적으로 전하는 방법을 찾을 수 있다는 것이다. 피니가 주장한 것들을 통해 이 신학의 골자를 볼 수 있다. 그러나 19세기에 이 신학을 신봉했던 것은 피니 뿐만이 아니었다.

피니의 저서를 읽고 매우 자세히 고찰했던 사람인 캐서린 부스(Catherine Booth, 1829-1890)는 피니가 말했던 쟁점들을 표현했다. 부스는 이 사상에 대해 특히 중요한 사람이었는데, 특히 부스의 생각

| 캐서린 부스(Catherine Booth) |

들이 예배에 적용되었고 예배에 급진적이며 창의적인 변화를 불러일으켰기 때문이다. 부스는 영국 구세군의 공동 창립자로서 이와 같은 일들을 해냈다. 피니가 나타난 후 반 세기 쯤 뒤에, 1879년 부스는 이렇게 말했다. "많은 사람들이 교회와 예배당에서 드리는 예배가 경직되어 있고, 형식적이며, 재미없는 일상과 연관을 짓습니다. 우리가 하나님의 동업자로 이 사람들을 위해 헌신하려면, 우리가 익숙한 것들로부터 벗어나 '여러 모습'이 되어 그들을 여기로 이끌어야 합니다."

이 말에서 볼 수 있듯, 부스는 이 신학의 주요 주장을 그 당시 전통적 예배가 많은 사람들에게 있어 지루하고 재미가 없었다는 이해와 연결시킨다. 그래서 부스는 우리에게 하나님의 일꾼이 되라고 하는 것이다. 우리는 창의적이 될 필요가 있고, 예배를 유연하게 변화시킴으로써 사람들에게 복음을 지금처럼 효과적으로 전해야한다.

둘째로, 부스는 "무언가에 유연하게 적응한다는 것은 우리가 고려해야 할 좋은 것입니다. 만약 어떤 한 방법이 실패한다면, 다른 방법을 시도해 봐야지요. 하나님도 그렇게 하십니다."고 말한다. 부스는 하나님과 '적응'을 연결 짓는다. "하나님께서 여러 가지 방법을 사용하시고 섭리로 인간을 이끄셔서 하나님께로 오게 한 것을 보십시오." 부스의 사상을 좀 더 폭넓게 이해해 본다면, 예수님께서 인간으로 오신 것

또한 위대한 '적응'이라 할 수 있으며, 하나님께서 하신 가장 겸손한 '적응'이라 할 수 있다.

예수님에 대해 이야기하자면, 부스는 우리가 교회로서 가지고 있는 자유를 예수님 본인과 결부시킨다. "예수 그리스도는 시대에 필요에 가장 잘 맞는 교회 조직을 만들 수 있도록, 모든 형식과 방법에 대해 우리에게 자유를 주셨습니다. 신약에는 복잡한 권위나 관료주의7가 없습니다!"라고 이야기했다. 부스는 교회는 최대한 발걸음을 가볍게 해 변화를 두려워하지 않고, 창의적인 방법을 찾아 시간, 장소와 상관없이 우리가 함께 하는 사람들에게 가장 효율적인 예배 방법을 찾아야 한다는 것이다.

셋째, 부스의 주장을 인용해 이 신학의 중점을 정리해보면, 특정 시기와 장소에서 우리 사이에 거하시려 하는 의지의 적응력을 지니신 예수의 겸손한 비전과 결부시킨 "사도적 적응력"을 고린도전서 9:22에서 볼 수 있다는 것이다. 부스는 사람들이 예배를 지루하게 생각하기 때문에 그 간극을 메워야할 필요가 아주 크다고 보았다. 필요성은 이 때문에 생기는 것이다.

그리고 넷째, 그녀는 그 간극을 극복하기 위해 예배가 드려지는 방식을 지속적으로 갱신하고 오늘날의 사람들에게 호소하는 예배를 만들어 그 예배 안에서 효과적으로 전도할 수 있도록 하겠다는 의지가 있었다. 20세기 1900년대로 조금 넘어가서 몇 가지 예를 살펴보자. 첫 번째 사람은 포스퀘어 복음교회(Foursquare Church)의 미국 설립자인 에이미 셈플 맥퍼슨(Aimee Semple McPherson, 1890-1944)이라는 여성이다. 맥퍼슨의 사진들의 상당수는 경찰 제복과 같은 모습을 하고 있다. 맥퍼슨은 캐서린 부스와 많이 닮아있다는 이것은 사실 놀랄만한 일은 아니다. 왜냐하면 맥퍼슨이 말년에 오순절파가 되어 포스퀘어 복음교회를 시작하기는 했지만, 사실은 구세군에서 자라온 사람이기 때문이다.

| 에이미 셈플 맥퍼슨
(Aimee Semple McPherson) |

맥퍼슨은 1927년 그의 책에 이렇게 썼다. "종교를 전하는 방법은 너무 구식이고, 너무 차분하고, 너무 생명이 없어서 사람들의 관심을 사로잡을 수 없었습니다." 전통적인 예배가 비효율적이고 흥미롭지 않다는 생각하는 많은 사람들에 대한 맥퍼슨의 관심을 볼 수 있다. 맥퍼슨은 이렇게 말했다. "저는 어쩌면 이 곳에 오지 않았을 수십만, 아니 수백만의 사람들을 오게 할 수 있는 방법을 개발했습니다. 또한, 종교가 오늘날 번창하려면 오늘날의 방법을 사용해야 합니다. 방법은 해마다 바뀌지만, 종교는 항상 똑같습니다." 여기서 맥퍼슨은 우리가 다른 곳에서 본 것과 같은 종류의 전도 방법과, 내용 분류를 강조하고 있다. 복음의 내용은 그대로 유지될 수 있지만 기독교 예배에서 복음이 표현되는 형태가 바뀌어야 한다는 것이다. 그리고 실제로, 맥퍼슨은 이와 같은 생각을 예수께서 하신 일들을 보는 관점에서 기반한다. "만약 예수께서 오늘 살아 계셨다면…" 맥퍼슨은 계속 이야기한다. "저는 그가 석유와 비행기에 대한 현대적인 비유로 설교할 것이라고 생각합니다. 우리 모두가 이해할 수 있는 이야기로요."

예수님께서 굉장히 유연하게 사람 개개인에 맞게 변하실 것이라는 맥퍼슨은 어느 날 설교를 하면서 경찰들이 어떻게 과속을 멈추고, 과속의 위험성을 경고하고, 앞으로 과속을 하지 못하게 하려고 딱지까지 주는지에 대한 비유를 했다. 그러면서 맥퍼슨은 "저는 복음의 경찰이고 당신이 지옥을 향해 질주하는 것에 대해 경고하기 위해 여기에 왔습니다."라고 말했다. 맥퍼슨은 여경 복장을 하고 설교를 하면서 경찰차까지 강단에 올렸다. 맥퍼슨은 이와 같은 많은 창의적인 생각들을 가지고 있었고, 이런 창의성은 그 시대, 맥퍼슨의 교회에 온 많은 사람들을 끌어 모았다. 이 교회는 영화제작으로 유명한 할리우드와 가까운 로스앤젤레스 북쪽에 있는데, 초기 영화 산업 관계자들 중 많은 사람들이 맥퍼슨의 교회에서 사역을 했고 맥퍼슨이 이 정교한 '작품들을 무대에 올리는 것을 도왔다. 이를 본 많은 사람들은 예배가 매우 흥미롭다고 생각했다.

이 신학의 중요한 발전으로 두 가지를 살펴볼 필요가 있다. 첫 번째는 청소년을 겨냥하는 것이고, 두 번째는 전통적인 예배의 형식이 사람들에게 그저 지루할 뿐이란 것을 이해하는 것이다. 이것은 지난 반세기의 가장 최근의 현대적인 찬양과 예배에 박차를 가하는 데 더욱 큰 도움이 될 것이다.

먼저, 청소년 대상 사역은 적어도 미국이나 세계 다른 곳에서는 20세기 중반 즈음에 대두되기 시작했고, 사역이 본격적으로 시작되었다. 여기 YFC(Youth For Christ, 십대선교회)의 지도자였던 토리 존슨

(Torrey M. Johnson, 1909-2002)이 1947년에 했던 말을 살펴보면, 이러한 신학의 많은 부분을 정의하는 요소들을 발견할 수 있다. 토리 존슨은 "분명 좋은 결과가 있었기 때문에, 이것은 하나님이 하신 일이다"라고 말했다.

"우리가 아는 것은 하나님이 이 사역에 우리와 함께 하신다는 것이고, 하나님의 도우심은 많은 영혼들의 구원에 대한 축복이란 것입니다. 여기서 '많은 사람들'에 대한 언급이 있습니다." 존슨은 이어서 "우리는 이것이 지금 이 시간 우리의 죄와 불신에 대한 하나님의 대답이라고 믿는다"고 말했다. 그리고 존슨이 사도들의 시대까지 거슬러 올라가서, 교회 역사 가운데서 이와 같은 근거를 찾았다. 그는 "2000년 동안 하나님의 뜻을 행하고자 했던 사람들은 그들의 방법론에 있어 진보적 혹은 우리가 창의적이거나 적응적이라고 말할 수도 있었다는 것이 밝혀졌습니다"라고 썼다. 그리고, 존슨은 몇몇 중요한 역사적 인물들의 예를 드는데, 특히 사도 바울을 인용해서 그의 주장을 끝맺는다. "... 사람들이 방법론에 있어 창의적이었다는 말과 같은 맥락에서, 그리고 사도 바울이 그의 시대에서 그가 사용할 수 있던 모든 수단을 사용한 것을 보며, Youth for Christ의 리더들도 우리 시대의 사람들에게 다가가야 할 필요를 충족시키기 위해 새로운 방법을 찾을 용기를 찾았으면 좋겠습니다"

20세기 중반, 젊은이들에게 다가가기를 원했던 사람은 존슨뿐만이 아니었다. 그중 한 사람이 랄프 카마이클(Ralph Carmichael)이다. 카마이클은 1940년대부터 활동한 미국 작곡가로 굉장히 많은 곡들을 작곡했다. 그러나 특히, 카마이클은 1960년대에 젊은이들을 목표로 음악을 작곡하기 시작했다. 랄프 카마이클의 음악을 통해 1960년대와 1970년대 초를 살아가던 많은 젊은이들이 포크송이나 록 음악의

| 랄프 카마이클(Ralph Carmichael) |

형태로 작곡된 기독교 음악을 듣게 되었다. 카마이클은 그 시대 상황에 비해 꽤나 급진적인 사람이었다.

1967년, 카마이클은 "우리가 공유해야 하는 복음의 메시지는 시대를 초월하여 변하지 않습니다. 하지만 우리가 끊임없이 변하는 세상에서 우리가 전하고자 하는 것들을 소통하려면, 그 수단 또한 끊임없이 변화해야 합니다. 가사 속 어휘들의 끊임없는 진화는 말할 것도 없고, 리듬, 음정, 화음, 표현뿐만 아니라 최신 기술과 음향에도 새로운 개념이 계속해서 생겨납니다. 이 모든 것들이 우리가 변화를 정확하게 인식하고, 시대와의 관련성을 유지할 수 있는 방법과 수단을 모색하는 것을 필수로 합니다."라고 이야기했다. 우리는 복음의 내용이 그대로 유지되면서도, 예배의 양식이 변해야한다는 카마이클의 요점에 주목할 필요가 있다.

사람들은 카마이클에게 의사소통이라는 명목 하에 많은 것들을 희생하는 것에 대해 불만을 표했다. "글쎄요." 카마이클은 이야기했다. "그게 정확히 맞아요." 왜 카마이클은 그게 나쁜 것이라 생각하지 않았을까? 그 이유를 말하자면, 카마이클은 이렇게 이야기했다. "예수님

도 희생하셨습니다. 우리와 소통하기 위해서요. 예수님은 피투성이가 되셨고, 목숨을 잃고, 사람들이 그에게 침을 뱉었고 저주의 말들을 쏟아냈으며, 온 세상의 추악한 죄를 짊어지는, 영혼을 산산 조각내는 경험을 하셨습니다. 예수님께서는 세상에 그의 사랑을 전하기 위해 많은 것을 희생하셨다고 생각합니다."

카마이클은, 교회가 때와 장소에 맞는 유연함을 갖추고, 그 때와 장소에 맞는 언어를 사용하고, 그 시간에 맞는 음악적 언어를 사용할 의지가 있다면, 교회는 예수님의 사역에 참여하는 것이고, 예수님의 모습을 닮아가는 것이라고 주장했다. 카마이클은 그의 신학을 예수님 그 자신과 예수님이 사역에 접근하신 방식에 기반 한다. 이 같은 카마이클의 관점을 아주 잘 나타내주는 1965년 영화가 있다. 카마이클은 이 영화에 사용된 음악을 작곡했는데, 이 영화에는 해변 장면이 있다. 이 장면에서 10대 청소년들이 캠프파이어에 모여 앉아있는 동안 베이스, 어쿠스틱 기타, 밴조로 구성된 작은 포크 밴드가 이 영화 덕분에 유명해진 노래 "He's Everything to me"를 연주했다. 1960년대를 살아가던 많은 젊은이들에게, 빌리 그레이엄 재단이 만든 이 영화를 보는 것은 처음으로 피아노 혹은 오르간으로 연주된 교회 음악이 아닌, 다른 형태의 교회 음악을 접할 기회였다. 지난 20년에서 25년 동안 우리가 경험한 것에 비하면 매우 점잖은 음악이겠지만, 1965년이라는 당시 시대를 기대할 때, 이 음악은 많은 사람들에게 영향을 끼친 굉장히 급진적인 비전이었다.

20세기 중반에 생겨난 이 사상의 두 번째 요소로 젊은이들을 대상으로 했을 뿐만 아니라, 특히 감리교나 장로교와 같이 잘 알려진 교단에서도 사람들에게 있어 예배가 지루하다는 인식이 강조되었다. 다르게 이야기하면 이것은 전통적인 예배의 형식이 더 이상 그들에게 어필하지 못했음을 의미했고, 그렇기 때문에 변화가 필요하다는 인식이었다. '

우리는 행동 양식을 바꿈으로서 예배의 메시지가 사람들에게 도달하도록 해야 한다. 예배가 더 이상 현대인들에게 닿지 않는다는 것을 주장하는 한 사람은 다음과 같은 점을 강조한다. "예배는 점점 더 문제적이 되어갑니다. 교회에 충실했던 성도들조차도 예배가 공허하다거나, 무력하다고 생각합니다. 비교적 주변인인 성도들은 예배가 가식적이라 생각합니다."

그리고 그는 "문화가 바뀌며, 교회는 이전 시기의 창의력에서부터 생겨난 예배의 형태를 보존하고 교회는 지금에 이르기까지도 그 형태를 그대로 유지하고 있습니다. 그러나 그 전과는 다른 문화적인 맥락은 원래 예배의 의미를 흐리게 하거나 숨깁니다. 이상하게도, 형태가 불분명할수록 더 성스러워지는 경향이 있습니다. 그리고 결국 문화적 차이가 너무 커서 신뢰도의 격차가 생깁니다. 그리고 사람들은 성령님이 더는 말씀하지 않는다고 하거나, 성령께서 교회가 아니라 다른 사람에게 말씀하고 계신다고 합니다."라고 했다. 1969년에 이와 같은 말을 쓴 저자는 당시 널리 퍼져 있던 의견을 이야기하고 있다.

이와 같은 의견을 창의성의 관점에서 다루려고 한 사람은 미국의 예배 역사학자이자 예배의 형태를 새로이 바꾸는 것을 지지하던 제임

| 제임스 F. 화이트
(James F. White) |

스 F. 화이트(James F. White)였다. 화이트는, 1971년에 다음과 같이 이야기했다. "기업들이 자신들이 생산하는 것에만 관심을 가질 수 없는 것처럼, 교회는 그들이 현재 하고 있는 단 한 가지 형태의 예배에만 초점을 맞출 수 없습니다."라며, '마케팅 정신'을 강조했다. 그 대신, 교회는 하나님이 그들에게 주신 창의성을 모두 동원해 예배를 새롭게 하고, 다양한 형태의 예배를 만들어야 다양한 사람들에게 다가갈 수 있는 것이다. 1971년, 화이트는 그의 생각을 이렇게 표현했다. "사회의 분열이 의미하는 바는, 우리가 사람들에게 지금처럼 사람들에게 진실되고, 사람들에게 공감을 얻기 위해서는 우리가 '모든 사람들에게 모든 것이 되어야 한다'는 것을 말합니다."

어떻게 화이트가 이 글에서 고린도전서 9장 22절에 대한 암시를 하는지 보자. 화이트는 이어 "우리는 사업가들이 '제조업 정신'이라고 부르는 것을 그동안 다른 사람들에게 보여주었습니다. 우리는 제품을 생산하고 나서 그것을 구매할 누군가를 찾아왔습니다. 이제, 대신에, 우리는 마케팅 정신이 필요합니다. 경쟁자들이 사람들이 정말로 원하는 것을 생산할 수 있기 때문에, 제조업 정신으로 운영되는 기업들은 살아남기 쉽지 않습니다. 그럼에도 불구하고 '제조업 정신'이 지금까지 교회의 방침이었습니다. 마케팅 정신은 사람들이 원하고 필요로 하는 것을 찾아 본 다음 그 필요를 충족시키기 위한 결심을 합니다."

이와 같은 유연함이야말로 화이트가 옹호하는 것이다. 화이트는 이어서 "우리의 목회 규범은 오늘날 교회 안의 엄청나게 다양한 사람들과, 그들의 다양한 삶의 환경을 인식할 필요가 있다"고 강조합니다. 그렇기 때문에, 우리는 더 많은 종류의 예배가 필요합니다." 이 말에서, 어떻게 화이트가 현대 찬양과 예배를 지지하게 되었는지 알 수 있다.

1960년대와 1970년대 이후, 이 신학의 핵심 내용의 적용과 활용을 지지하는 사람들은 네 가지를 특히 옹호해 왔는데, 이 네 가지 모두 현대 찬양과 예배의 부흥에 기여했다. 이들은 예배에서 성경과 성경 봉독, 그리고 기도에서 사용되는 언어, 설교와 다른 곳에서 사용되는 언어를 시대에 맞게 바꾸기를 주장했다. 그들은 기독교 예배에서 구식 언어가 아닌, 현재 실정에 맞고, 더 구어체이며, 더 이해하기 쉬운 언어를 원했다. 그들은 예배의 내용이 사람들의 삶과 관심사, 즉 사람들이 실제로 관심을 갖는 것과 관련이 있다고 주장해왔다.

셋째로, 그들은 전통적인 예배의 딱딱함과 형식이 사람들에게는 와닿지 않으며, 매력이 없으며 그들을 그리스도에게 인도하는 데 도움이 되지 않는다며 예배에 더욱 격식을 차리지 않는 것을 주장해왔다. 그리고 마지막 네 번째로, 그들은 대중적인 형태의 음악 제작을 강조했다. 여기 미국에서, 이들은 특히 1960년대와 1970년대 이후 예배에서 포크와 록 형식의 음악을 사용하는 것을 지지했던 사람들이다.

현대 찬양과 예배의 역사 속에서 '문화 적응 신학'이 도움이 된 부분은 크게 세 가지다. 먼저, 복음을 전파하고, 사람들을 예수께 이끌고, 전도하기 위해 교회에 하나님이 주신 사명이 있고, 이를 예배로써 할 수 있다는 것을 인식하는 데 도움이 되었다.

둘째로, 기독교 예배가 각 민족 집단에 어떻게 올바르게 적용되고 있는지를 살펴보는 데에 도움이 되었다. 복음이 문화 전반에 걸쳐, 지리적 경계를 넘어 전 세계 사람들에게 다가갈 수 있었고, 서로 다른 사람들이 그들에게 맞는 진실한 방식으로 예배를 드릴 수 있었던 것은 1세기부터 기독교 신앙의 두드러진 측면 중 하나였다. 이 신학의 노선은 20세기 중반 이후 새로운 방법으로 지금도 같은 유연함이 필요하다는 것을 역설하고 있다.

그리고 세 번째로 이 '문화적 적응 신학'이 도움이 된 것은 사람들에 대해 현실적인 자세를 견지하는 것이다. 고린도전서 9장 22절에 근거한 이 신학은 기독교 예배에 참석한 모든 사람이 신자이며, 세례를 받은 것은 아니라는 것을 인식하는 현실적인 신학이다. 그러므로, 환대라는 측면에서, 우리는 그 '다른 사람들', 예수님을 믿지 않는 사람들에게 더욱 신경을 쓸 필요가 있다.

한편 이 신학이 확산되거나 발전하는데 저해될 내용들이 있는데, 우선 이 신학이 극단적으로 적용이 될 때, 모든 형태의 기독교 예배에서 어떤 것이 공통적이고 진실이어야 하는지에 대해 충분히 고찰하지 않는다는 점이다. 예를 들면 기독교 예배에 있어 꼭 필요한 내용의 정수는 무엇인지에 대해서 충분한 고찰이 부족하다. 그러므로, 예배에서 굉장히 이상하거나 특이한 일이 벌어지거나, 기독교 예배에서 실질적으로 중요한 부분을 놓치는 예배가 되기 쉽다. 한 예로, 이와 같은 신학을 적용해서 기획된 예배에서 자기 자신 외에 다른 사람을 위해서 절대 기도하지 않는 예배들도 있는 것이 사실이다.

또는, 복음을 전하는 데 지나치게 신경을 쓰기 때문에 예배에 기도 자체가 없는 예배도 있다. 마찬가지로, 복음을 전체적으로 하나도 다루지 않는 교회도 있을 수 있다. 이와 같은 '관련성'의 신학에 대해 지나치게 강조하고, 부활에 대해 아무것도 듣지 못하는 교회들이 나타날 개연성이 충분하다. 이렇게 복음에 대해 하나도 말하지 않는 가장 큰 이유는, 그 예배를 기획하는 사람들이 그리스도의 부활과 우리의 육체적 부활이 우리의 삶에 관계가 있다고 생각하지 않았기 때문이다. 그러므로 예배의 본질적인 사역이 부족함은 물론 복음의 내용이 결여된 예배도 자주 나타나게 된다.

4장
찬양과 경배의 미래

1. 현대 예배 찬양의 현재

1960년과 1970년대 '다윗의 장막'과 '모세의 장막'의 신학적 개념이 발전해 1980년대 하나로 통합되었는데, 이 두 가지 장막 개념은 '현대 예배 찬양'의 신학적 기초가 되었다. 현대 찬양과 연관된 '하나님의 임재 신학'은 다음 몇 가지 중요성을 가진다.

첫째, 하나님을 찬양하는 '중심성'을 강조한다.

지난 2천여 년 간 드려졌던 기독교인들의 예배를 보아온 결과, 우리는 예배가 단순히 교회에 사람들이 모여서 하는 행위가 아니며, 하나님을 찬양하는 것으로 끝나는 것이 아니라는 사실을 알게 된다. 예배는 하나님께 영광을 드리며 하나님이 어떤 분이신지, 하나님이 그 동안 하신 일과 지금 하고 계신 일들 그리고 앞으로 하실 놀라운 일들에 대해 기억하고 인정하는 것이 가장 중요한 핵심이다. 하지만 놀랍게도, 때때로 우리는 모든 사람들이 주일에 교회에 모여 하나님께 예배드린다고 해서, 그 마음의 중심이 하나님을 '예배'하는 것이 아니라는 것을 알게 된다.

1940년 후반, 레이젤로부터 유래된 이 신학은 예배에서 '찬양'의 중심을 다시 강조하는 데 큰 도움이 되었다. 다시 말하면, 하나님을 찬양하는 능동적인 그 자체, 예를 들면, 찬양을 부른다거나, 악기를 연주하거나, 혹은 손을 들고, 기쁜 마음으로 박수를 치는 행위들이 그 예배에 참여하는 우리들에게 하나님께 영광 돌리며 나아간다는 확신을 주는 것이다. 이 '중심성'을 강조하는 신학 개념으로 인해 전통적인 예배에서와 같이 자리에 앉아 조용히 찬양하는 모습으로부터, 현대 예배에서는 보다 적극적으로 찬양을 부르며 간절한 마음을 가지고 하나님께 나아갈 수 있게 되었다.

둘째. 하나님의 임재에 대한 '하나님의 약속'을 상기시켜준다.
'하나님의 임재'는 성경 전체에 나타나는 중요한 개념이다. 하나님께서는 그의 백성들과 함께 계시고 그 가운데 거하시겠다고 약속하셨다. 이 약속은 하나님께서 처음 이스라엘 백성들을 부르셨을 때까지 거슬러 올라가는 약속이며, 또한 요한계시록의 맨 끝자락까지 이어지는 약속이다. 하지만 놀랍게도 우리 중에는 때때로 이 약속을 잊은 사람들이 많아 보인다. 우리가 예배에 임할 때, 그 예배 장소에 있는 것만이 실존이라 생각하며, 머릿속이나 눈앞에 바로 '보이는 것'만으로만 임재가 일어나고 있다고 생각하는 '일차원적 자세'로 임하기가 쉽다. 그러므로 하나님의 임재가 단지 사람의 눈만이 아닌 믿음의 눈으로 바라보고, 우리들 안에 계시는 하나님의 임재를 분별하는 일이 중요하다.

예를 들면, 어느 주일 아침, 교회에 차를 타고 가는데 아이들은 계속 싸우거나 티격태격하고 있고, 당신의 마음엔 지난 일들로 걱정거리가 가득하다. 성전에 들어가 자리에 앉아 보니 같은 줄에 앉은 사람이 나와 살짝 불편한 사이다. 설상가상으로 오늘은 예배팀도 연주가 어설프다. 이런 경우 대체로 우리는 지금 앉아 있는 곳이 하나님이 임재하시는 곳이라 생각하기가 참 어렵다. 그렇지만, 하나님은 우리의 여건과 상관없이 여전히 그 곳에 계신다. 찬양과 하나님의 임재를 강조하는 이 신학은 하나님이 우리에게 "하나님께서 그의 백성들 가운데 항상 임재하실 것"을 약속하신 것이, 우리의 의지와 전혀 상관이 없는 '하나님의 약속'이라는 것을 알 수 있도록 해준다.

한편 이 같은 신학이 주의해야 할 점이 있는데, 이 신학 자체가 우리가 하나님을 '소환'할 수 있다는 느낌이 강하게 들도록 한다는 사실이다. 하나님께서 이 곳에 항상 계시기로 정해진 것이 아니라, 우리의 행동들을 통해 하나님을 이 곳에 모셔 온 것이라는 생각이 들 수 있다. 하지만 이런 생각은 명백한 오류로, 우리뿐만 아니라 교회조차도 가끔씩 빠지고 마는 오류다. 지난 2천여 년의 교회사 속에서 우리는 이와 같이 '인간이 하나님을 임하시게 할 수 있다'라는 잘못된 가르침들을 종종 발견할 수 있다.

특히 욥기나 선지서들을 조금만 관심 깊게 읽어 보면, 하나님께서 굉장히 주도적으로 움직이시는 분임을 알 수 있다. 하나님께서는 하나님이 원하시는 곳에 계신 분이시며, 우리가 강력한 하나님의 임재나 기름 부으심 속에서 아무리 훌륭한 코드로 기타나 피아노로 연주할지라도 하나님이 임재하시도록 강제할 수는 없다. 우리는 많은 부분에서 하나님께서 우리를 예배의 자리로 초청하시고 예배 드릴 수 있는 은혜를 주셨음을 간과한다. 이런 오류는 내 의지가 강조되고, 나의 열심과 열정으로 하나님께 가까이 가고, 하나님을 섬기고 충성한다는 생각을 갖게 만들 수 있다. 하지만 우리가 다시 성경 말씀을 집중해서 읽다보면 그것이 아니라는 것을 금방 알게 된다. 전능하신 하나님은 우리의 모든 것을 주관하신다. 생명과 우리의 시간조차도 말이다. 그러므로 하나님의 임재 신학을 통해 하나님이 그 자리에 임하시고 싶어서 임하시는 것이지, 우리가 하나님을 임하시게 할 수 없다는 것을 기억하고 오류에 빠지지 않도록 유의해야할 것이다.

한편 예배에서의 찬양은 1960년대 현대 찬양이 발흥한 이후 최근까지 급격한 변화를 가져왔다. 그것을 우리는 '현대 예배(Modern Worship) 찬양'이라고 한다. 이 범주 안에는 'CCM(Contemporary Christian Music)'을 비롯해, 주로 공예배에서 복음주의자들이 사용하는 '찬양(Worship)'과 기타 '예배 음악'과 '클래식 음악' 등이 포함된다. 한마디로 현대 예배에서 하나님의 영광을 위해 사용되는 찬양이다.

최근 20여 년 동안 가장 넓게 발전해나가고 있는 예배에서의 찬양은 '워십(Worship)'이며, 지역 교회의 공예배와 기도회 등에서 많이 불리고 있다. 예배 찬양은 '수직적인 찬양(Vertical Worship)'과 '수평적 찬양(Horizontal Worship)'으로 구분하는데, 하나님께 영광 돌리며 예수 그리스도의 보혈을 찬양하는 등의 내용인 수직적 찬양과 성도들의 교제와 중보기도, 개인의 고백과 간증들이 주제인 수평적 찬양이다.

1980년부터 근 30여 년 동안 강하게 영향을 끼쳤던 CCM이 지금 약해져 있는 원인을 크게 두 가지로 볼 수 있다. 첫째는 CCM의 세속화다. 역설적으로 CCM이 매우 영적이고 우리의 영혼을 계속 흔들고 감동을 줄 수 있다면 지금도 그 영향을 계속 끼쳐갈 것이다. 하지만 예배와 찬양에 있어서 크리스천 아티스트들의 영적 역량은 많이 약화되어 갔다. 모든 크리스천 음악과 찬양은 '예배'의 기초 위에 탄탄하게 세워갈 때 영향력을 발휘한다. 우리는 모두 하나님께서 영광 받으시기 위해 창조된 예배자이기 때문이다.

둘째 원인은 예배 공동체에 대한 인식의 약화에 있다. 지역 교회를 포함한 모든 그리스도 예배 공동체는 하나님께 영광 돌리며, 예수 그리스도를 통한 복음을 향유하고, 성령님의 역사를 기대하는 것이다. CCM이 발전해나갔던 초기에 비해 크리스천들의 영적 수준이 높아졌으며, 성경적인 배움과 찬양에 대한 다양한 습득으로 인해 기대치가 높아져있다. CCM이 계속 존재하고 발전하기 위해서는 탁월한 음악적 기술도 중요하지만 내적인 성경적 기초와 예배의 영성을 통해 예배 공동체에 기반을 둔 역할이 이뤄져야한다.

미국 웨슬리안 대학교의 콘스탄스 M. 체리 교수는 그의 책 『예배 건축가(The Worship Achitect)』을 통해 예배에서의 공동체의 중요성을 다음과 같이 언급했다. "기독교 공적(Public)인 예배는 언제나 공동체적(Corporate) 예배이다. 'Corporate'라는 영어 단어는 인간의 몸을 뜻하는 라틴어 코르푸스(Corpus)에서 유래했다. 그러므로 한 몸에 속해 있다거나 한 몸이 된다는 것은 공동체를 경험하는 것이다. 교회는 바로 그런 몸이다."8

그런 점에서 예배에서 우리가 가장 우선적으로 생각해야할 것은 '공동체'다. 예배 자체가 하나님의 구원 받은 백성들이 모여 함께 하나님께 영광 돌리는 행위이기 때문이다. 이에 예배에서의 찬양은 우리 공동체 모두의 노래가 되어야 하며, 함께 모여 예배하는 '예배 공동체'의 가장 중요한 목적은 하나님을 찬양하고 경배하는 공동체임을 기억해야한다.

2000년대 들어서 한국 교회의 예배와 찬양은 많은 변화가 있었다. 이 같은 변화를 각 지역 교회와 예배 사역자의 두 가지 관점에서 고민해보고자 한다.

첫째, 지역 교회 예배와 찬양의 방향이다.

최근의 한국 교회는 담임 목사가 1세대에서 2세대로 많이 바뀌었다. 교회가 젊어졌으며 사역자들도 이전보다 역동성이 느껴진다. 하지만 예배와 찬양의 변화를 기대했던 교회는 많은 부분 그대로이고, 젊은 목회자들에게 기대했던 소망도 갈수록 사라지고 있다. 무엇이 문제인가?

그것은 우선 예배와 찬양에 대한 이해가 여전히 약하다는 점이다.

나이가 젊어지고, 교회가 변화한다고 해서 의지적이고 능동적인 예배에 대한 갱신과 찬양의 변화가 없이는 그 변화가 쉽지 않다는 것을 보여준다. 그러므로 이와 같은 현상이 2세대 지도자들에 이어 3세대 지도자들이 바통을 이어받는다고 해서 교회가 변하고 예배가 변하는 것이 아니라, 예배를 중요하게 생각하고 찬양의 역할에 대해 충분히 공부하고 이해하는 것이 먼저 중요하다. 이를 위해 예배에 대한 중요성을 깨닫고, 예배 세미나를 비롯해 예배에 관한 좋은 자료들과 유투브 등을 통해 지역 교회가 적극적으로 예배 공동체를 위해 관심을 가지고 배우려고 하는 자세가 가장 중요한 시작이라고 믿는다.

둘째, 담임 목사와 예배 사역자의 관점이다.

오래 전만해도 찬양 앨범을 출시하고 악기 연주와 노래 등의 음악적 수준이 어느 정도 되면 예배의 찬양 인도자로 세우는 것이 일반적인 관습이었다. 이에 한국 교회의 찬양 사역을 담당하는 많은 인도자들이 신학적인 배움이나 체계적인 예배에 대한 중요한 인식이 없이 세워진 것이 문제 중 하나다. 또한 성경적인 예배와 찬양에 대한 이해가 없이 지역 교회의 찬양을 인도하다보니 한국 교회 전체 분위기도 찬양을 가볍게 생각하는 경향이 많아지고, 무엇보다도 담임 목사에 입장에서도 예배의 중요한 동역자로 인식하지 않는 불신의 경향이 커져갔다.

미국을 비롯한 서구에서는 20여 년 전부터 예배에서의 찬양을 중요하게 생각하면서 성경적 예배에 대한 이해와 찬양의 본질과 속성 등의 성경적 관점을 배우려고 하는 운동이 나타났다. 더 나아가 예배 인도와 찬양 사역자를 훈련하는 정식 대학과 대학원이 많이 생겨났다.

한국에서도 과거 세계적인 찬양과 경배의 흐름과 더불어 온누리 경배와 찬양이나 다드림 선교단, 임마누엘 찬양 선교단 등을 비롯해 지역교회 일부에서 경배와 찬양 운동이 일어나기도 했다. 하지만 예배와 찬양에 대한 보다 체계적이고 본질적인 학습과 훈련이 뒷받침되지 못하다보니, 튼튼하고도 균형 있는 예배와 찬양 운동으로 영향력 있게 지속되지 못하게 되었다.

이는 최근의 여러 찬양 모임들과 활동이 계속되고 있음에도 뿌리 깊게 발전하지 못하고, 역동성의 영향력 있는 예배와 찬양 운동으로 이어가지 못하는 원인이 되고 있다. 그러므로 이제부터라도 예배 인도자나 찬양 사역자들을 위해 예배와 찬양에 대한 성경적 훈련과 배움을 체계적으로 만들어가는 것이 중요하다.

최근 약 10여 년 전부터는 전 세계적으로도 예배와 찬양의 패러다임이 급격히 바뀌고 있음을 인식해야 한다. 이 변화에 대처하고 다음 세대를 위해서도 예배에서의 찬양은 중요하다. 각 교파와 교단별로 찬양에 대한 기준이 서로 다를 수 있지만, 그리스도 안의 큰 관점에서 이해하고 받아들일 것은 폭넓게 받아들이는 것이 우리 자녀들을 포함한 다음 세대를 위해서도 매우 중요하다.

또한 각 예배나 찬양 모임들이 찬양을 부르고 실제적인 연주를 중요하게 생각하는 것 이상으로 예배에 대한 성경적 이해와 찬양의 본질과 기초를 함께 공유하기를 기대한다. 예배와 찬양에 대한 자료들도 점점 많아지고 있으며, SNS나 유튜브를 통해서도 확대되고 있다. 우리가 열정을 가진다면 얼마든지 효과적인 영향을 얻을 수 있을 거라 믿는다. 문제는 우리의 의지다.

이를 통해 예배 찬양의 좋은 작곡자와 싱어송라이터(Sing a Songwriter)들도 늘어나기를 기대한다. 우리의 역량에 비해 한국 교회가 많이 뒤쳐진 찬양 부분은 역시 공예배에 사용될 곡의 작곡과 작사다. 아직도 CCM 기반의 개인적 찬양이 많다보니 주일 예배 등에 부를 수 있는 예배 찬양이 많이 부족하다. 예배 찬양은 깊은 신앙의 체험과 기술 이외에 예배와 찬양에 대한 성경적 이해와 예배 신학이 반드시 뒤따라야한다. 그렇지 않을 경우 예배 속에서 하나님께 영광과 존귀와 감사와 찬양을 드리는 우리들의 공통적 고백의 언어가 약화될 수밖에 없다. 예배 찬양에 있어 미국과 호주, 영국 등의 싱어송라이터와 많은 영적 실력 차가 나는 이유는 이들은 오래전부터 성경적 예배와 찬양과 관련된 학교와 훈련을 위한 예배 컨퍼런스와 세미나 등이 넓고 깊게 발달했기 때문이다.

한 가지 다행인 것은 최근 한국 교회 초창기 CCM에서 탈피해, 예배와 찬양에 대한 관심을 가진 젊은 사역자들이 늘어나고 있다는 점이다. 예배에 참여한 모든 예배자들이 하나님을 흠뻑 경험하고, 한 사람도 낙오됨이 없이 하나님과 만남을 통해 말씀으로 새로워지고 하나님이 기뻐하시는 참된 예배자의 삶을 살아갈 때다. 한국 교회와 지도자들의 영적 잠재력을 믿는다. 각 교회와 예배 공동체가 현재의 위기를 직시하여, 다음 세대가 영적으로 회복되고 흔들리지 않는 하나님의 반석 위에 서기를 소망한다.

2. 현대 예배 찬양의 미래

현재 세계적인 예배 추세는 2010년을 지나면서 공동체적 하나됨을 중요시하면서 다양성을 추구하는 형태로 가속화하고 있는 중이다. 향후 우리들의 예배와 찬양의 방향은 앞으로 어떤 모습으로 진행해나갈 것인지 궁금해진다. 초대 교회 이후 지난 2000년이 넘는 기독교 예배 역사 가운데에는 몇 가지 큰 변화와 더불어 많은 변화의 소용돌이와 흐름이 있었다. 교회를 비롯한 예배 공동체가 미래의 방향을 생각하면서 준비해야하는 당면과제에 놓여있다. 두 가지 큰 주제는 교회 공동체의 약화를 어떻게 막을 것인가와 다음 세대를 어떻게 하나님께로 이끌 것인가이다.

교회가 약화되고 다음 세대가 세속으로 점점 휩쓸려 교회를 떠나고 있는 지금의 현실에서 교회가 할 수 있는 방법은 거의 없다. 어려울수록 돌아가라는 말이 있듯이, 우리는 본질에 집중해야한다. 획기적인 이벤트나 행사, 단기적인 유혹만으로는 급변하고 있는 문화들 즉, 스마트와 AI, 메타버스 시대를 살아가는 젊은이와 성도들을 교회에 머물게 할 수 없기 때문이다.

가장 중요한 핵심은 '영과 진리'의 관점에서 찾아야한다. 영과 진리는 하나님과의 관계를 말하며, 그것이 곧 예배라고 예수님은 말씀하셨다. "아버지께 참되게 예배하는 자들은 영과 진리로 예배할 때가 오나니 곧 이 때라 아버지께서는 자기에게 이렇게 예배하는 자들을 찾으시느니라 하나님은 영이시니 예배하는 자가 영과 진리로 예배할지니라"(요 4:23-24)

영과 진리는 곧 우리의 예배인 찬양과 말씀, 성찬과 파송이다. 하나님의 부르심에 감사와 찬양으로 나아가고, 하나님이 주시는 생명의 말씀을 듣고 깨달으며, 성찬을 통해 하나님의 살아계심과 구원의 능력을 경험하고, 그 능력으로 세상을 이기고 참된 예배자로 살아가는 것이다.

그러므로 예배를 통한 영적 능력의 회복은 세상이 아무리 발전한다고 해도 능히 이길 수 있는 우리의 가장 강한 무기가 되며, 교회와 다음 세대를 새롭게 세울 근간이 된다.

이런 관점에서 예배의 본질과 중요성을 바탕으로 예배 찬양의 미래 방향을 준비하는 것은 당연한 우리의 시급한 우선순위라 할 수 있다. 그렇다면 앞으로 예배와 찬양은 어떤 방향으로 흘러갈 것인가?

첫째, 감동적인(touching) 요소가 강조될 것이다.

예배의 구성 요소가 찬양과 말씀, 기도, 성찬이라고 한다면, 앞으로는 이전보다 찬양과 기도가 좀 더 중요한 요소가 될 것이다. 제사와 회당을 바탕으로 구약 시대는 신약 시대 예수님의 탄생, 죽으심, 부활을 거쳐 초대 교회에 이르러 본격적인 교회 예배의 모습을 만들어가기 시작했다.

예배의 역사를 살펴보면 말씀을 통해 인격적인 하나님과의 만남을 추구하는 '지(知)적' 형태와 하나님과의 깊은 교제, 감동, 은사를 추구하는 '정(情)적' 형태가 계속적으로 반복되어 왔다. 구약 시대 회당 예배와 신약 시대의 말씀에 근거한 예배의 지적 형태는 중세 수도원 시대의 하나님을 갈망하는 정적인 형태를 거치게 되는데, 이후 종교개혁을 통해 말씀의 예전으로 돌아가게 되며, 17세기 계몽주의를 거치면서 예배의 지적형태는 견고해졌다. 종교 개혁자들의 말씀을 중시하는 예배의 발전은 결국 하나님을 경험하기 원하는 예배의 정적인 면을 불러일으키게 되었는데, 17세기 요한 웨슬리(John Wesley)는 대표적인 인물이다.

20세기 들어서서 은사주의 예배가 발전하면서 순복음교회와 성결교회 등 오순절계통의 교회 예배는 하나님을 경험하는 감동의 예배를 지향하게 되었다. 반면 칼빈주의와 개혁주의 교단을 필두로 장로교회의 대부분은 말씀의 예전을 더 강화했다.

최근 교회는 세속적 문화와 록을 비롯한 음악, 개인주의 등의 사회적인 상황에 더 많은 영향을 받게 되었다. 향후 우리 교회가 예배에 있어 하나님을 체험하고 고백하는 영적인 요소가 강화되지 않고서는 세속의 파고를 이겨내기 어려운 시대가 되어가고 있다.

최근 예배와 찬양이 살아있고, 새롭게 영향을 끼치는 교회 예배를 살펴보면 많은 교회들이 찬양과 기도를 중요하게 생각하고 그 요소들을 강화하는 특성을 가진다. 앞으로도 상당기간 사회와 문화의 급속한 발전으로 인해 영적인 갈증은 이와 비례해 더 커질 것으로 예상된다. 특히 청소년과 젊은이들의 문화적 소비량은 정말 많은데, 다음 세대들에게 각종 스마트시대는 영적 갈증을 부채질하도록 만들 것이다.

그러므로 앞으로의 예배는 점점 영적으로 메말라가는 다음 세대를 생각하면서 좀 더 하나님을 경험할 수 있는 감동의 예배를 더 추구해야하고, 예배의 영적인 요소들을 각 교회의 공동체에 맞게 계속 준비해야 할 것이다.

둘째, 깊은 영적 예배(Deep Spiritual Worship)를 추구하게 될 것이다.

최근 예배의 동향은 말씀을 바탕으로 찬양을 중요하게 생각하는 예배로 발전되어가고 있다. 많은 중대형 교회들은 최근 예배에서 찬양의 중요성을 두고 실제적으로 재현해가고 있다. 10여년 전만해도 캘리포니아 새크라멘토(Sacramento)의 '지저스 컬처(Jesus Culture)'나 애틀랜타의 '패션 시티(Passion City)' 교회, 호주의 '힐송 교회(Hillsong Church)' 등을 비롯해 젊은이들이 많이 모이는 교회들의 특징이었으나, 지금 부흥하고 있는 대부분의 교회는 찬양을 중요시하고 깊은 임재를 추구한다.

이 같은 추세는 최근 중소형 교회들까지도 동참하고 있는데, 이 모든 것의 최종 목적은 깊은 영적 예배의 추구다. 일부 부정적인 면에도 불구하고 최근 젊은이들에게 많은 영향을 주고 있는 것은 예배에서의 찬양이 형식적이 아니라, 정말 하나님과의 만남을 갈망하며 살아있는 찬양의 진정한 모습을 회복하려는 노력이기 때문이다.

현대 예배가 다음 세대를 위해 그리고 교회 예배에 선한 영적 영향력을 끼치기 위해서는 성경적이고 복음적이어야 하며, 겉으로 표현되고 나타나는 모습에 맞는 내적인 영적 능력을 갖춰야한다. 이에 여러 현대적인 문화의 영향들, 즉 조명이나 음향, 영상 등이 예배를 오히려 집중하지 못하게 하거나 거부감을 준다면 안 될 것이다. 이를 해결하는 방법은 이 모든 문화적인 요소들을 압도할만한 영적 리더십과 강력한 영적 능력의 임재가 있어야한다. 세상의 문화들을 부속적인 것으로 이용할 수 있어야 진정한 문화를 소통의 도구로 역할을 할 수 있다.

또한 이와 같은 예배와 찬양은 말씀이 약화된 것이 아니라, 예배의 다른 요소들인 찬양과 기도가 더 강화된 예배이며, 실제로 최근 이들 교회의 예배에 참석해보면 말씀이 전혀 약하거나 비중이 낮지 않으며 전체적으로 찬양과 기도가 말씀과 더불어 균형을 이루어가고 있다는 사실을 깨닫게 된다. 이 같은 강한 영적 임재추구의 찬양과 기도는 예배 전체와 예배자들에게 영향을 주어, 예배 속에서 깊은 감동의 찬양과 하나님의 임재를 추구하는 예배의 모습을 지향해 나가고 있다.

셋째, 하나님의 음성 듣기를 추구하는 예배(Un-plugged Worship)가 될 것이다.

최근까지도 예배에서의 찬양은 록(Rock)을 바탕으로 한 강하고 힘이 들어간 찬양이 많았다. 드럼과 일렉 기타(Electronic-Guitar), 베이스가 함께 하는 밴드 형태로 강한 사운드가 영향을 끼쳤다. 찬양의 역동성이 강조되었고, 이는 전기가 연결된 전자음악의 영향이 컸다.

최근 들어서 하나님께 집중하려는 의지를 갖고 전기, 전자 악기에 강한 찬양에 거부감을 느끼는 사람들이 생겨나기 시작했으며, 조용한 찬양을 추구하는 예배들이 생겨나기 시작했다. 기타 하나만 가지고 목소리에 집중한다거나 피아노 하나의 반주만을 통해 화음에 집중하는 경향이 나타났다.

집회뿐만 아니라 교회에서의 찬양도 드럼이나 일렉 기타와 베이스 등 전자악기들의 볼륨이 점점 작아지는 경향이 있다. 예배에서의 악기 소리가 작아지는 이유는 시끄러운 찬양을 지양하는 측면도 있지만, 무엇보다도 찬양 속에서 하나님의 음성을 더 깊게 듣고자 하는 간절함의 표현이 더 크다.

이 같은 경향은 앞으로 더욱 확산될 여지가 많다. 대부분의 교회가 작은 교회인 현실에서 하나님의 임재와 하나님을 경험하는 예배를 추구하는 최근의 경향은 조직을 갖춘 예배 팀을 만들기 어려운 현실적인 요소와 결합했다고 볼 수 있다. 규모 있는 예배 팀을 만들기보다는 한두 명의 예배 팀원으로도 충분히 가능하다. 하지만 작은 인원의 예배 팀으로 예배의 깊은 임재의 찬양을 만들어내기 위해서는 좀 더 열정과 세밀한 계획과 영적 노력이 필요함도 기억해야한다.

넷째, 보다 더 참여를 이끌어내는 능동적인 예배(Positive Worship)가 될 것이다.

현대 예배의 가장 큰 문제점중 하나는 예배가 수동적이라는 데 있다. 갈수록 사회문화적인 요인 등으로 인해 개인주의화가 가속화되고 있으며, 이는 교회 예배에도 영향을 미치고 있다. 예배 시간 대부분을 앉아서만 드리는 수동적인 예배는 강의 형식의 일방통행식의 형태로 예배 속에서 하나님께 집중하기 어렵고, 예배의 역동성을 사라지게 만든다. 왜냐하면 진정한 예배는 일방적인 강의가 아니라 말씀과 선포 그리고 내 자신의 능동적인 응답과 결단이 반드시 따라야하기 때문이다.

초대교회의 예배 모임은 모두가 참여하고 자발적이었다. 이 같은 능동적 예배의 모습은 삶의 예배를 통해서도 확장해나갈 수 있었다. 물건을 서로 통용하고 나누며 불쌍히 여기는 진정한 사랑의 예배 공동체로서 발전했다.

최근 부흥하는 많은 교회들의 예배자들은 예배에 적극적으로 참여하려는 의지가 강하다. 찬양을 앉아서 따라 부르는 것으로 끝나지 않고, 일어서서 손을 들고, 가슴에 손을 얹는 등 여러 가지 솔직한 표현을 한다. 갈수록 짧아지는 대부분의 교회 예배에서 예배 내내 하나님만을 생각할 수 있도록 준비한다면 얼마나 좋은가? 능동적인 예배는 짧은 시간이지만 예배자로 하여금 하나님께 강하게 이끌린다는 생각을 갖게 만들어주며 진정한 예배 공동체로서의 기초가 된다.

미래의 예배와 찬양은 수동적인 예식의 예배가 아니라 예배에 적극적인 참여를 통해 하나님의 부르심에 내 자신이 직접 반응하고자 하는 능동적인 예배가 될 것이다.

다섯째, 예배자(Worshiper)의 의미가 강화될 것이다.

앞으로의 예배와 찬양은 하나님께서 우리를 창조하신 목적인 '하나님을 영화롭게 하는 것'과 '하나님을 기쁘시게 하는 것'에 대한 예배자로서의 존재론적 의미가 강화될 것이다. 지금 한국 교회는 주일 예배만 참석하는 신자들이 50%가 넘는다. 예배를 단지 예식으로서 참석하기 때문이다.

최근 성장하고 부흥하는 교회들은 예배를 예식과 참석의 의미로서가 아니라, 평생의 삶이 하나님께 영광 돌리는, 삶의 예배로서의 본질을 중요하게 생각하고 있다. 이에 예배의 본질과 의미를 성경적으로 훈련 받을 수 있도록 관심을 두고 있다. 주일 예배에만 하나님을 찾고 만나는 것이 아니라, 월요일부터 토요일까지 일상의 삶 가운데 하나님을 경험할 수 있도록 하는 것이다.

최근 많은 신자들이 갈수록 하나님과의 관계를 중요하게 생각하면서 주일 예배뿐 아니라 평일에 큐티나 성경 필사, 매일 성경 읽기 등에 관심을 두는 것은 교회를 통해 채울 수 없는 나 자신에 대한 예배자로서의 실존을 깨닫기 시작했다는 반증이다. 이는 교회를 오랫동안 다녀도 변하지 않는 신앙의 태도와 인격, 교회 지도자들에 대한 신뢰 문제 그리고 교회 공동체 구성원들과의 관계 등과 맞물려 있다.

그러므로 교회와 각 예배 공동체는 주일 예배 등의 공예배뿐 아니라 일상에서의 예배를 강화시킬 수 있는 방안을 찾아야한다. 우리가 하나님께 영광 돌리기 위해 창조된 피조물이라고 한다면 주일뿐 아니라 우리 평생의 삶이 예배의 삶이 되어야하는 것은 매우 당연한 이야기다. 이에 양적인 성장에 치우쳤던 교회 예배 공동체들도 좋은 예배자를 양육하고 영향력을 끼칠 수 있는 부분에 더 강조를 두어야만 할 것이다. 또한 다음 세대를 위해 지속적인 성경적 원리를 가르치고 실제적인 예배자의 개념을 훈련할 필요가 있다.

전도하고 선교하는 교회가 되기 위해서는 먼저 예배하는 교회가 되어야한다. 참된 예배자가 되면 우리의 마음은 당연히 복음으로 뜨거워져 전도하고 선교하지 않으면 참을 수 없게 된다.

"그들이 사도의 가르침을 받아 서로 교제하고 떡을 떼며 오로지 기도하기를 힘쓰니라 사람마다 두려워하는데 사도들로 말미암아 기사와 표적이 많이 나타나니 믿는 사람이 다 함께 있어 모든 물건을 서로 통용하고 또 재산과 소유를 팔아 각 사람의 필요를 따라 나눠 주며 날마다 마음을 같이하여 성전에 모이기를 힘쓰고 집에서 떡을 떼며 기쁨과 순전한 마음으로 음식을 먹고 하나님을 찬미하며 또 온 백성에게 칭송을 받으니 주께서 구원 받는 사람을 날마다 더하게 하시니라"(행 2:42-47)

이것이 2000년 전 교회의 역동적인 모습이다. 가깝게는 한국 교회 역시 70년대 전후 그 뜨거움을 경험했다. 새벽 기도회에 남녀노소 넘쳤으며, 그 뜨거운 열정을 감당 못해 전국 많은 기도원에 방학 때면 아이들과 함께 새벽부터 밤늦게까지 많은 집회마다 붐볐다. 가장 중요한 것은 갈급함으로 모이는 것이며, 예배를 통해 내가 분명한 예배자라는 깨닫고 영적 능력의 회복을 위해 끊임없이 하나님과의 관계를 강화시키는 것이다. 지금 한국 교회는 매우 중요한 기로에 있다. 무엇을 중요하게 생각하고 어떤 방향으로 갈 것인가가 향후 100년을 좌우하게 된다. 선택과 집중, 그것은 예배다.

3. 하나님이 원하시는 9가지 좋은 예배

교회의 가장 중요한 목적이 하나님께 예배드리는 것이고, 우리를 창조하신 하나님의 가장 큰 계획이 영광을 받으시기 위함이라면, 우리는 다른 무엇보다도 예배에 집중하고 잘 드려야한다. 이것은 선택이 아니라 책임이며 의무다. 교회의 영적 능력과 영향력이 점점 약해져 가는 지금 이 시대에 교회의 본질을 회복하고 우리의 본분을 새롭게 일으켜 세우는 것이 얼마나 긴급하고 중요한 일인지 모른다. 그렇다면 어떻게 드리는 예배가 좋은 예배인가? 성경적인 기초와 예배의 본질을 가지고 9가지 방향을 제시한다.

첫째, 하나님께 온전히 영광 돌리는 예배
예배의 가장 중요한 본질은 무엇보다 '하나님께 영광 돌리는 것'이다. 주일예배를 포함한 모든 공예배의 순서는 여기에 초점을 맞춰야 한다. 예배의 가장 중요한 목적을 늘 잊어서는 안된다. 찬양도 하나님께 영광 돌리는 의미가 강한 '수직적인(Vertical)이 찬양'이어야 하고, 기도의 내용도 온전히 하나님께 영광 돌리는 내용이어야 한다. 말씀도 마찬가지로 하나님의 백성들이 어떻게 하나님을 영화롭게 하는지, 또한 어떻게 해야 하나님께 영광 돌리는 삶을 살 수 있는 지의 메시지가 선포되어야 한다. 우리의 예배는 계속해서 이러한 강한 목적을 가지고 드려야 한다.

이사야 43:7은 이렇게 말씀하고 있다. "내 이름으로 불려지는 모든 자 곧 내가 내 영광을 위하여 창조한 자를 오게 하라 그를 내가 지었고 그를 내가 만들었느니라" 그리고 고린도전서 10:31의 말씀 또한 같다. "그런즉 너희가 먹든지 마시든지 무엇을 하든지 다 하나님의 영광을 위하여 하라"

가장 좋은 예배는 예배의 목적과 본질에 충실한 예배다. 예배를 준비할 때마다 '하나님께 어떻게 영광 돌릴까?' 고민하고 '왜 예배를 드리는가?'를 생각해야한다. 이것이 예배의 가장 중요한 초점이다.

둘째, 하나님의 살아계심을 느끼며 하나님을 경험하는 예배

예배는 하나님이 그의 백성들을 부르셔서 나아가는 자리이다. 우리의 의지와 선택 이전에 하나님께서 예배의 자리로 우리를 부르신다. 그러므로 우리는 하나님의 전능하심을 인정하고, 지금도 살아계셔서 우리를 부르신다는 그 소명에 응답하며 나아가야 한다.

그것은 모든 예배 속에서 하나님이 지금 나와 함께 하신다는 강력한 선언과 고백이 뒤따라야한다는 말이다. 찬양을 부를 때나 기도할 때에 하나님의 살아계심을 인정하고, 말씀 가운데 하나님께서 우리에게 주시는 메시지를 순종으로 받아드린다는 것을 의미한다. 그리고 성찬 가운데 떡을 떼고 포도주를 마실 때마다 하나님의 임재를 느끼고 다시 한 번 하나님 말씀에 결단할 수 있어야 한다.

엘리사와 엘리야는 그의 전 생애에 항상 하나님의 살아계심을 첫째로 기억하며 사역을 감당했다. 성경에는 많은 부분 그들의 확고한 고백을 읽을 수 있다. "엘리야가 이르되 내가 섬기는 만군의 여호와께

서 살아 계심을 두고 맹세하노니 내가 오늘 아합에게 보이리라"(왕상 18:15) 예배를 드리는 모든 시간마다 하나님이 살아계셔서 우리의 예배를 받으실 뿐 아니라 우리와 함께 하신다는 강렬한 믿음의 고백이 넘칠 때, 그 예배는 요한계시록 4-5장의 천상의 예배가 될 것임이 분명하다.

셋째, 예배의 순서가 성경적이며, 낭비가 없는 예배

예배의 순서가 성경적이란 말은 성경에서 검증되고 인정되는 예배의 요소들을 실제 예배에 적용하는 것을 말한다. 종교개혁의 중요한 모토였던 "성경으로 돌아가자"라는 말은 중세시대 로마 가톨릭의 대한 단순한 항거가 아니라 인본적이고 불필요한 의례적 교회와 형식적인 예배에 대한 강력한 개혁이었다. 당시의 예배는 비성경적인 요소들이 많았을 뿐만 아니라 여러 사람들의 욕구에 의해 예배가 복잡해지고 형식적이 되고 말았다. 한마디로 예배의 순서가 비본질적인 요소들로 인해 누더기가 되었다.

한국 교회 예배의 특징 중 하나는 순서가 너무 많다는 것이다. 하나님을 향한 보다 더 강하고 깊은 예배의 중요한 키 중 하나는 단순한 예배다. 예배를 찬양과 말씀, 기도, 성찬 중심으로 단순화시킬 필요가 있다. 단순하다는 것은 단지 순서 하나를 빼는 것이 아니라, 인본주의적인 예배의 순서들을 모두 버리고 성경의 본질적 예배요소로 돌아가는 것을 의미한다. 우리는 하나님께 보다 집중할 수 있는 예배가 되기 위해서 군더더기 순서들을 과감하게 정리할 필요가 있다. 다음세대들은 갈수록 많은 순서와 복잡한 예배로 인해 점점 더 집중하지 못하고 있다. 주일 1시간 남짓 드리는 예배를 하나님께만 집중시킬 수 있는 순서들로 만드는 것이 중요하다. 시간적으로도 낭비가 없는 예배를 고민할 필요가 있다.

넷째, 말씀이 복음적이며, 영적 능력이 나타나는 예배

최근 성장하고 있는 교회의 예배를 참석하다보면 한 가지 중요한 공통점을 찾을 수 있는데, 그것은 무엇보다 말씀이 복음적이라는 것이다. 말씀이 인간적인 세속의 요소가 들어있지 않으며, 사람을 만족시키거나 자극시키는 흥미롭고 드라마틱한 요소도 없다. 단순하고 밋밋한 것 같지만 말씀 속에서 역사하시는 하나님의 능력이 나타난다. 하나님의 말씀을 대언한다는 면에서 우리의 설교는 좀 더 복음적이어야 하고, 구원의 노래와 하나님의 살아계심이 좀 더 확실하게 선포되어야한다.

복음적인 말씀이라는 것은 단순하다. 성경 말씀에 있는 하나님의 이야기와 예수 그리스도의 이야기가 그대로 가감 없이 예배자들에게 전해지는 것이다. 하나님의 사랑과 구원, 예수 그리스도의 탄생과 죽으심, 고난과 부활 그리고 재림에 관한 이야기다. 끊임없는 하나님의 구원하심에 대한 말씀과 복음에 대한 확고한 선포만이 성령의 강력한 능력이 나타날 수 있는 동기를 만들어준다. 그분만을 전하고 증거 하면 그분께서 우리를 위해 나타나시고 역사하신다. 이것이 우리 예배의 중요한 핵심이다.

다섯째, 예배가 인위적이지 않고 성령의 음성에 순응하는 예배

좋은 예배의 특징 중 하나는 예배에 있어 사람의 주관적이고 인위적인 요소가 적다는 데 있다. 예배가 물 흐르듯 자연스럽다. 예배의 참석자가 많든 적든 그건 중요치 않다.

미국 LA 할리우드 근처 "리얼리티 엘에이(Reality LA)" 교회를 방문했을 때 나는 예배가 자연스러울 때 얼마나 시간이 빨리 가는지를 경험할 수 있었다. 2시간 가까운 예배는 마치 1시간이 채 안 되는 것 같은 느낌을 받았다. 하나님의 위엄과 거룩하심을 찬양하며, 예수 그리스도의 구원의 노래와 복음적인 말씀, 그리고 보혈의 찬양으로 이어지는 성찬식이 마치 하나의 커다란 메시지란 느낌을 받았다.

예배를 자연스럽게 하나의 덩어리가 되게 하는 방법은 모든 예배의 요소와 순서가 일체감을 갖고 유기적이어야 한다. 다시 말하면 예배의 요소들 즉 찬양과 말씀, 기도, 성찬의 주제가 하나가 되는 흐름을 갖고 있어야 한다. 그 예배의 주제들은 '하나님의 사랑과 은혜', '하나님의 살아계심', '전능하신 하나님' '존귀하신 영광의 주님' '구원의 은혜와 복음', '예수 그리스도의 탄생과 공생애, 죽으심과 부활, 재림에 이르는 예수 그리스도의 이야기', '보혜사 성령님과 능력' 등이다. 우리의 예배가 이러한 본질에 집중하게 될 때 나타나는 현상은 성령님의 역사다. 우리는 예배 속에서 너무 많은 것을 말하려고 하고 나타내려고 하지만, 그것들은 성령님의 역사를 방해하는 한 요인이 될 뿐이다.

여섯째, 예수 그리스도가 중심이 되는 예배

가장 좋은 예배는 예수 그리스도의 이야기가 뚜렷이 나타나는 예배다. 예배는 하나님의 구원사역을 나타내는 실제적인 현장이며, 예수 그리스도의 탄생과 사역, 죽으심 그리고 부활의 노래가 드러나는 재현의 시간이다. 예배 속에서 우리의 찬양, 말씀, 기도가 예수 그리스도의 보혈과 살아계심을 선포하고 고백하지 않는다면, 그것은 형식적인 예배에 불과하다.

예배의 중심이 예수 그리스도이고, 예수 그리스도의 사건이 예배의 본질이므로 모든 예배의 초점은 예수 그리스도께 맞춰져야한다. 예배를 통해 그리스도의 복음이 나타나지 않는다면 그 예배는 알맹이가 빠진 껍데기에 불과하다. 예배의 모든 순서는 확연히 그리스도의 복음이 재현되어야만 한다. 그리고 그것이 피상적인 것이 아니라 내 자신이 예배 속에서 확실하게 경험되어져야 한다. 즉 이것이 살아있는 예배다. 예배를 드릴 때 예수 그리스도가 한 번도 언급되지 않고 기억되지도 않는다면 그 예배는 심각하게 고려되어야한다.

현대 예배학의 거장 로버트 웨버는 예배의 중심 내용은 그리스도이어야 함을 강조했다. "예배의 목적은 예수 그리스도의 탄생, 삶, 죽음, 부활, 그리고 궁극적 성취다. 예배란 성자께서 성취하신 구속 사역을 인해 성부께 찬양하는 것이며, 말씀과 주의 만찬을 통해 이 사역을 재현하는 것이다."

우리의 찬양은 분명 예수 그리스도의 보혈을 찬양해야하고, 말씀은 보다 선명하게 하나님의 구속하심을 선포해야 한다. 이것이 예배가 갖추어야 할 가장 중요한 본질이다.

　일곱째, 종말론적 메시지로 승화되는 예배
　최근 들어 한국 교회의 예배 속에서 약화되어가는 가장 중요한 주제 중 하나는 종말론이다. 나는 다시 오실 예수 그리스도의 재림과 종말에 대한 찬양과 말씀이 이 시대에 더욱 회복되어야한다고 믿는다. 초대 교회의 가장 중요한 모임의 주제중 하나는 종말론적 사고였다. 그들은 모일 때마다 다시 오실 예수 그리스도를 다시 한번 뜨겁게 인정하고 결단하고 기대했다. 그리고 그것이 초대교회 공동체를 유지시키고 강하게 만드는 원천 중 하나였다.
　한동안 이단들이 종말론을 가지고 많은 이들을 미혹하다 보니, 많은 교회에서 종말에 대한 메시지에 민감하게 되었다. 하지만 한국 교회가 영적으로 하나가 되고, 예배가 좀 더 강력해지려면 다시 오실 예수 그리스도에 대한 재림에 더 무게를 둔 찬양과 메시지가 지금보다 더 많이 선포되어야 한다. 이것은 우리 공동체를 그리스도 안에서 더욱 결속시키고 세상 속의 참된 그리스도인으로 살아가는 중요한 결단의 메시지가 된다. 다시 말하면 우리 그리스도인의 신분증 같은 의미다. 그것은 우리가 하나님의 자녀이며, 그것이 하나님의 백성으로서의 얼마나 소중한 자격인가를 일깨워주는 상징적인 것이 된다. 우리가 다시 사는 것만큼 강력하고 귀한 은혜의 선물은 없다. 세상의 어느 종교와 집단도 그렇지 못하다. 예배 속에서 이전보다 더 강력하게 종말론적 고백과 결단이 나타나야하고, 이를 통해 세상을 향해 담대하게 영적 영향력을 끼칠 때다.

여덟째, 찬양과 기도, 말씀이 균형을 이루는 예배

한국 교회 예배의 가장 큰 약점중 하나는 설교중심의 예배다. 설교지향주의 예배는 그동안 한국교회 예배가 역동성을 사라지게 만드는 한 원인이 되었다. 젊은이들은 점점 예배에 흥미를 잃어가는 중요한 원인이 되었고, 예배를 강론이나 설교라고 생각하는 사람들이 많아지다 보니 그 딱딱함으로 인해 점점 감동을 주지 못하게 되는 원인이 되었다.

설교지상주의는 종교개혁시절 로마 가톨릭 예전의 타락에 말씀의 회복을 기치로 탄생한 영향이 크다. 루터를 비롯한 대부분의 종교개혁자들은 예배에서의 '설교'를 핵심으로 삼아야한다고 주장했다. 특히 쯔빙글리는 더 강력한 주장을 펼쳐 설교 이외의 모든 예배의 순서들을 없앴다. 하나님 말씀의 선포 이외의 모든 예배의 행위들 음악, 예복, 형상 등을 극단적으로 없애버렸다. 그는 설교 이외의 행위들을 심지어 이교도의 잔재라고 여겼다. 쯔빙글리를 비롯한 종교개혁자들의 설교 편향적인 예배의 형태는 영국과 미국 등에 일부 영향을 끼쳤으며 지금도 여러 교파와 교회들에 남아있다.

예배의 중요한 성경적 요소들인 찬양과 기도, 말씀과 성찬 등이 유기적으로 예배 속에 녹아질 때, 예배는 보다 강력한 영적인 동력을 회복하게 된다. 하나님을 만나는 서로 다른 통로들이 더 많은 예배자들을 집중하게 만들고 깊이 있게 한다. 하나님은 우리에게 찬양을 통해 감동을 주셨고, 기도로 더욱 깊이 대화할 수 있는 통로가 되게 하셨다. 그리고 말씀 속에서 하나님을 다시 한번 결단할 수 있도록 하셨다.

아홉째, 다음 세대를 준비하며 기대하는 예배

교회의 중요한 책임 중 하나는 다음세대를 위한 준비다. 다음세대를 위한 준비는 정말 많은 희생과 열정이 필요하며, 교회의 사명이다. 교회는 끊임없이 하나님의 나라를 이어가는 중요한 영적 기초가 되어야한다. 많은 비용과 대가를 치러서라도 청년들과 학생들, 어린이들을 위한 비전을 제시하고 투자해야한다. 교회가 이 세상 마지막 때의 희망이라 한다면, 예배는 영적 보루다. 교회는 세상을 향해 언제나 담대하게 예수 그리스도를 선포할 수 있는 리더들을 키워내고 준비해야한다. 그 리더들을 영적으로 양육하고 훈련하는 데 중요한 것은 바로 예배다. 예배를 통해 다음세대들이 하나님을 경험할 수 있도록 만드는 것이 교회의 책임이고 교회 리더들의 의무다.

많은 교회가 장년들에 초점을 맞춰 예배를 준비하고 순서들을 만들어간다. 나는 예배가 새롭게 되어야하는 가장 큰 이유 중 하나가 바로 다음세대들 때문이라 생각한다. 예배 속에서 구체적으로 한 가지 예를 든다면, 찬양 선곡에 있어서 지금 장년들이 아는 찬양만 할 것이 아니라, 조금 알지 못하는 찬양이라 하더라도 청년들과 학생들이 선호하는 찬양을 부르는 것은 다음세대를 위한 조그마한 배려다. 이 작은 배려가 다음과 다음을 연결하는 그리스도 공동체의 조그마한 징검다리가 된다.

　우리가 항상 변하지 않으면 그 자리에 있는 것이 아니라 후퇴하는 것이다. 예배가 하나님의 영광을 드러내기 위해 존재한다면, 우리는 끊임없이 예배에 목숨을 걸어야하고, 새로워져야한다.

부록

레스터 루스 교수[9]와의 '예배 신학'[10] 대담

1. 신약에 나타나는 예배 신학의 본질에 대해 말씀해 주십시오.

저는 신약의 예배 행위, 즉 기독교 성경에서 볼 수 있는 예배의 실제 사례들에서 신학적 원리를 도출하고, 우리가 모든 기독교 예배에서 무엇을 찾아야 하는지에 대한 이해에 관해 일반적인 원리의 추론에 대해 이야기하고자 합니다.

다음과 같은 기본적인 사실로 시작합시다. 기독교인들은 우리가 글을 쓰기 전부터 이미 예배를 드렸습니다. 구약에서 하나님의 율법이 시내산의 모세에게 주어졌을 때, 하나님이 어떻게 예배를 받고 싶으신 지에 대한 구체적인 내용들이 아주 자세히 주어진 것과 달리, 신약 성경에서 기독교인들은 그들이 무언가를 기록하기 전에 이미 예배를 드렸습니다. 그들은 특히 예수님의 부활하신 모습에 대한 응답으로서

| 한국 방문 중 인터뷰 중인 레스터 루스 교수 |

예배를 드렸습니다. 그리고 그날 이후로 그들은 매우 능동적인 예배자들이었습니다. 그리고 불과 몇 세대가 지난 후, 그들은 우리가 신약성경으로서 가지고 있는 글들을 기록하기 시작했습니다. 이것이 의미하는 바는 신약성경에서는 예배 관행을 암시하는 경향이 있지만, 특히 신약성경에서는 구약성경처럼 예배에 대해 길게 기록된 부분이 없다는 것입니다. 신약성경에는 그리스도인들이 어떻게 예배를 드려야 하는지에 대한 부분이 길게 기록되어 있지 않습니다. 신약에서는 기독교인들이 "예배를 드리고 있다"고 가정할 뿐이며, 그들이 예배를 드리는 몇 가지 방법을 보여주고 있습니다.

실제로 신약성경에서 예배에 관한 가장 긴 구절은 하지 말아야 할 일들의 목록입니다. 이 구절은 고린도후서 11장부터 고린도후서 14장까지의 말씀입니다. 우리는 이 구절에서 기독교 예배에서 발견되어야 할 긍정적인 것들보다는 고린도교회 교인들이 가지고 있는 문제들에 대해 더 많이 알게 됩니다. 그래서, 예배에 대한 기본적인 사실은, 신약성경의 저자들이 후에 신약성경이 되는 글들을 기록하기 전에, 기독교인들은 이미 적극적으로 예배를 드리고 있었습니다.

그 의미는, 우리가 기독교인으로서 신약을 읽을 때, 우리가 해야 하는 여러 가지 것들에 대한 구체적인 세부 지침들을 찾아서는 안 된다는 뜻이라고 생각합니다. 그 대신, 우리는 신약에서 그리스도인들이 어떻게 예배를 드리고 있는지, 특히 그 안에서 발견되는 특정한 예배의 행위들은 무엇이 있는지 살펴볼 수 있습니다. 그것을 통해 오늘날 우리를 인도할 수 있고 인도해야만 하는 광범위한 원칙과 신학적인 이해를 도출해낼 수 있습니다.

그런 원칙 중 제가 말하고 싶은 세 가지가 있습니다. 이것들 중 첫 번째는 찬양의 우선됨과 적절함입니다. 하나님의 이름을 높이는 것은 매우 좋은 일입니다. 찬양은 우리에게 우선되며, 당연한 행위입니다. 이와 같은 특성을 신약에 언급된 '송영'이라 불리는 예배 행위에 대해 이야기하고 싶습니다. 신약성경에는 이와 같은 송영이 최소 12개가 있습니다. 이 중 일부는 사도 바울의 글에서 찾을 수 있고, 일부는 베드로의 글에서 볼 수 있으며, 유다서라는 짧은 편지에 있습니다. 그리고 요한계시록에는 송영 중 여섯 가지가 있습니다. 잠시 이 송영에 대해 언급하는 시간을 가집시다. 여기서 잠깐 멈추고 로마서 11장을 읽어드리겠습니다. 그리고 나서 송영 중 몇 가지를 자세히 살펴 볼 것인데, 이 송영들의 구조와 내용 모두를 살펴볼 것입니다. 로마서 11장 33절부터 36절입니다. 이 말씀은 바울이 이야기하고자하는 내용의 일부이며, 여기서 바울은 하나님의 진실과 경이로움에 압도된 것처럼 보입니다. 그리고 그는 이 놀라운 찬양을 시작합니다. 이 모든 송영들의 대부분을 차지하는 것은 이와 같은 강력한 찬양입니다.

바울은 "깊도다 하나님의 지혜와 지식의 풍성함이여, 그의 판단은 헤아리지 못할 것이며 그의 길은 찾지 못할 것이로다 누가 주의 마음을 알았느냐 누가 그의 모사가 되었느냐 누가 주께 먼저 드려서 갚으심을 받겠느냐 이는 만물이 주에게서 나오고 주로 말미암고 주에게로 돌아감이라 그에게 영광이 세세에 있을지어다 아멘"이라 이야기합니다. 그의 말에는 교훈적인 것이 있습니다. 하나님께서 행하신 위대한 일들과 하나님 말씀의 진실성에 대한 일반적인 기독교적 성찰만으로도 하나님에 대한 찬양을 시작하는 것이 적절해 보인다는 것입니다. 다시 처음으로 돌아와 우리는 찬양의 우선성과 적절성에 대해 이야기하겠습니다.

하지만 세 가지 다른 송영을 살펴보고 그 안에 있는 몇 가지 특징들을 주목해 보겠습니다. 여기 몇 개의 핵심 단어들이 중요합니다. 먼저, '에게(to)'라는 단어를 주목해 주십시오. 이것은 찬양을 하나님께로 향하게 하는 것이 적절하다는 것을 나타냅니다. 우리는 하나님에 대해 이야기할 수 있으며 하나님께 우리의 찬양을 드릴 수도 있습니다. 우리가 조금 더 추론할 수 있는 것은 하나님께서는 우리가 하나님을 인정하고 하나님께 영광을 드리기를 원하신다는 것입니다.

유다서 25절에 '말미암아(through)'에 주목해 주십시오. 어쩌면, '예수 그리스도로 말미암아'까지 주목해야할 것입니다. 이것으로부터 저희가 추론할 수 있는 모든 기독교 예배의 공통 측면은 주 예수 그리스도의 중재가 핵심이라는 것입니다. 우리는 마음에서 우러나와 자연스럽게 예수님께 예배를 드릴 뿐만 아니라, 예수님을 통해 아버지 하나님께 예배를 드려야 합니다. 여기에서 분명히 삼위일체의 관계 역학을 볼 수 있습니다. 예배는 삼위일체의 제 2위인 예수님을 통해 삼위일체의 제 1위인 하나님께 향합니다.

셋째, '영원히'라는 단어에 주목하시기 바랍니다. 송영 중 많은 것들은 '이제부터 영원토록', '영원 무궁히'라는 의미를 포함하고 있는데, 이것은 찬양의 영속성을 암시합니다. 우리가 하나님께서 그리스도의 재림으로 모든 것을 완성하시는 영원의 충만함 속으로 들어가며 많은 것들이 바뀔 것입니다. 그러나 변하지 않을 한 가지가 있다면, 찬양은 계속해서 우선일 것이며, 부적절성을 가질 것입니다. 변하지 않는 한 가지는 찬양을 통해 하나님께 영광을 드리는 것입니다.

이제 마지막 단어를 주목해 주십시오. 요한계시록 4장의 구절에서 '합당하다(=Worthy)'는 이러한 송영들의 일부에서 표현된 감정일 뿐만 아니라, 모든 기독교 예배에서 나타나는 일종의 근본적인 감정입니다. 하나님께서는 영광을 받으실 자격이 있으신 합당하신 분입니다. 하나님이 하나님이시기 때문에, 그리고 하나님이 하시는 일들로 인하여 우리가 하나님께 영광을 돌리고 인정하는 것이 전적으로 옳다는 것입니다. 실제로, 우리의 '예배'라는 단어의 영어 단어인 'worship'에는 약간의 언어유희적인 요소가 있습니다. 영어에서 이 단어는 사실 가치를 뜻하는 'Worth-ship'이라는 단어의 축약입니다. 하나님은 실로 가치가 있으신 분입니다. 이것이 '예배(worship)'입니다.

이와 같은 송영들에서는 다음의 측면들을 볼 수 있습니다. 하나님께서는 우리의 찬양을 받기에 합당하신 분이시며(단어 "~에게"를 기억하십시오), 예수 그리스도를 통해 하나님께 찬양이 올려 지기도 하고(예수님의 중재가 있음), 이 찬양은 영원하며 찬양을 드리는 것에 대한 지속적인 적절성이 있습니다. 그리고 '가치있다(worthy)' 즉 '하나님을 찬양하는 것이 좋고 옳다'라는 단어가 있습니다. 오래 된 기도문 하나가 말하듯, "어디서나 언제나 선하고 올바른 일은, 주여, 당신에게 감사하며 찬양하는 것"입니다.

하나님께 드려지거나, 하나님의 것이라 여겨지는 것들을 살펴보겠습니다. 언급된 송영들 가운데 많은 공통점이 있는데요. 로마서 11장 36절은 하나님께 영광을 드립니다. 디모데전서 1장 17절은 존귀와 영광을, 베드로전서 4장에서는 영광과 권능을, 베드로전서 5장은 지배와 능력 그리고 베드로 후서 3장에서는 영광, 유다서 25절은 영광, 위엄과 능력과 권세, 요한계시록 1장은 영광과 능력, 요한계시록 4장은 영광, 존귀, 권력 그리고 요한계시록 5장은 꽤 긴 목록으로 능력과 부와 지혜와 힘, 존귀와 영광과 찬양, 그리고 요한계시록 5장 13절에서도 찬송과 존귀, 영광, 능력을 언급하고, 요한계시록 7장에서는 찬송, 영광, 지혜, 감사, 존귀, 능력, 힘을 언급하며, 마지막으로 요한계시록 19장에서는 구원과 영광과 능력은 하나님의 것이라고 말합니다.

이 단어들의 누적된 무게를 생각해보십시오. 전체적으로, 압도적으로 가치가 있고, 높은 곳에 앉으셔서 높임을 받으시고, 경배 받으시는 하나님의 모습을 묘사한 것입니다. 사실, 인간의 언어는 하나님을 향해 표현되어야하는 것이 무엇인지를 적절하게 표현하기 위해 모든 노력을 다 하지만 인간의 언어로는 어려운 것이 사실입니다. 저는 그래서 여기서 단 한 단어도 충분치 않다 생각하지만, 이러한 송영들은 하나님께 당연히 드려야할 것들의 목록을 높이 쌓아갑니다.

그렇다면 우리는 이 송영들로부터 무엇을 배울 수 있을까요? 먼저 찬양은 우선적으로 행해져야 할 것이라는 것을 알 수 있습니다. 예배에서 인간과 하나님을 연결하는 행위 가운데서도 우선으로 취급되어야 할 일이 있다는 것입니다. 그러므로 저는 여러분께 묻고 싶습니다. 여러분의 예배에서 찬양이 차지하는 비율은 어느 정도 됩니까? 둘째로, 찬양의 합당성, 그리고 적절성을 알 수 있습니다. 예배에서 가능한 다양한 행위 중에는 앞서 언급했던 것처럼 하나님께 영광을 드리기 위한 행위는 적절성을 보장받습니다. 앞에 언급된 오래된 기도문도 이렇게 이야기합니다. "어디서나 언제나 선하고 올바른 일은, 주여, 당신에게 감사하며 찬양하는 것입니다."

이것이야말로 최후의 만찬 때에 주께서 감사하실 때 나왔던 말들과 비슷한 대사입니다. 그러므로 우리의 질문은 이것입니다. 하나님을 찬양하는 것이 예배에서 기본입니다. 예배에서 우리가 다음에 무엇을 해야 할지 고민할 때, 예배의 현 시점에서 무엇이 적절해 보이는지 고민할 때, 고민이 생긴다면, 그저 하나님을 찬양하십시오.

세 번째로, 하나님을 찬양하는 것은 하나님과 인간 사이의 올바른 관계의 초석입니다. 저는 찬양은 우리의 영과 혼이 하나님께 바치는 겸손한 자세라고 말하고 싶습니다. 하나님께 영광을 돌림으로써 우리는 우리의 올바른 위치를 찾게 됩니다. 우리 인간이 있어야 할 올바른 위치는 끔찍한 굴종이나 나쁜 상황이 아닙니다. 우리는 하나님을 올바르게 찬양함으로써 올바른 관계를 형성합니다. 과연 여러분이 참여하는 예배가 하나님을 찬양하고, 하나님이 어떤 분이신지를 인정할 수 있게 하며, 하나님과의 관계를 바르게 정립할 수 있도록 하는가요? 이것의 중요성을 잠시나마 강조하고자 합니다. 왜냐하면 때때로, 저는 예배 순서에 '찬양'으로 표시되어 있는 것을 보기는 하는데, 이렇게 순서지에 나와 있는 '찬양'이 실제로 하나님께 영광을 돌리지 않는 경우도 많이 보았기 때문입니다. 이와 같이 사람들에게 혼란을 주고, 하나님과 우리 사이의 관계를 옳은 방향으로 정립하는 기회를 잃어버리는 것이 저는 좋지 않다고 생각합니다.

마지막으로 네 번째 요점은 다음과 같습니다. 그리스도께서는 우리의 찬양을 받으시고, 우리의 찬양을 중재하십니다. 그래서 질문은 이것입니다. 우리가 예수님을 예배하는 데에 너무 집중해서, 하나님 아버지께 다가가서 하나님 아버지를 예배할 수 있도록 하는 예수님의 역할을 잊고 모독하는 것은 아닌가요? 저는 예수 그리스도에 지나치게 집중한 몇몇 예배에 참석했었습니다. 물론, 예수님은 당연히 너무도 아름다우신 분입니다. 하지만 예수 그리스도에게 지나치게 집중한 나머지 그 분을 보내신 분을 잊어버리고 말았습니다. 그들은 예수님을 너무 사랑한 나머지, 예수님이 사랑하시는 분을 잊었고, 예수님께서 복음 가운데 '아버지'라 부르는 하나님을 잊고 말았습니다. 그러므로 예수께서는 우리의 찬양을 제대로 받으실 뿐만 아니라, 예수께서는 우리의 찬양을 하나님께 바치십니다.

두 번째 신학적 원칙은 이것입니다. 하나님이 하신 일들을 기억하는 것은 모든 예배 행위의 기초입니다. 그리고 여러분은 이것이 일부 송영에서 미묘하게 나타나나, 사실은 굉장히 중요한 것이라는 것을 보았습니다. 요한계시록 4장과 19장에 나타난 송영들을 살펴보고 이 송영이 하나님의 하시는 일을 기억하고 어떻게 강조하는지를 주목해 보시기 바랍니다. "우리 주 하나님께서 만물을 창조하셨고 하나님의 의지로 말미암아 모든 것이 있으니 영광과 존귀와 권능을 받기에 합당하십니다"

요한계시록 19장을 보십시오. "구원과 영광과 권능은 우리 하나님의 것입니다. 그분의 심판은 진실하고 의로우심이 그가 땅을 더럽히던 큰 창녀를 심판하셨기 때문입니다"라고 이야기합니다. 이것은 하나님을 찬양하는 것에 대한 적절성을 나타낼 뿐만 아니라, 하나님의 하신 일을 기억하는 것이 얼마나 적절하고 마땅한 일인지에 대해서도 이야기해주는 예입니다. 만약 여러분이 집을 짓고 있고, 콘크리트를 부어 집의 토대를 만든다고 했을 때, 예배에 이 비유를 적용해 만약 여러분이 예배를 기획하고 있다면 그 뿌리가 되는 내용, 핵심 내용은 "하나님이 하신 일을 기억하는 것"이어야 한다는 말입니다.

하나님이 하신 일, 보통은 과거에 하나님께서 하신 일들을 기억하는 것이 중요하지만, 예배에 있어서는 반드시 그런 것은 아닙니다. 모든 것이 그 위에 세워지는 것입니다.

몇 가지 특별한 예를 보여드리겠습니다. 누가복음 1장을 살펴봅시다. 복음서의 저자인 누가 본인이 '스가랴가 성령으로 충만했다'고 말하는 부분이라 저는 개인적으로 좋아하는 부분인데, 스가랴가 성령에 충만했을 때 이렇게 말했기 때문에 더욱 좋아합니다. 여기서 꽤 긴 부분을 할애하여 하나님의 하신 일을 강조하는 것을 주목해 주시기 바랍니다. "찬송하리로다 주 이스라엘의 하나님이여 그 백성을 돌보사 속량하시며 우리를 위하여 구원의 뿔을 그 종 다윗의 집에 일으키셨으니"(눅 1:68-69)

계속해서 누가복음을 읽으면, 때때로 하나님이 역동적으로 하시는 일들을 생생한 동사들로 표현하여 다시 강조하는 것을 볼 수 있습니다. "하나님께서 우리를 찾아오셨고, 구원을 이루셨으며, 우리의 뿔을 높이셨으며, 예언자들을 통해 말씀하셨고, 자비를 베푸실 것이며, 우리의 조상들에게 자비를 베푸셨고, 우리의 조상 아브라함에게 맹세하신 거룩한 언약을 기억하실 것입니다. 그는 우리를 원수의 손에서 건져내어 주실 것입니다." 이 모든 생생한 동사들이 쌓여가는 것을 주의 깊게 보시기바랍니다.

저는 여기서 약간 부차적인 문제를 언급하고 싶습니다. 제가 공예배를 드리고 있을 때, 특히 기도를 들을 때, 기도를 드리는 사람인 예배 인도자는 다소 빈약한 단어인 '도움(help)'을 사용하는데, 이 표현은 우리를 도우시는 하나님이 구체적으로 어떤 일을 하시는지에 대한 우리의 기억력을 제한합니다. 물론, 하나님께서는 우리를 도우십니다. 그렇지만 신약성경을 공부하실 때 단어들만 조금 더 깊게 살펴보시기 바랍니다. 여러분은 과거, 현재, 미래에서의 하나님의 구원의 역사를 기념하는 말들을 표현할 수 있는 수많은 생생한 동사들을 찾을 수 있을 것입니다. 누가복음 1장에서 스가랴가 말하는 것만 보아도 알 수 있습니다.

다른 예를 하나 더 살펴보겠습니다. 이건 사도 바울이 에베소 교인들에게 보낸 서신의 도입부인데요. 여기서 비슷한 양상으로 사도 바울이 하나님을 찬양하는 것을 볼 수 있습니다. "우리 주 예수 그리스도의 아버지 하나님을 찬송할지어다" 그리고 하나님이 무슨 일을 하셨는지를 묘사하려고 합니다.

또 다시 사도 바울은 하나님이 하신 일들을 기념하며 이 놀랍도록 긴 능동적이고 생생한 동사들의 목록을 쭉 나열합니다. 이것이 하나님께 영광을 드리는 것입니다. 물론, 우리가 하고 있는 행동의 '동사'를 가지고, 혹은 우리가 하고 있는 행동에 대해 이야기하는 것이 아니라, 하나님께 영광을 드리는 것은 하나님이 하신 일들을 기념함으로써 가능합니다. 누가복음 1장의 예처럼, 에베소서 1장에서도 이와 같은 멋진 동사들이 쌓여 있습니다. 하나님께서 우리를 축복하셨고, 우리를 선택하셨고, 우리를 위해 예비하셨고, 우리를 특히 사랑하셨다는 이런 동사들 말입니다. 이와 같은 단어들은 여러분들이 이 구절에서 볼 수 있는 단어 중 일부일 뿐입니다. 바울이 이와 같은 동사들을 계속해서 축적해가는 것을 살펴보겠습니다.

이렇게 하나님의 하신 일을 묘사하는 동사를 나열하고 축적하는 것은 찬양하는 것뿐만이 아니라 하나님께 무언가를 구하는 기도에서도 나타납니다. 저는 특히 사도행전 4장에 나타난 이 예를 좋아하는데 이것은 하나님의 하신 일을 기념하는 것이 어떻게 구조적인 기도의 기반이 되는지를 보여주기 때문입니다. 여러분이 즉석에서 기도를 해야 할 때 알아두면 편리한 것이기도 합니다. 여기서 기도가 시작되는 방식을 주목하시기 바랍니다.

이 말씀은 하나님의 이름을 언급하는 것으로부터 시작해 "천지와 바다와 그 가운데 만유를 지은 이"라 하며 하나님을 기리는 것으로 이어집니다. 그리고 계속하여 하나님이 하신 일을 기념하는데, 그것이 이 간구 기도에서 중요한 부분입니다. 이것은 단순히 하나님께 무언가를 구하는 것에서 그치는 것이 아니라 하나님께서 무엇을 하셨는지를 기억하는 행동입니다. 그래서, 하나님이 하신 일을 기념하는 것으로부터 쌓아올려 시작하는 기도의 말미에 "하나님이 과거에 해 오신 일을 바탕으로"라 말하며, 마침내 사도들은 작은 간구를 합니다. "이제 주님, 그들의 위협을 보시고 당신의 종들이 담대히 하나님의 말씀을 전할 수 있게 해 주십시오." 이 기도는 '간구'라는 측면에서 바로 요점을 말했습니다. '간구' 자체가 아니라, 하나님이 하신 일들을 기념하는 것이 축적되는 것입니다.

우리는 신약에서 하나님의 하신 일들을 기념하는 사례를 보아왔는데, 이런 것을 보고 우리는 무엇을 배울 수 있을까요? 첫째로, 하나님께서 예수 그리스도와 성령의 능력을 통해 행하신 독보적인 일들을 통해 하나님이 드러난다는 것을 알 수 있습니다. 이 하나님을 다른 모든 거짓 신들과 구별하는 것은 하나님만 하실 수 있는 독보적인 일들인데, 특히 예수 그리스도를 통해 하나님께서 하신 일과 더불어 하나님께서 아브라함을 부르신 이후로 하신 일들입니다. 사실, 성경 거의 전체를 하나님이 하신 일들을 기념하기 위한 방법이나 기념하기 위한 것들을 찾기 위한 일종의 탐색용 책이라고 생각할 수 있습니다. 그러므로 우리가 예수 그리스도 안에서 드러난 하나님을 예배하고 있다는 것을 알 수 있을 만큼 우리의 예배에서 그리스도 안에서 드러난 하나님의 하신 일들을 충분히 기념하고 있는지 생각해보아야합니다.

두 번째는 이것입니다. 하나님은 우리가 그의 하신 일들을 기억하도록 함으로써 영광을 받으십니다. 하나님은 우리가 이와 같이 하나님이 하신 일들에 대한 기념함을 쌓아가는 것을 기뻐하십니다. 그래서 제가 던지고 싶은 질문은, "우리는 하나님의 위대한 행위들을 기억하고, 하나님을 기리기 위한 기초로 사용하는가? 우리는 하나님이 하신 일들의 숨결을 기억하는가?"입니다. 예를 들어, 하나님은 예수님이 십자가에서 죽게 하는 것보다도 훨씬 더 많은 일들을 예수 그리스도를 통해 하셨습니다. 예수님이 십자가에 달리신 일은 굉장히 중요한 일임에 분명하지만, 이것은 하나님께서 예수 그리스도를 통해 하신 단 하나의 일은 아닙니다.

셋째로, 하나님이 하신 일들을 기억하는 것은 하나님께 지금 현재와 미래에도 계속해서 이와 같은 일들을 행하시도록 구할 수 있는 근거가 됩니다. 여기서, 실질적인 질문은 여러분이 간구하는 기도와 중보 기도는 하나님께서 과거에 하신 일에 기반해 행해지나요? 우리가 하나님께서 과거에 하신 일들을 기억하지 못한다면, 하나님께서 지금 현재와 미래에 어떤 것을 행하실지 어떻게 알 수 있을까요?

넷째, 우리가 드리는 예배의 내용은 인간인 우리 자신이 하는 활동과 우리 자신의 본질보다도 하나님이 하시는 일과 하나님이 어떤 분이신지에 대해서 더 많이 이야기해야 합니다. 예를 들어, 여러분의 교회가 부르기 좋아하는 찬송을 한번 평가해 보시기 바랍니다. 그 때, 인간들이 해온 행동을 기억하는 것이 더 많은지 아니면 하나님께서 하시는 일에 의존하거나 집중하는 경향이 더 많은가요? 이 질문을 조금 더 간단하게 바꾼다면, 과연 우리는 우리의 예배에서 우리보다 하나님에 대해 더 많이 이야기하나요?

그래서, 제 두 번째 요점은, 하나님을 기리는 것의 우선순위는 하나님께 영광을 드리고 우리가 하나님께 간구하고 중보할 수 있는 근거를 정의하기 위해서라는 것입니다. 그렇다면 신약의 예에서 우리가 이끌어낼 수 있는 세 번째 신학적 원리는 무엇일까요? 바로, "기독교 예배에 기도의 숨결이 있게 하십시오. 다양한 기도가 넘쳐나도록 하십시오."입니다.

저는 여기서, 누가복음에서 일어난 특정 사건을 언급하고 싶습니다. 복음서를 통틀어 제자들이 실제로 예수님께 무엇을 어떻게 하는지 가르쳐달라고 부탁하는 말씀은 딱 한 군데 있습니다. 제자들은 종종 예수님에게 무언가에 대해 가르쳐달라고, 즉 일어나고 있는 일들에 대한 관점이나 세계관에 대해 알려달라고는 이야기합니다. 하지만 실제로 무언가를 실행하는 방법에 대해 제자들이 가르침을 구한 건 누가복음에 기록된 단 한 번뿐입니다.

그리고 제자들이 예수님께 어떻게 하는지 방법을 가르쳐 달라고 한 것은 무엇인가요? "주님, 저희에게 기도하는 것을 가르쳐 주십시오." 그것이 누가가 기록한 주기도문인데 다음과 같습니다. "아버지, 당신의 이름이 거룩히 여김을 받으시며, 아버지의 나라가 임하시며, 우리에게 매일 일용할 양식을 주시고, 우리가 우리에게 죄 지은 자들을 용서한 것과 같이 우리의 죄를 용서하여 주시고, 우리가 시험에 들지 않도록 인도해 주십시오."

저는 이 기도가 기도에 사용하는 특정 단어를 가르치는 것뿐 아니라, 이 짧은 기도에서 찾을 수 있는 다양한 종류의 기도를 가르치는 데에 있어 교육적으로 유익하다고 생각합니다. 이 기도에서 첫 번째로 하는 말이 하나님을 찬양하는 말인 것을 보십시오. "아버지의 이름이 거룩히 여김을 받으시며" 그리고 이 기도에서 중보 하는 것이 무엇인지를 주목하시기 바랍니다. "아버지의 나라가 임하시며" 이것은 우리 자신뿐만 아니라 전 세계를 위한 요청의 기도입니다. 그리고, 이 기도에서 우리가 우리 자신을 위해 하나님께 구하는 부분이 있다는 것을 보십시오. "우리에게 매일 일용할 양식을 주시며" 그리고 이 기도에서 어떻게 암묵적인 죄의 고백과 함께, 우리의 죄의 용서를 위하여 하나님께 다시 구하는지를 주목하시기 바랍니다. "우리의 죄를 용서하여 주시고" 우리가 죄를 지었기 때문에 하나님의 용서가 필요하다는 일종의 암묵적인 고백이 있습니다.

또한 이 기도에는 죄의 회개로부터 우리가 하나님께서 무언가를 행하시도록 우리 자신을 하나님께 바치는 헌신의 선언도 있습니다. "우리가 우리에게 죄 지은 자들을 용서하였기에" 그리고 마지막으로 이 기도가 어떻게 끝나는지 주목하시기 바랍니다. "우리를 시험에 들지 않도록 인도하여 주십시오" 이 부분은 그것은 삶이 항상 잘 되는 것은 아니라고 가정하는 일종의 회색 영역을 나타내는 기도입니다.

하나님과 항상 일이 잘 풀리지는 않는 그리스도의 제자가 되는 것 사이의 복잡한 역학 속에서, 우리는 "우리가 시험에 들지 않도록 인도해 주십시오"라고 기도합니다. 성경에 나오는 기도 중에 이와 가장 비슷한 기도는 아마도 구약성경에 나오는 한탄의 시편들과 겟세마네 동산에서 이 잔을 가져가 달라고 기도하시는 예수님의 기도일 것입니다.

신약성경에 나오는 예배에 관한 몇 가지 유익한 구절 중 하나인 디모데전서 2장과 이 기도를 비교해보겠습니다. 여기서 기도의 종류에는 간구, 기도, 중보, 감사의 기도를 포함한다는 것을 기억하시기 바랍니다. 또한 이 네 가지 종류의 기도는 모두를 위해 쌓아야 한다는 것입니다.

우리는 성경을 통해 2000여 년 동안 기독교인들의 예배가 어떻게 행해졌는지를 살펴볼 수 있습니다. 기독교 예배에서 행해지는 기본적인 일들입니다. 사실 우리가 예배 안에서 하는 일들은 기도와 동일합니다. 기도에서 그리고 예배에서 우리는 찬양을 하며, 감사를 하며, 하나님에 대한 사랑을 표현하며, 죄를 고백하며, 우리 자신을 위한 기도를 하며, 타인을 위한 중보를 하며, 우리 자신을 하나님께 올려 드립니다.

2000년이 넘는 거의 모든 고전 예배에서 발견되는 표준적인 형태의 기도들이 있습니다. 제가 중요하다고 언급했던 몇 가지 기도들이 있는데, 고전 예배에서 몇 가지가 기도의 형태인지를 알 수 있습니다. 신약성경에서 볼 수 있는 모형이 역사에 의해 더욱 강화되는 지점입니다.

이와 같은 고전 기도를 최근 노래 가사 유행과 비교해보시기 바랍니다. 최근 몇 년 전에 가장 인기 있는 현대 찬양들이 기도를 어떻게 다루고 있는지 알아보기 위해 분석을 해 보았는데, 제가 발견한 것은 하나님을 찬양하고 기리는 것이 꽤 남아 있기는 하지만 하나님께 감사하는 이와 같은 표현(하나님께 감사하는 것은 하나님께 영광을 드리는 것과는 다르긴 하지만, 어쨌든 감사하는 태도에 대한 것)들이 최근 몇 년 사이에 줄어든 것을 확인했습니다.

저는 우리가 하나님에 대한 감사를 다시 찾을 수 있게 되었으면 좋겠습니다. 또한 최근 노래들은 우리 자신을 위해 하나님께 기도하지만 예배당에 없거나 그 자리에 없는 사람을 위한 기도는 하지 않습니다. 저는 이것이 큰 실패라고 생각합니다. 왜냐하면 성경, 특히 신약성경과 고전적인 예배에서 기독교인들이 다른 사람들을 위해 중보 한다는 것을 쉽게 발견할 수 있기 때문입니다.

세 번째로, 저는 찬양들이 죄를 거의 고백하지도 죄에 대한 용서를 구하지도 않는다는 것을 알게 되었습니다. 마치 죄가 우리가 소유하고 있는 소유물처럼 최근 현대 찬양들은 우리가 죄를 지었다는 것을 언급은 하지만 우리가 죄를 짓거나, 실수를 하거나, 오류에 빠지는 것에 대해 거의 이야기하지 않습니다. 그리고 최근 찬양들은 또한 우리가 채워지지 않은 하나님에 대한 갈망을 가지고 있다는 사실 이외에 다른 어떤 잘못된 것에 대해서 거의 이야기하는 일이 없을 뿐더러, 우리의 죄에 대해 거의 슬퍼하지 않습니다. 그러므로 저는 이와 같은 현대 찬양들이 죄인으로서의 인간의 상태에 대해 조금 더 솔직히 표현했으면 좋겠습니다. 그리고 예수님이 우리에게 기도를 가르쳐주셨을 때, 우리가 주기도문에서 배울 수 있는 것은 예수님께서 우리에게 몇 가지 다른 종류의 기도로 하나님께 접근하는 법을 가르쳐 주셨다는 것입니다.

둘째, 예배에서 기도하는 것만이 아니라 숨 쉬듯 기도하는 것이 중요합니다. 우리의 예배에 기도의 숨결이 존재합니까? 우리의 기도에 비통함이 있습니까? 우리의 기도에 죄에 대한 고백이 있습니까? 우리의 기도에 타인에 대한 중보가 있습니까? 우리의 기도와 예배가 만일 진정으로 신약성경 이후로 예배를 더욱 발전시키고자 한다면, 예수님께서 지구상에서 사역하였을 때의 기도와 겹치는 부분이 있는지, 최소한 시편에 나오는 기도들과 겹치는 부분은 있는지 살펴볼 필요가 있습니다.

그리고 셋째로, 모든 종류의 기도와 예배가 긍정적이거나 행복할 필요는 없습니다. 우리의 예배에서 우리가 죄를 지었다는 사실을 정직하게 고백하거나, 많은 것들에 대한 비통함으로 하나님께 감히 질문할 수 있는 여지가 있어야합니다. 저는 지금처럼 힘든 시기에 저 자신의 개인적인 기도 시간에 "왜 악한 사람들이 권력을 잡는 것처럼 보이는 것입니까?"라고 하나님께 묻고 싶습니다. 이처럼, 왜 우리가 예배에서 하나의 집단으로서 같은 종류의 질문을 하는 것이 적절치 않은 것일까요? 기독교 예배는 항상 기뻐야하는 것만은 아닙니다. 예배는 충분히 현실적일 수 있습니다. 성경을 보아도 이와 같은 예를 많이 찾아볼 수 있습니다.

   마지막으로 요약하면 우리는 신약성경에 나오는 예배의 예로부터 신학적으로 배울 수 있습니다. 첫째로, 찬양에는 우선성과 적절성이 존재합니다. 하나님을 경배하는 것은 매우 좋은 일입니다. 둘째로, 하나님이 하신 일들을 기억하는 것은 모든 예배의 기초입니다. 그리고 마지막으로, 기도의 지경을 넓히는 일은 매우 적절한 일입니다. 우리 기독교 예배에 많은 기도와 다양한 기도가 있어야합니다.

2. 기독교 예배의 역사에서 찬양과 경배의 신학적인 원리에 대해 말씀해 주십시오.

저는 최근의 역사뿐만 아니라, 기독교 예배가 행해졌던 지난 2천 년간 기초가 되었던 것들을 바탕으로 기독교 예배의 오랜 역사에서 신학적 원리 몇 가지를 도출해 낼 것입니다. 특히, '네 가지 예배 순서'라고 불리는 고전적인 예배의 구조 및 순서를 중심으로 예배의 순서에 대해 이야기하고자 합니다. 왜 '네 가지'라 불리는지 곧 다룰 것입니다. 이와 더불어, 저는 예배의 순서에 대해 다루고, 예배 순서가 무엇인지에 대한 신학적인 원리를 찾아낼 것이고, 이 '네 가지 예배 순서'에 구체적으로 다룬 후 이 모든 것들이 완성되지 않거나 간과되었던 지금까지와는 다른 비전을 제시하겠습니다.

그럼 예배 순서가 무엇인지, 어떤 것은 이 '순서'에 속하지 않는지 살펴보는 것부터 시작하겠습니다. 적어도 어떤 것이 예배의 순서에 들어가면 안 되는지는 알아야하지 않을까요? 여러분 '예배 순서'란 무엇일까요? 여러분은 위에서부터 시작해 아래로 그 예배에 대한 사항들을 채워진 주보를 보셨을 것입니다. 예를 들면, 어떤 찬양을 사용할지, 찬양의 제목은 무엇인지, 이런 식으로요. 하지만 저는 예배 순서에 대한 이런 관점은 너무 단순하며 예배 순서라는 것에는 훨씬 더 깊고 심오한 것들이 있다고 생각합니다.

제가 생각하는 '위험'은, 어떤 사람들은 예배 순서를 그저 평범한 목록처럼 여기는 경향이 있다는 것입니다. 어떤 모임의 의제처럼 예배의 각 순서들을 취급할 때가 있습니다. 예를 들면, "오늘 모임의 스케

줄은 이렇게 됩니다. 이걸 끝내면 끝냈다고 표시하겠습니다." 이런 식입니다. 저는 사실 실제로 교회 안에서 예배하는 사람들이 펜이나 연필을 꺼내 들고 예배 순서가 끝난 뒤 그 항목에 줄을 그어 끝났음을 표시하는 걸 본 적이 있습니다. "자, 첫 번째 찬송가가 이제 끝났네. 끝났으니 체크해야겠다." 이렇게 말입니다. 아니면 예배 순서를 마치 쇼핑 목록처럼 여기기도 쉽습니다. "이 순서를 끝내야겠네요." 마치 물건을 사듯, "이걸 끝내야겠다."라고 생각하는 사람들이 있습니다.

만약 여러분이 종이에 어떤 목록을 작성하고, 그 목록에 일종의 '순서'가 있다면, 목록을 작성하는 목적은 하나하나 목록에 있는 것들을 순서대로 끝내는 것이라고 생각하기 쉽습니다. 하지만 여러분, 제가 신학적으로 강력하게 이야기한다면, 예배 순서가 잘 구성되어 있다고 해도, 예배 순서를 이렇게 인식하는 것은 잘못된 것이라 생각합니다. 저희가 예배 시작할 때 찬양하려 하는 곡이 다섯 곡 있다고 해 봅시다. "하나, 둘, 셋, 넷, 다섯, 곡을 차례로 끝냅시다. 자, 다섯 곡 다 끝났네요. 우리는 찬양과 예배를 모두 마쳤습니다." 이것은 예배 순서에 대한 잘못된 생각입니다.

이 접근 방식의 문제를 말씀드리면, 예배 순서를 목록으로만 보는 것은 예배에서 보이는 인간의 활동에 대해서만 관련이 있는 무언가가 되어버린다는 것입니다. 예배는 일차원적으로 되어 버리고, 예배 순서는 사람들이 완료해야할, 해야만 하는 목록이 되어버립니다. 또한, 이러한 생각의 진정한 위험은 여러분이 예배 순서를 단지 하나 하나 해야 할 일을 마친다는 생각으로 예배에 임할 때, 하나님께서는 그 곳에 임재하시거나 역사할 이유가 없으시다는 것입니다.

만약 다른 신학적인 비전이 있다면요? 예배할 때 하나님께서 함께 계시다는 것을 우리가 확실히 안다면 어떨까요? 만약 우리가 예배를 하나님과 교회 사이의 역동적인 상호작용이 일어나는 시간으로 본다면 어떨까요? 그렇다면, 우리가 예배 순서를 단순히 예배 안에서 완료해야 목록으로 보는 것에서부터 우리의 관점이 완전히 뒤집어질 것입니다. 예배의 본질을 깨달을 때, 예배 순서는 하나님과 교회 사이의 역동적인 상호작용에 대한 일종의 '안내서'가 될 것입니다. 저는 이와 같은 관점이 예배의 역사, 역사적으로 행해져 왔던 예배의 네 가지 순서에서 충분히 이해될 수 있다고 봅니다. 단순히 주보 위에 적혀있는 목록으로 예배 순서를 오인하지 마시기 바랍니다.

저는 여러분에게 하나님과 하나님의 사람들 간의 역동적인 상호 작용의 이야기들을 예배에 적용해야만 한다고 말씀드리고 싶습니다. 이와 같은 역동성이 우리가 예배 순서를 대함에 있어 필요한 감수성입니다. 주보에 기록되어 있는 것들을 단순히 독립적인 일들의 나열로써 보는 대신, 하나님과 예배를 드리는 교회 사이의 역동적인 상호 작용에 대한 간략한 청사진으로 생각해보는 것입니다. 만약 우리가 예배할 때 하나님이 우리와 함께 계시다면, 이것이야말로 현존하는 어떤 집단이 하는 무엇보다 가장 역동적인 상호작용이 아니겠습니까? 예배 순서는 결코 단순한 해야 할 일의 목록으로 접근하지 말아야하겠습니다.

이 점을 염두에 두고 고대 예배 순서에 대해 생각해보겠습니다. 이것은 교회 초기에 이미 정립된 예배 순서이며, 최근까지 예배 순서에 있어서 정석처럼 여겨져 왔습니다. 그리고, 실제로, 저와 같은 감리교 교회들이나 그 외 일부 교파들은 이 고대 예배 질서를 회복하기 위해 노력하고 있습니다. 이와 같은 고대 예배 순서가 기록된 가장 오래된 예전의 기록 중 하나는 2세기 중반에 순교한 저스틴에 대한 것입니다. 그가 죽기 전, 기독교 예배가 어떠해야만 하는지에 대한 묘사가 담긴 글을 썼습니다.

저스틴이 쓴 내용은 다음과 같습니다.

"일요일이라고 하는 날에는, 도시나 시골에 사는 사람들이 모임이 있습니다. 그리고 봉독자는 사도들의 회고록(이것은 신약성경을 의미합니다)이나 예언자들의 글들(이것은 구약성경을 의미합니다)을 시간이 허락하는 한 오랫동안 읽습니다. 그런 다음 봉독자가 읽기를 멈추면 예배 인도자가 설교를 통해 참여한 사람들에게 가르침을 주고, 좋은 것들을 모방하여 행할 수 있도록 권유합니다. 그 다음 우리는 모두 함께 일어나 하나님께 기도를 드리고, 전에 말씀드린 것처럼, 우리가 기도를 멈추면, 사람들이 빵과 포도주와 물을 가져옵니다. 인도자는 할 수 있는 한 최선을 다해 하늘에 기도와 감사를 올리고 백성은 '아멘'이라고 동의의 화답을 합니다. 그리고 감사의 말을 전하고, 사람들에게 음식을 나눠주어 먹게 합니다. 그런 후에 그 자리에 있지 않은 사람들의 경우 집사들을 통해 음식을 보냅니다."

저스틴은 예배의 대한 묘사를 여기서 맺습니다. 만일 그가 계속해서 말을 한다면, 그는 축도에 대해 이야기할 것이며, 파송과 함께 예배가 끝나고 사람들이 떠났다고 말할 것입니다.

  고대 예배 순서의 질적인 부분과 더불어 고대 예배가 어떻게 행해졌는지 주목하시기 바랍니다. 여기서 예배에 할애되는 시간은 정해진 바 없이 유연했습니다. 저스틴은 즉흥적으로 기도가 진행되는 것에 대해 이야기하는데, 이는 예배 시간이 유연해지는 한 가지 이유이기도 하지만, 성경 봉독의 내용조차도 미리 정해져 있는 것이 아니라 시간이 허락하는 한 계속 봉독이 진행된다는 것을 지적합니다. 이와 같은 유연함의 두 번째 차원은 '즉흥성'입니다. 저스틴은, 예배를 주관하는 사람, 즉 예배 인도자가 하는 기도는 그 사람의 능력을 최대한 발휘해서 하는 기도라고 했습니다. 그는 미리 쓰인 기도문을 읽는 것이 아니라, 기도를 즉흥적으로 하고 있습니다. 그리고 마지막으로, 저스틴은 예배 순서를 사물이나 사물의 목록이 아니라 일련의 중요한 활동들이 이어지는 순서로 정의했다는 것과, 이 중요한 활동들은 하나님과 인간이 서로와 교류할 수 있게 해주는 활동임을 알 수 있습니다.

  여러분이 이와 같은 특징을 보실 수 있도록, 실제로 기록되어 있는 것들을 살펴보도록 하겠습니다. "시간이 허락하는 한"이라는 말은 그 시대의 유연성, 개방성입니다. 이것은 분명 누군가는 언제 다음 순서로 넘어갈 지 분별을 해야 한다는 것이었고, 이것을 합리적으로 해석한다면 사람들은 성령님께서 이제 성경을 봉독하는 시간이 끝날 때가 되었고, 다음 단계로 넘어가야 할지 인도해 주시는 것에 의지하고 있었습니다.

  즉흥성 또한 유연함의 일부이며, 여러분께서는 즉흥성을 저스틴의

'자기가 할 수 있는 힘을 다해 기도하는 예배 인도자'에 대한 묘사에서 보실 수 있습니다. 누구도 이 사람에게 기도문을 건네준 적이 없었습니다. 그는 교회가 "아멘, 그대로 되어 지기를 바랍니다."라고 말할 수 있는 방식으로 기도하기 위해 내면을 깊이 성찰하고, 내면 안에 있는 기도에 도달해야만 했습니다.

다시 한 번, 여기서 그려진 예배 순서는 어떤 물체를 나열한 것이 아니라, '활동'의 순서를 표기한 것이라는 점에 주목해주시기 바랍니다. 저는 이 '활동'이라는 것을 강조하고 싶은데, 그 이유는 이와 같은 순서가 하나님과 인간 사이의 상호작용이 일어나고 있는 '시간'적인 관념을 보다 쉽게 이해할 수 있게 해 주기 때문입니다. 그 순서가 실제로 물체가 아닌 활동의 순서라는 것을 아시기 바랍니다. 저스틴에게 있어 예배 순서는 단순히 뭔가를 나열한 목록이 아니라, 활동의 순서입니다.

저는 여기서 의문을 제기하고 싶습니다. 왜냐하면 사람들이 고대 예배 순서에 대해 생각할 때, 옛날 예배가 현대 예배보다 더욱 더 형식에 치우쳐 있다고 가정해 버리기 때문입니다. 저스틴이 예배에서 강조했던 것들, 시간의 유연성, 즉흥성, 활동의 순서는 사실 현대의 찬양과 예배에도 적용되는 특징이라는 것을 말씀드리고 싶습니다. 그러므로 저스틴이 '옛날' 예배에 대해 묘사한 것을 가지고 예배를 일종의 '예식'으로 여기거나, 굉장히 형식적인 것으로 생각해서는 안 됩니다. 예배는 질서정연함은 필요하지만 그렇다고 반드시 딱딱하게 격식을 차릴 필요는 없습니다. 저는 이러한 고대의 예배 순서들을 현대적인 형식을 포함해 현대 음악을 사용하고, 현시대 사람들과 예배 인도자의 행위에 맞추어 다양한 스타일로 적용하는 것이 너무도 가능하다고 생각합니다.

그러나 시간이 흐르면서 많은 변화가 있었고, 이러한 변화들은 예배 순서, 심지어 4중 예배 순서까지도 단순히 해야 할 것들이 나열된 목록이라는 잘못된 인식을 강화했다고 생각합니다. 그리고 2세기 이후에 조금씩 시간이 지남에 따라 유연하던 예배 시간이 명확한 제한을 가지게 되었습니다. 성경 봉독에서 읽을 말씀도 미리 정해졌습니다. 무언가를 하기 위한 시간의 길이가 미리 정해지게 되었다는 말입니다.

비슷하게, 예배의 즉흥성은 사라졌습니다. 예배 인도자들은 더 이상 그들 자신의 속에서 우러나오는 말들로 기도하지 않고, 그들은 기도문을 받아 읽도록 요청받았습니다. 그리고 원래 행위의 흐름이었던 것들이 해야 할 것들의 연속이 되었습니다. 일부 핵심적인 행위들에게는 명칭이 붙었고, 이제 사람들은 그 행위들이 실제로 무엇을 의미하는지 보다도 단순히 그 행위들의 명칭만 알게 되었습니다. 게다가, 지난 100여 년 동안, 지역 교회들이 그들 자신의 예배 순서를 짜고 교회 주보를 만들 수 있게 되자, 예배를 드리는 사람들은 간소화된 예배 순서를 뭔가 해야 할 일들의 목록처럼 보여주는 방식에 익숙해지게 되었습니다.

이제 역사에 대해 이야기했으니, 여기서 조금 더 새로운 것으로 넘어가겠습니다. 저는 고대 예배 순서 자체의 신학적 측면을 알아보고 그것에 대해 이야기하고 싶습니다. 이것은 많은 사람들이 '예배의 4중 순서'라고 부르는데, 그 이유는 기본적으로 하나님과 하나님의 사람들이 서로 상호작용을 하는 데 네 가지로 표현하기 때문입니다.

이 4중 순서는 다음과 같습니다. 첫째로, 사람들이 예배로의 '입례'를 위해 모입니다. 그 다음, 사람들은 긴 시간동안 하나님이 하신 일들을 기억하는데, 주로 하나님의 '말씀'인 성경 읽기를 통해 하나님의 하신 일들을 기억합니다. 그 다음, 사람들은 기도를 하며 성찬을 진행합니다. 그리고 마지막으로, 예배에 참여한 사람들에게 축복 기도를 하고, 사람들은 이제 밖으로 내 보내지는데, 사람들이 떠나며 세상 속에서 살아갈 때의 삶을 예배와 같이 살아갑니다. 이를 '파송'이라고 합니다. 이것이 예배의 네 가지 요소입니다. 예배로의 '입례', 하나님의 '말씀', '성찬'의 진행, 그리고 '파송'입니다.

이 각각의 요소를 영화 속의 장면이나 연극 속의 한 '막'으로 보아야 하는데, 장면이 바뀌더라도 주요 등장인물은 바뀌지 않습니다. 하나님께서는 그의 아들 예수의 성령으로 임재하시며, 교회는 예수님의 몸으로서 등장하며 역동적으로 서로와 상호작용을 합니다. 비록 장면이 '입례'에서 '말씀'으로, 그리고 '성찬'과 마지막 '파송'으로 계속해 바뀌어도, 이와 같은 것은 바뀌지 않습니다. 이제 제 교회가 속한 연합감리교단은 이 고대 예배의 순서를 공식적으로 제시하는데, 제가 이 고대 예배에 대해 상세하게 표현하는 데에 감리교단에서 하는 것을 가지고 여러분께 설명하는 것이 제게는 가장 익숙하기 때문에, 이 예를 사용해 설명을 드리고자 합니다.

예배에서 '입례'를 일종의 목록으로 보는 관점을 보시기 바랍니다. 제가 가지고 있는 감리교 자료는 이것을 '모임'이라 부르는데, 그 '모임'이라는 순서 아래 환영, 광고, 성도간의 대화, 아마도 서로를 향한 인사, 회중 음악이나 악기 리허설 등의 여러 가지 항목이 있습니다. 실제로 해야 할 말을 알려주는 '환영'의 절차가 있는데, 여기서 인도자는 "우리 주 예수 그리스도의 은혜가 여러분께 함께 하시기를 바랍니다."라고 말하고, 회중은 "마찬가지로 목사님과도 함께 하시기를 바랍니다." "부활하신 그리스도께서 우리와 함께 계십니다.", "주님을 찬송합시다." 등 입니다. 그런 다음 찬송가와 예배를 '여는 기도'가 순서인데, 이 열린 기도의 기도문은 화면에 띄워집니다. 그 다음, 찬양을 하나 더 부릅니다. 다음으로 넘어가기 전에, 한번 복습해보겠습니다. 예배의 '입장'이 있고, 그 다음 '모임', '환영', '찬양', '여는 기도', 그리고 또 다시 '찬양'이 있습니다.

 이와 같은 것들은 교단 자료집이나, 교회 주보와 같은 곳에서 볼 수 있는 것들입니다. 교회가 그리스도의 몸으로써 하나님의 영에 의해 모이면, 하나님께서는 이 교회를 부활하신 예수님의 임재를 누리는 은혜로운 모임으로 만드십니다. 즉각적으로 베풀어지는 은혜와 그리스도의 임재의 놀라움에 크게 마음이 움직여진 하나님의 사람들은 그 모임의 시간에 응답하며, 다시 하나님을 찬양하며, 진실하게 마음을 열어 그 날 하나님과의 만남을 통해 모든 가능한 결실을 맺게 됩니다.

 다음, '말씀'의 하위 요소들은 다음과 같습니다. '깨달음을 위한 기도', '말씀에서의 교훈', '시편', '말씀에서의 교훈', '찬양', '복음 선포',

그리고 '설교' 등이 있습니다. 매 주일마다 그 주일에 맞는 요소를 사용하면 된다고 생각하고 목록을 만들고, 끝나자마자 끝났다고 표시하는 사람들도 있을 것입니다. 이것은 그저 시간 순서대로 기록하기만 하는 것과 같습니다.

하지만 제가 여러분께 제안하는 예배에 대한 관점은 이렇습니다. 계속적으로 개방적인 관점을 견지하고 하나님에 대한 성도들의 의존을 인지하면서, 성도들은 기쁨의 지혜 가운데서 자라날 수 있도록 하나님의 도움을 구합니다. 하나님께서는 그리스도가 어떻게 이 역사의 열쇠가 되었는지, 그리고 예수 그리스도를 통한 하나님의 구원에 대한 이야기가 우리에게 어떻게 즉각적이고 지속적인 관계가 있는지를 보여주시며 구원의 웅장한 계획의 막을 여십니다. 예수 그리스도를 통한 하나님 구원의 이야기에 즉각적이고, 현재 진행 중이며 현재를 살아가는 사람들에게 밀접한 관계가 있음을 보여주는 마지막 부분에 대해 주목하시기 바랍니다. 이것이 제가 생각하는 '설교'의 정의입니다. 예배 중의 설교 또한 그저 예배 중에 해야 하는 일들 중 하나가 아니라 하나님과 하나님의 사람들 간에 일어나는 극적인 상호작용입니다.

순교자 저스틴이후 1-2세기가 흐른 후, 그의 기록에 나와 있던 거의 모든 것들이 4세기, 5세기, 6세기 시점에서는 예배 순서의 표준으로 자리 잡았습니다. 이와 같은 것들은 저희 감리교 자료에서도 발견되었습니다. '극적인 이야기' 형식으로, 위의 목록을 표현해 보겠습니다. 하나님의 거대한 계획을 들었고, 그 계획에 놀란 사람들은, 하나님의 '계획'에 재차 자신을 헌신하며, 하나님께 그 계획안에서 자신이 할 수 있는 일이 무엇인지를 끊임없이 묻고 기도하기 시작합니다. 하나님의 응답은 여러 방법으로, 다양한 시간 가운데 나타날 것이지만, 예수께서는 이와 같은 '이야기'에 참여한 사람들을 예수님의 잔치 자리로 즉시 초대하십니다.

예수님의 은혜로운 초대에 감동하고 자신의 부족함과 더 필요한 점들을 알게 된 하나님의 백성들은 은혜로운 용서로써 응답하시는 하나님 앞에서 스스로를 낮춥니다. 하나님 안에서 다시 회복되어 그들 가운데 그리스도가 임재함을 알게 된 하나님의 백성은 그리스도의 평화를 서로에게 기원함으로써 하나가 됩니다.

여전히 하나님의 은혜에 압도된 하나님의 백성은 여러 가지 방법으로 자신을 하나님께 헌신하는데, 그 중 하나는 하나님의 큰 구원의 계획으로 인해 하나님께 긴 시간동안 감사하고 하나님의 이름을 높이는 것입니다. 이 구원의 이야기가 어떻게 흘러갈지를 알고 있는 하나님의 백성들은 하나님의 영을 그들에게 부어주시기를 기도하며 하나님은 그리스도의 몸 된 교회가 '주님의 몸'인 성찬을 나눌 수 있도록 허락해 주심으로써 이 기도에 대한 응답을 하십니다. 하나님의 은혜에 완전히 압도된 예배자들은 마지막을 주께 감사드리고 하나님의 일에 순종하기 위해 몸과 마음을 다합니다.

여러분도 이런 예배에 참여하고 싶지 않으신가요? 비즈니스 미팅에서, 안건을 처리하며 처리가 된 것을 하나하나 목록에서 지워 나가는 건 지루한 일입니다. 그 대신, 이와 같은 예배 참여는 흥미진진합니다. 예배 순서를 하나님과 하나님의 사람들 사이의 상호작용을 나타낸 극적인 이야기들로 내러티브를 만든다면 확실히 달라집니다.

그 점을 염두에 두고 제가 '파송' 순서를 최대한 극적으로 만드는 방법은 이렇습니다. 보통 '파송'은 '축도', '닫는 기도'와 '닫는 노래'를 포함합니다. 그러나 이렇게 해 보는 것은 어떨까요? 사람들은 마지막으로 하나님께 찬송과 헌신하는 마음을 드리고, 교회를 떠날 준비를 합니다. 하나님은 교회를 세상으로 돌려보내시며, 예수님의 몸 된 교회가 세상으로 다시 흩어질 때 그들에게 축복의 말씀을 하십니다. 사람들은 희망을 품고 예배당을 떠납니다.

제가 예배를 극적으로 묘사한 이와 같은 표현들을 생각해보시기 바랍니다. 여러분의 예배 스타일에 관계없이 여러분에게 중요한 것은 회중들을 위해 하나님과 하나님의 사람들 사이의 극적인 상호작용의 순간을 성취하는 예배 방법을 찾는 것입니다. 예배 기획자이자 예배 인도자로서 여러분의 신학적인 목표는 어떤 예배 순서지에 넣을 항목이 무엇인지를 결정하는 것이 아닙니다. 그러나 여러분이 해야 할 일은 하나님의 원대한 이야기가 이루어지고, 사람들이 그 이야기를 경험하도록 하는 예배 방법을 찾고 고르는 것입니다.

그렇다면 우리가 어떻게 예배 순서를 정하고, 예배에 접근하는 데에 있어 다른 신학적 방법을 사용하려면 무엇이 변해야 할까요? 예배 기획자와 예배 인도자는 예배 순서를 끝내야 할 것들의 체크 목록이 아니라 하나님과 회중들의 역동적인 만남이 이루어지는 하나의 이야기 내러티브로 보기 위해 관점을 바꿀 필요가 있습니다. 가장 먼저 선행되어야 할 것은 여러분 자신의 관점의 변화입니다. 비록 사람들에게 주보를 통해 축약된 예배 순서를 제시한다고 해도, 그게 전부라고 생각하지 마시기 바랍니다. 믿음의 더 깊은 눈으로 보시고, 이 예배 순서지를 하나님과 극적인 만남을 위한 요약본으로 생각하는 것이 어떨까요?

따라서, 둘째로 예배 기획자와 예배 인도자는 정형화된 예배 순서를 독립적인 예배의 행위로 단순히 대체해서 집어넣거나 빼는, 기획 이상의 일들을 해내야합니다. 예배 기획자와 인도자는 시간적인 제약이 크기 때문에, 그저 정형화된 예배 순서를 정하고 지난 주에 했던 것을 이번 주에 할 것으로 교체하는 것으로 예배를 기획하려는 유혹이 큽니다. 예를 들어 "지난 주 저는 우유 반 갤런, 반 리터를 샀습니다. 이번 주에는 우유 1갤런, 1리터를 살 것입니다."라고 말할 수 있지만, 예배는 이런 식으로 단순히 무언가를 대체하고 대체시키는 것이 되어서는 안 됩니다. 예배를 기획하는 것은 하나님과 하나님의 사람들 간의 극적인 만남을 구성하고, 또 재구성하는 것입니다.

세 번째, 우리는 예배 순서에서 각각의 요소들이 어떤 역할을 하는지 생각해야합니다. 특히 예배 행위에 있어 실제로 사용되는 단어들이나 감정적인 흐름이 어떠한지를 꼭 살펴 주시기 바랍니다. 그리고 이와 같은 요소들이 실제로 어떤 역할을 하는지 그리고 이 요소들이 '예배 순서'로서 적절히 잘 짜여 있어서, 사람들과 하나님과의 만남에 도움이 되는지를 꼭 고려해 보시기 바랍니다. 예를 들어, 저는 하나님의 부르심과 약속으로 예배를 여는 것을 좋아합니다. 예배의 시작을 하나님의 말씀으로 열게 하시고, 하나님의 백성에게 용기를 주는 말씀을 하시도록 해, 예배가 시작되도록 해야 합니다.

마지막으로, 예배 기획자와 인도자는 예배에서 하는 각각의 활동이 행해지는 시점에서 '예배'라고 하는 하나님과의 역동적인 상호작용에서 적합한지를 평가해야 합니다. 저는 예배가 마음을 깊게 움직이고, 하나님과도 상호작용을 할 수 있는 가능성이 높은 모습을 여러 번 보았습니다. 반면 예배의 힘과 추진력은 예배 중의 활동이 적재적소가 아니었기 때문에 약화된 경우도 많이 보았습니다. 예를 들어, 현대적 찬양과 경배에서, 우리가 하나님에 대해 기념하는 것 하나 없이, 단지 선택된 노래가 우리가 가지는 하나님을 찬양하고자 하는 열망에 대한 노래라고 하면 어색하지 않겠습니까? 그런 식으로 예배를 시작하지 마시기 바랍니다.

하나님과 하나님께서 하신 놀라우신 일들과 하나님께서 우리를 부르시는 역동적인 방법들을 사용해 예배를 시작하시기 바랍니다. 예배의 순서들을 올바르고 적절하게 배열하고 곡 목록 중 처음 부르는 찬양이 하나님의 부르심에 응답하는 찬양이 될 수 있도록 해주십시오. 만약 이것이 우리와 하나님 사이의 역동적인 만남이라면 예배 순서도 적합하도록 하셔야합니다.

3. 삼위일체에서의 예배 신학에 대해 말씀해 주십시오.

삼위일체의 개념, 즉 하나님이 세 분이자 한 분이라는 것이 예배에 어떤 차이를 만들까요? 예수님의 삶과 사역이 궁극적으로 하나님께 영광을 돌린 것이라면, 예배에는 어떤 차이가 있을까요? 만약 예수님께서 완전히 하나님이시고, 동시에 완전히 인간이라면 무슨 차이가 있을까요? 아니면 복음이 미래에 대한 이야기고 성령이 이 미래에 대한 확증이 되는 것이라면 기독교 예배에 어떤 차이가 있을까요? 하나님이 세 분이자 한 분이라는 것이 예배에 어떤 차이를 만들까요?

먼저 하나님께서 예수 그리스도 안에서 드러내신 신학적인 확신을 상기해보겠습니다. 저희 교회의 신앙 고백에서 발췌한 기본적인 정의는 하나님의 '신성'은 하나이지만, 그 하나의 신성 가운데 아버지, 아들, 성령 세 분이 하나의 존재로써 영원히 권능을 가지신다고 이야기합니다. 다시 말해서, 하나님은 세 분이자 한 분입니다. 세 사람(하나님 아버지, 예수 그리스도, 성령)이 된다고 해서 세 분 모두의 본질적인 일체감을 훼손하거나 없애지는 않습니다. 그리고 비록 성경은 '삼위 일체(Trinity)'라는 용어를 말하지 않지만, 하나님이 이와 같은 특성을 가지고 계시다는 것을 이야기합니다. 하나님은 세 분이시며, 한 분이시이십니다.

예배가 삼위일체적 성질을 갖는 것은 구원에도 삼위일체성이 있다는 것과 관련이 있습니다. 신약성경은 물론 성경 전체에서도 '삼위일체(Trinity)'와 '삼위일체적(Trinitarian)'이라는 단어는 찾아볼 수 없습니다. 그러나 구원은 일반적으로 성령의 능력 안에서 예수 그리스도를 통해 아버지 하나님으로부터 나오는 것으로 묘사됩니다. 그리고 '삼위일체'는 영원토록 존재해온 깊고 지속적인 하나됨과 사랑의 관계를 가지고 있는 것으로 묘사됩니다. 성부와 성자와 성령은 하나이며, 예수 그리스도는 하나님의 계시 그 자체로서, 그리고 성령은 하나님을 보여주시는 분으로 묘사되었습니다.

사도행전 2장 32-33절은 이렇게 말씀하십니다. "하나님께서는 이 예수님을 다시 살리셨습니다. 이 일에 대해서는 우리 모두가 다 증인입니다. 예수님은 하나님의 오른편에 높임을 받으셔서 약속된 성령을 아버지에게 받아 우리에게 부어 주셨습니다. 지금 여러분이 보고 듣는 것이 바로 그것입니다." 이 구절은 '삼위일체'라는 단어를 사용하지 않고 세 분(아버지, 아들, 성령)을 모두 언급하고 있으며, 삼위일체 간의 상호작용과 삼위일체 간 서로를 통하여 이루어지는 상호작용에 대해 이야기합니다.

로마서 3장 25절의 "하나님께서는 그리스도 예수님의 피를 죄에서 구원하는 제물로 삼으셨다."는 구절에 주목해주시기 바랍니다. 여기서 예수님이 자신을 제물로 바치는 모습조차 그려지지 않지만, 아버지 하나님께서는 예수 그리스도를 제물로 바치는 모습으로 보입니다. 삼위일체의 하나됨에 대해서는 요한복음 14장을 한번 살펴보겠습니다. "너는 내가 아버지 안에 있고, 아버지께서 내 안에 계신 것을 믿지 않느냐? 내가 너희에게 말하는 것은 내 마음대로 하는 말이 아니라 내 안에 계시는 아버지께서 그의 일을 하시는 것이다. 내가 아버지 안에 있고 아버지께서 내 안에 계신다고 말하는 나를 믿어라."

이 요한복음에서 두세 장 뒤 예수님께서 기도하십니다. "아버지여 창세 전에 내가 아버지와 함께 가졌던 영화로써 지금도 아버지와 함께 나를 영화롭게 하옵소서"(요 17:5) 그것은 아들이신 하나님과 아버지이신 하나님이 영원부터 가졌던 관계와 하나됨을 말해줍니다. 그리스도는 하나님의 계시라는 부분에 대해서는 골로새서 2장에 나오는 이 말씀을 살펴보겠습니다. "그 안에는 신성의 모든 충만이 육체로 거하시고"(골 2:9)". 이 뿐만 아니라, 바울은 예수님께서 하나님의 현현하신 형상이며 계시라는 것에 대해 골로새서 여러 곳을 할애해 이야기합니다.

그리고, 고린도후서 3장에 나온 이 흥미로운 내용을 주목하십시오. 이 구절은 약간 은유적으로, 다른 두 분이신 아버지 하나님과 아들 하나님, 그리고 성령님의 본질적인 하나됨을 이야기합니다. "주님은 영이시며 주의 영이 계신 곳에는 자유가 있습니다." 성경이 '삼위일체' 또는 '삼위일체적'라는 단어를 쓰지 않아도 우리는 세 분의 하나님이 계시다는 것과 영원토록 관계를 맺고 계시다는 것 그리고 서로에게 협력하며, 함께하시며, 서로의 안에서 같이 일하신다는 점에서 본질적인 하나됨을 공유합니다.

다시 말하면 예배의 삼위일체성은 구원의 삼위일체성과도 연관이 있습니다. 제가 여러 번 말씀드렸던 것과 같이 삼위일체라는 단어는 성경에 나오지 않지만 구원은 일반적으로 성령의 능력 안에서 예수 그리스도를 통해 아버지 하나님으로부터 나오는 것으로 그려집니다. 여기 'from', 'through', 'in' 전치사들을 주목해주시기 바랍니다. 우리가 이제 예배에 대해 이야기하기 시작할 때, 다시 다룰 것입니다.

이 세 '하나님'께서는 영원토록 존재해온 깊고 지속적인 하나됨과 사랑의 관계를 가지고 계신 것으로 여겨집니다. 그 분들은 하나이십니다. 또한 제가 이미 지적했듯이 예수 그리스도는 하나님의 계시로서 그리고 성령님께서는 하나님을 보여주시는 이로 묘사되어 있습니다.

예배를 이해하는 관점에서 이와 같은 것들이 무엇을 의미하는지 알아봅시다. 예배가 '삼위일체적'이 되기 위해서는 예배가 구원과 어떻게 관련되어 있는가가 중요합니다. 우리의 예배가 '삼위일체적(Trinitarian)'이 되는 것은 예배 자체에서 '삼위일체(Trinity)'나 '삼위일체적(Trinitarian)'라는 단어를 사용하는 것을 의미하지는 않습니다. 우리의 예배가 삼위일체적이 되기 위해 그런 어휘를 굳이 사용할 필요는 없다는 것입니다. 그러나 예배가 삼위일체적이 된다는 것은 우리의 구원이 성령의 능력으로 예수 그리스도를 통해 하나님 아버지로부터 오는 것이란 것을 예배를 통해서 보이는 것을 의미합니다.

우리가 예배에서 하나님의 구원하심에 대해 이야기할 때, 우리는 우리가 사용하는 '전치사'에 주의를 기울여 하나님'께' 그리스도를 '통해' 성령의 능력 '안에서' 일어나는 구원을 묘사할 필요가 있습니다. 이것을 예배에 그대로 적용해보면, '삼위일체적 예배'란 하나님'께' 예수 그리스도를 '통해' 성령의 능력 '안에서' 예배를 드리는 것입니다. 구원이 하나님으로부터, 예수님을 통해, 성령의 능력 안에서 이루어진다면 예배는 역으로 성령의 능력 안에서 그리스도를 통해 하나님께 드려지는 것입니다.

'삼위일체적 예배'란, 또한 우리 가운데 진정한 사랑의 하나됨을 보이는 것을 의미하는데, 왜냐하면 각 개인으로 존재한다는 것은 실제적인 '하나됨'을 부정하지 않기 때문입니다. 이것은 세 분이자 한 분인 하나님으로부터 온 근본적인 진실입니다. 비록 하나님은 세 분이시지만 그들은 여전히 한 분이신 하나님이십니다. 따라서, 우리 또한 성도 개개인으로 존재한다고 하지만, 사랑을 통해 그리고 성령님의 힘주심을 통해 진정한 하나됨을 이룰 수 있습니다.

마지막으로, 우리의 예배가 '삼위일체적'으로 되는 것은 우리의 찬양과 기도를 받으실 가치가 있는 세 분 모두에게 영광을 드리는 것을 의미합니다. 우리는 세 분 모두를 높여 드릴 수 있습니다. 따라서 예배는 성령의 능력으로 예수 그리스도를 통해 하나님께'만' 드려지는 것이 아니라, 우리의 예배와 찬양과 경배, 영광은 성부 하나님께, 성자 하나님께, 그리고 성령 하나님께 모두 드려질 수 있다는 것입니다.

이것이 중요한 이유는 실제적인 우리의 예배에 영향을 미치고 있기 때문인데, 첫 번째 요점은 예배는 우리에게 달려있지 않다는 것입니다. 생각해 보십시오. 만약 세상이 만들어지지 않았고 사람이 존재하지 않았다면 여전히 하나님에 대한 진정한 예배가 있을까요? 우리는 예배를 인간의 활동으로 생각하는 것에 너무 익숙해서, "아니, 세상이 만들어지지 않았고 사람이 없었다면 어떤 예배도 존재하지 않았을 것이다"라고 쉽게 말할지도 모르겠습니다.

그러나 저는 사실 이 질문에 대한 답은 그 반대라고 말씀드리고 싶습니다. 예배는 우리로부터 시작되지 않습니다. 예배는 성부 하나님과, 성자 하나님과, 성령 하나님간의 관계에서 일어나는 하늘의 영원한 '활동'입니다. 그리고 심지어, 이 땅에서의 진정한 예배는 예수 그리스도와 아버지 하나님과의 관계와 또한 그 활동에서 비롯됩니다. 만약 세상이 창조된 적이 없고 사람들이 존재하지 않았더라도, 성부 하나님과 성자 하나님, 성령 하나님간의 사랑과 영광과 서로에 대한 인정과 찬양이 분명 존재했을 것입니다.

세상이 만들어지지 않았더라도 예배가 있었을 것입니다. 우리의 소비자주의적인 문화는 예배가 우리를 위한 것이고, 우리로부터 시작된다고 생각해 만들었다고 생각합니다. 소비자주의적 관점에 의하면, 예배는 주로 우리 인간의 활동이며, 기본적으로 우리의 경험에 기반해 평가되어야 한다고 말합니다. 그러므로, 이 관점에 익숙해진 우리 입장에서는 예배가 우리와 별개로 존재한다고 생각하는 것은 꽤 놀라운 일일 수밖에 없는 것입니다. 이 사실을 통해 우리가 좀 더 겸손해 져야 하고, 더 많은 의문에 대해 생각해 봐야 합니다.

우리의 예배는 이미 열려있는 온라인 채팅방에 로그인하는 것과 비슷합니다. 만약 예배가 본질적으로, 그리고 원래는 성부 하나님, 예수 그리스도, 그리고 성령님 사이의 관계와 그 상호작용이라면, 우리가 주일에 예배를 드리기 위해 모였을 때 우리가 하는 것은 우리가 이미 영원히 계속되고 있는 삼위일체간의 관계와 상호작용이란 채팅방에 로그인 하는 것과 비슷하다는 것입니다.

예배는 이제 천사들과 천군들 또한 참여하는 영원한 활동입니다. 우리의 예배는 예배당 한 곳에 국한된 것이 아닙니다. 우리의 예배가 비록 어느 특정한 장소에서 보이더라도, 사실은 천국에 참여하는 지속적이며 영원한 활동이란 것입니다.

그러므로 두 번째 요점은 다음과 같습니다. 우리가 드리는 예배조차도 우리에게 좌우되지 않습니다. '의존성'이라는 측면에서, 이 이야기를 조금 더 자세히 해보겠습니다. 우리의 예배는 그리스도의 중재로 인해 드려지는 것입니다. 다시 말하면, 우리의 예배는 그리스도 안에서, 그리고 그리스도를 통해 드려지는 것입니다. 이 '중재(mediation)'라는 단어를 한 번 들여다보겠습니다. 정말 중요한 단어입니다. 그리스도는 하나님으로부터 우리에게 주어지는 구원과 은혜에 대해 중재하실 뿐만 아니라, 우리의 예배, 은혜에 대한 우리의 응답 그리고 하나님께 드리는 우리의 감사를 중재해 주십니다.

제가 헬라어 표현을 보여드린다면, 이것은 사실 굉장히 재미있는 헬라어 언어유희 같은 것인데요. 우리의 감사는 예수 그리스도를 통해 하나님께 돌아갑니다. 우리의 예배에서 한 가지 중요한 증거라고 한다면, 우리는 그리스도인으로서 거의 항상 '예수님의 이름을 통해' 혹은 '예수님의 이름으로' 기도함으로써 이와 같은 예수님의 '중재'에 대해 미묘하게 언급하며 기도를 맺는 것입니다. 예수님의 '중재'가 중요한 이유는 무엇일까요? 현재 우리의 예배는 항상 어떤 식으로든 불완전하기 때문입니다.

그러나 그리스도께서는 우리의 예배를 완전케 하시며, 우리의 예배를 예수님께서 하나님께 드리는 기도와 예배에 합침과 동시에 하나님 아버지께서 우리에게 주시는 은혜와 축복의 중재자 역할을 하십니다. 우리의 예배는 독립된 것이 아니라 예수님께서 하나님께 드리는 예배와 영광에 동참하는 것입니다. 이와 같은 이해가 전제되면 예배가 우리에게 좌우되지 않는다는 것을 아는 것이 굉장한 위안이 됩니다.

신학자인 토렌스는 자신의 책 『예배, 공동체, 그리고 은혜의 삼위일체 하나님』을 통해 이렇게 설명합니다. "그러므로, 기독교 예배는 성령 하나님을 통해 성자 하나님의 대속적 예배와 중보의 삶 안에서 성부 아버지의 성찬에 우리가 참여하는 것입니다. 예배는 또한 그리스도 안에서 아버지께서 우리를 위하여 하신 모든 일에 대한 우리의 응답입니다. 그리고, 예배는 그리스도 안에서 우리를 위하여 바친 하나의 참된 제물에 대한 응답으로선 우리의 몸과 마음과 정신을 바쳐 드리는 것입니다."

예배는 또한 하나님의 은혜(헬라어 카리스(Charis))에 대한 감사함의 응답(헬라어 유카리스타(eucharista), 그리스도의 하늘 중보 안에서 우리의 은혜에 의한 나눔입니다." '감사함'이라는 단어('eucharist'- 이 단어 가운데에 'charis, c-h-a-r-i-s'란 단어가 있는 걸 보십시오)와 하나님의 은혜를 뜻하는 헬라어 단어 'charis' 사이의 관계를 주목하여 주십시오. 하나님에게서 그리스도를 거쳐 우리에게로 오는 것은 '은혜'이며 우리에게서 그리스도를 거쳐 하나님으로 돌아가는 것은 '감사'입니다. 하지만 이 모든 것에서 본질적으로 존재하는 성질은 '사랑'입니다.

이것을 아는 것만으로 많은 안심이 되지 않으신가요? 많은 목회자와 예배 인도자, 음악 사역자들이 주일 아침에 교회에 와서 전체 예배가 옳게 진행되고 있는지 걱정하며 모든 것이 자신들에게 달렸다고 생각하며 엄청난 의무감에 짓눌린다는 걸 알고 있습니다. 하지만 아닙니다. 예배는 예수 그리스도께 전적으로 의존합니다. 우리는 하나님께 받아들여지는 것에 대해 우리 스스로에게 기댈 필요가 전혀 없습니다. 우리 자신에 대해서든, 우리가 드리는 예배가 받아질까에 대해서, 우리 스스로를 채찍질할 필요가 없다는 말입니다.

셋째로, 이 삼위일체적인 '은혜'와 '감사'의 방식을 '기능적 단일주의(unitarian)'라고 부를 수 있는 접근법과 비교, 대조해 보겠습니다. 이것은 근본적으로 일차원적인 예배에 대한 접근법인데, 즉, 예배를 사람들이 하나님께 드리는 것으로, 하나님을 위해 드리는 것으로 보는 관점입니다. 혹은 여기에 한 마디를 더한다면, 이 관점은 예배를 우리가 '하나님께' '하나님을 위해'하는 행위로만 간주하는 것입니다.

이와 같은 예배의 방법에서는 어떤 일이 일어날까요. 주일 아침에 누군가가 교회에 나타나서 예배에서 무슨 일이 일어나는지 본다고 가정해보겠습니다. 이 사람은 그 눈이 본 것과 뇌가 인식하는 것과 귀로 들은 것만을 '예배'라고 인식하는 일차원적인 관점으로 예배를 보고 있습니다. 그들이 보고 듣는 것만이 예배에서 일어나는 일의 전부라 생각하는 것입니다. 반면에 삼위일체적 예배에 대한 접근은 분별력을 갖추고 있으며, 이를 통해 성령 하나님의 역할에 대해 우리가 눈을 떠서 예수님과 하나가 되도록 합니다. 즉, 그 분(예수님)이 하시는 말씀을 그리고 모든 천군 천사들이 성부 하나님께 기도하며 예배드리는 것을 들을 수 있는 귀와 마음을 주십니다.

이와 같은 두 가지 접근 방식을 조금 더 자세히 대조해보겠습니다. '기능적 유니테리언(unitarian)'적인 접근법은 예배를 주로 하나님에 대한 인간의 활동으로 여깁니다. 그러므로 그리스도의 중재나 그리스도가 제사장 역할을 하는 것이나 그 제사장으로서의 그리스도와 우리의 연합이 필요가 없어집니다. 즉, 이와 같은 예배에서 하나님은 너무 가깝거나 너무 멀리 떨어져 있어서, 우리가 직접적으로 접근할 수 있거나 혹은 아예 접근할 수 없는 존재입니다. 두 가지 관점 모두 '기능적 단일주의적'으로는 옳은 관점일 수 있습니다. 그래서 이 관점에서는 예배는 '우리가 하는 것'이며, 우리가 하나님이 계신 곳으로 '올려 드리는' 행위입니다.

반면 삼위일체적 접근은 하나님은 진정한 예배를 받으시는 분일뿐만 아니라, 인간이 되신 구세주, 인간으로 오신 하나님인 예수 그리스도이시며, 참된 예배를 드리실 수 있는 분입니다. 즉, 이 접근법에선 하나님은 예배를 받으실 뿐만 아니라, 예배를 가능케 하시고, 실제로 예배에 참여하십니다.

하나님에서 인간으로 그리고 인간에서 하나님으로 향하는 모든 움직임은 다 하나님으로부터 시작되며, 하나님이 움직이시는 것입니다. 이는 그리스도가 성부 하나님의 은혜를 중재하고 성부 하나님께 드려지는 예배를 중재하는, 인간과 하나님의 양방향 중재자 역할을 한다는 의미이기도 합니다. 그리고 그리스도는 우리의 궁극적인 대제사장으로서 땅과 하늘에서의 예배의 성취를 제사로 드리십니다. 진정한 예배의 인도자는 항상 그리고 계속 예수 그리스도이십니다.

조금 더 비교를 해봅시다. 기능적 유니테리언적 접근법은 성령님께서 우리를 도우실 필요도, 성령께서 우리를 그리스도 또는 그의 사역에 참여하게 하시거나 혹은 교회의 예배에 결정적으로 힘을 실어주실 필요도 없습니다. 이 관점에서 말하는 대로 예배가 단순히 인간만의 활동일 수 있다면 성령 하나님의 역할도 필요가 없고, 우리가 성령으로 충만할 필요도 없습니다.

반면에, 삼위일체적 접근에서 성령 하나님께서는 아주 중요한 역할을 담당하십니다. 성령 하나님을 통해 교회는 그리스도와 함께 예배에 참여해 그리스도께서 우리를 위해 중재해주시는 구원을 은혜롭게 받아들이고, 우리를 통해 그리스도께서 중재하시는 예배를 드릴 수 있게 합니다. 그리고 성령 하나님의 능력으로 우리는 그리스도 안에 참여할 수 있게 됩니다. 우리는 그리스도와 하나 되었고, 그리스도의 예배에 함께 하게 되었습니다.

네 번째는 성령님께서 얼마나 중요한 역할을 하시는지를 강조하는 것입니다. 성령님으로 말미암아 우리의 예배는 그리스도를 통해서 뿐만 아니라, 그리스도 안에서 이루어진다는 것 그리고 조금 더 나가서 더 정확히 이야기하면, 우리가 예배할 때 주께서 어떻게 우리 안에 계신지를 주목해주시기 바랍니다.

두 가지 차원에서 생각해보겠습니다. 성령께서는 우리에게 그리스도와 연합할 수 있도록 하시고, 또한 추상적인 힘만을 주시는 것이 아니라, 성령께서는 예수 그리스도로써 우리에게 힘을 주십니다. 이와 같은 두 가지의 즉 그리스도, 그리고 성령님에 의한 그리스도 안에서 일어나는 역동성은 설교, 기도, 찬양이라는 예배의 구체적인 행위에서 표현될 수 있고 표현되어야 합니다.

성령님으로 말미암아 그리스도께서는 이와 같은 것들을 우리 안에서 행하십니다. 그리스도는 우리 안에서 기도하시고, 우리 안에서 말씀을 전하시며, 찬양을 하십니다. 우리가 성령으로 충만해져 하나님을 찬양함으로 목소리를 높일 때, 예수님께서 우리의 목소리를 사용해 하나님을 찬양하시는 것입니다. 참 놀랍지 않습니까? 예배가 진정으로 삼위일체적 행위라면, 예배는 우리에게 달려 있거나, 우리를 중심으로 하거나 우리와 함께 시작하는 것이 아니라는 것을 알 수 있습니다.

5세기 주교이자 신학자인 어거스틴은 사람들이 모여 예배 드리는 교회의 예배에 대해 다음과 같이 이야기합니다. "우리가 기도할 때, 우리는 우리의 하나님이신 그리스도께 기도합니다. 그리고 그와 동시에, 그리스도께서 우리의 대제사장으로 우리를 위해 기도해 주십니다. 이는 그리스도께서 하늘에서 하시는 일입니다. 그리고 놀라운 것은 우리 안에서 기도하시는 그리스도는 우리의 머리되시며, 교회의 머리가 되시며 우리는 그분의 몸 된 교회입니다. 그러므로, 우리 안에 있는 그의 말씀과 그리스도 안에 있는 우리의 말들이 있다는 것을 깨달읍시다."라고 합니다. 이는 우리가 교회로서, 즉 예수님의 몸 된 교회로서 모였을 때 그리스도가 어떻게 우리 가운데서 움직이시는지를 깨닫고, 분별하기 위해 성령님의 더 깊은 분별력과 힘주심을 필요로 하게 만듭니다.

다섯 번째 요점은 예배의 삼위일체적 성격의 놀라운 역동성을 이해하는 데 도움이 되는 이미지를 여러분과 나누는 것입니다. 저는 그것을 천국의 진정한 춤에 참여하는 것이라고 부르는데, 제 은유를 통해서 이게 어떤 의미인지 이해하실 수 있을 것입니다.

삼위일체 관계를 묘사하는 데 있어, 고전적으로 강조되었던 점들을 주목하면서 시작하겠습니다. 성부 하나님, 성자 하나님, 그리고 성령 하나님이라는 세 분이 서로 어떻게 관계를 맺는지를 설명하는 데 사용되는 가장 오래된 용어 중 하나가 원래 무용 용어였던 '페리코레시스(Perichoresis)'입니다. 이것은 말 그대로 춤에 참여한 세 사람이 지속적인 움직임에 관여하는 원형 춤이라는 뜻으로, 이 빙글빙글 도는 움직임 가운데 그들의 하나됨을 볼 수 있습니다.

어떻게 우리가 삼위일체의 춤에 참여할 수 있을까요? 제 비유는 제 어린 시절 기억에서 나온 비유인데, 여러분도 이와 비슷한 경험을 하셨을지 모르겠습니다. 제가 어린 아이였을 때, 어머니나 아버지 두 분 중 한 분이 저를 불러서 제 손을 정말 꽉 잡으시고는 그 분들의 발 위로 올라가라 하셨습니다. 그러면, 저는 부모님의 손을 잡고 제 발을 부모님의 발 위에 올려놓았습니다. 그들은 방에서 춤을 추기 시작했습니다. 제 어머니든, 제 아버지였든 그분들이 무엇을 하는지에 저는 매우 집중하고 있었습니다. 그리고 저는 부모님의 손을 꼭 잡고 제 발이 부모님의 발 위에서 떨어지지 않도록 했습니다. 그러고 나서, 저는 부모님의 움직임을 예측하기 위해 많은 노력을 했고, 어디로 가실지, 그리고 어떻게 회전할지에 맞추기 위해 노력했습니다. 그렇게 우리는 함께 춤을 추었습니다.

저는 우리가 삼위일체의 영원한 원형 춤에 참여하는 방법도 이와 같다고 말씀드리고 싶습니다. 그것은 그리스도와 하나가 되어 예수님께서 우리의 손을 꼭 잡으시면 우리의 발은 그의 못 박힌 발 위에 올려져, 성령님으로 말미암아 우리는 예수님의 움직임에 집중하고, 예수님이 무엇을 하시는지 그리고 삼위일체의 역학 안에서 어떻게 움직이시는지에 맞춰 움직이게 되는 것입니다. 그것이 우리가 삼위일체의 영원한 '원형 춤'의 예배에 참여하는 방법입니다.

그렇다면 우리가 그런 '춤'에 참여하는 동안, 그것은 그리스도께서 움직이시는 것인가요, 아니면 우리가 움직이는 것인가요? 이것은 그리스도의 능력인가요, 우리의 능력인가요? 이것은 그리스도의 예배인가요, 아니면 우리의 예배인가요? 대답은 모두 '그렇다'입니다. 저는 이것을 저희 부모님과 같이 춤을 추며 배웠습니다. 같이 춤을 추면서, 그 춤은 어머니의 동작이기도 했지만 제 동작이기도 했습니다. 아버지의 힘이기도 했지만 제 힘이기도 했습니다. 부모님의 춤이었지만, 제 춤이기도 했습니다. 우리가 함께 춤을 추는 동안 우리는 하나가 되었습니다.

기독교 예배의 신학이 사실이라면, 우리가 알 수 있는 것은 다음과 같습니다. 만약 기독교 예배가 삼위일체를 묵상하는 것으로부터 유래될 수 있다면, 그것이 우리의 예배에 어떤 변화를 가져다줄까요? 우선, 우리는 좀 더 깊이 분별할 필요가 있습니다. 주일 아침에 교회에 나와서 예배를 단순히 일차원적으로 관찰하는 것으로는 충분치 않습니다. 우리는 성령으로 충만한 채로 우리 가운데 그리스도께서 하시는 일들을 분별할 필요가 있습니다. 우리는 또한 그리스도께 더 많이 의지함을 통하여, 마음을 편하게 먹고 예배가 받아들여지는 것이 우리가 예배를 잘 드리는 것에 달렸다고 생각하거나 혹은 우리가 예배를 받아들이는 것이 제일 중요하다고 생각하는 등의 자기 중심적으로 생각하는 것을 그만두어야 합니다.

셋째로, 우리는 그리스도가 예배하시는 단 한 분께 예배드리고, 그리스도께서 기도하시고 사랑하시는 단 한 분께 기도를 올리고 그분을 사랑해야 합니다. 이 말은, 예수님만이 우리의 예배를 받으시는 분이 되어서는 안 된다는 것입니다. 그럼에도 불구하고 많은 교회에서 이런 일들이 자주 일어납니다. 교회 예배에서 쓰이는 찬양이 예수님을 찬양하는 데에 지나치게 치우쳐진 나머지, 예수님께서 영광을 드리는 단 한 분이신 하나님 아버지의 존재를 잊고 맙니다. 이것은 특히 우리가 예배에 사용하는 찬양의 가사에서 사용하는 하나님에 대한 가사가 예수님에 대한 것으로 모두 수렴되어선 안 된다는 말입니다.

넷째, 예배의 요소를 선택할 때, 그 요소가 정말로 적절한지를 가늠해야합니다. 우리가 말하는 것들이 예수님의 입술에서 나올 수 있는 말인가요? 우리가 하는 것들이, 예수님도 하실만한 행동일 수 있을까요?

다음으로, 우리 사이의 사랑, 그리고 하나됨은 기본이 되어야합니다. 사랑이 성부, 성자, 성령 하나님을 하나로 묶는 띠인 것처럼 그리고 각 존재로서의 특수성이 그들의 유대를 약화시키거나 빛 바래게 하거나 무효 시키지 않는 것처럼, 교회 구성원으로서의 우리 자신 개개인의 특수성은 성령으로 말미암은 예수 그리스도의 사랑이 있는 곳에서 본질적으로 하나가 될 수 있습니다. 그래서 예배자들이 성령으로 충만할 필요가 있습니다. 하지만 그것이 예배에만 흥분하거나 열광하는 것을 의미하는 것은 아닙니다. 성령으로 충만하다는 것은 사랑으로 가득 찬다는 것을 의미하기 때문입니다.

4. 예수님의 삶과 사역을 하나님께 영광 돌리는 예배로 여길 때의 예배 신학에 대해 말씀해 주십시오.

예수 그리스도께서 지상에 계신 동안의 삶과 사역 속에서 하신 일이 참으로 놀랍습니다. 또한 그의 삶과 사역이 오늘날 우리 예배의 기초가 될 수 있다는 것도 놀라운 사실입니다. 예수님의 삶과 사역을 하나님께 드리는 예배로 여기는 데서 도출되는 예배신학에 대해 말씀드리겠습니다.

여러분 중 일부는 '예전(Liturgy)'라는 단어를 사용하는 것이 낯설거나, 예전이라는 말의 정의가 너무도 좁아 어떻게 예수님의 사역이 예전이 될 수 있는지, 예수님 자신이 어떻게 예전주의자인지 상상할 수 없는 분들도 있을 것입니다. 그래서 잠시 '예전'이라는 단어를 정의하는 시간을 가지려고 하는데요. '예전(Liturgy)'이라는 단어는 실제로 두 개의 헬라어 단어에서 유래되었는데, 하나는 사람을 의미하는 '라오스(laos)'이고 다른 하나는 일을 의미하는 '에르곤(ergon)'입니다. 예전은 그 두 단어의 융합이므로 문자 그대로 사람들이 하는 일을 이야기합니다. 고대 교회에서 널리 쓰이던 용어였지만 교회 밖에서도 회자되는 용어였습니다.

어떻게 이 단어가 쓰였는지를 말씀 드린다면, 이 단어는 사람들을 위해 행해지는 일, 즉 사람들을 위한 일종의 자선활동을 정의하는 데 쓰일 수 있습니다. 제가 매우 부자이고, 아주 큰 레크레이션과 커뮤니티 센터를 지어 지역 사회에 환원하고 싶다는 가정을 하겠습니다. 이것은 'Liturgy', 즉 '예전'일 것입니다. 누군가를 위해 행해지는 일이니까요. 하지만 예배는 또한 사람들에 의해 행해지는 것이 될 수도 있습니다. 레크리에이션 센터에서의 노동이 실제로 공동체 전체가 하는 자원봉사 노동이라고 상상해보겠습니다. 그것은 레크리에이션 센터나 커뮤니티 센터가 예전이 될 수 있는 두 번째 방법이 될 것입니다. 예전은 사람들을 위해 행해지는 일이 될 수도 있고 사람들에 의해 행해지는 일이 될 수도 있습니다.

저는 예수님의 삶과 사역이 두 가지 의미에서 '예전'이라고 생각합니다. 예수님께서 그 사역 기간 동안에 하신 일들 그리고 지금도 하늘에서 계속 하시고 계시는 사역은 인간들을 위해 하시는 일들입니다. 그러나 우리가 예수님이 하시는 일 즉 예수님과 예전에서 하나가 되어, 우리의 예전이 예수님의 예전의 일부에 참여하게 된다는 의미로 예수님께서 하시는 일들은 사람들이 하는 일이기도 합니다.

예수님의 예전과 예전주의자로서의 예수님과 더불어 우리가 어떻게 그의 예전에 참여하도록 부름을 받았는지에 대해 자세히 살펴봅시다. 예배 역사학자 로버트 태프트(Robert Taft)의 글에서 저는 큰 영감을 받았는데. 이 글의 제목은 '예전은 무엇을 하는가?'입니다. 태프트가 이 글을 거의 20년 전에 처음 발표했지만, 저는 이 글이 여전히 유익하다 생각합니다. 제가 지금 여러분께 말씀드리고 있는 것은 태프트의 글 안의 주요 요점들을 가지고 제 방식으로 해석해 다시 전해드리고 있습니다. 태프트는 개신교 신자가 아니기 때문에, 저는 태프트의 관점을 가지고 제가 생각하기에 다른 개신교 예배 지도자들과 성도들이 더 이해하기 쉬운 형태로 여러분에게 전해 드리고자 합니다.

첫 번째 요점은 이것입니다. 예수님은 예배의 세계를 뒤집어 놓으셨습니다. 유대 국가는 성전과 여러 회당을 중심으로 꽤 잘 정립된 예배 약식이 이미 있었고, 예배에서 사용되는 특정 관행과 특정 예배 용어들을 가지고 있었습니다. 그런데, 예수님은 이 모든 것을 뒤집어 놓으셨습니다.

그러므로, 예수님이 오시기 전 행해진 예배는 예수님께서 행하실 예배로 이어진다는 것입니다. 구체적으로 이야기하자면, 구약의 기술적 예배 용어나 개념 중 상당수가 기독교인들에 의해 계속 사용될 것입니다. 이와 같은 구약의 용어나 개념은 예수님에 대한 언어와 개념이 될 것입니다. 예배를 드리는 기독교인들은 오래된 언어를 많이 사용할 것이며 그들은 그런 용어를 사용해 예수님에 대해 이야기할 것입니다. 그리고, 초기 기독교인들의 이해에서 예배의 궁극적인 행위로 보이는 한 가지가 있었다면, 그것은 바로 예수 그리스도의 인류 구원을 위한 삶과 사역이었습니다.

신약에서도 여러 번 언급되었고, 모든 고대 예전에서도 언급되었듯이, 우리가 죄의 노예가 되었을 때 예수님은 우리의 죄를 위해 돌아가시고 우리의 구원을 위해 죽은 자들 가운데서 부활하셔서 우리를 하나님과 다시 화목케 하시고, 하나님과 예수님 자신과 그리고 서로와 하나 되게 하셨습니다. 만약 제가 이 말을 여러분께 보여드렸다면, 여러분 중 많은 사람들은 "오, 이건 굉장히 간결하고 잘 요약된 복음입니다."라고 생각할 것입니다. 네, 복음이 맞습니다. 그렇지만 저는 또한 이 중요한 대속의 행동이 예수님의 사역이며 이것이야 말로 예수님의 예전이라고 여겨야 한다고 생각합니다. 신약성경에 따르면, 이것은 예수님의 대속이며 새 예전입니다. 구세주, 그리고 구세주의 스스로를 내어주는, 하나님 아버지의 뜻에 사랑으로 순종하는 것은 하나님께 영광을 드리는 궁극적인 예배의 행위입니다.

그리고 이것이야말로 예수님께서 예배 세계를 송두리째 뒤집어 놓으신 방식입니다. 기존에 존재하던 모든 예배의 방식은 그때도 사용되고 있었지만, 갑자기 그 모든 것이 예수님께 적용되었습니다. 예수님은 세상에 오셔서 새로운 예배 양식을 만드시거나, 새로운 예배 의식, 우리가 따라야 할 새로운 예식의 목록들을 제시하지 않으셨습니다. 예수님은 단지 세상에 오셔서 그 자신을 제물로서 내어 주시고, 다른 이들을 섬기시며, 십자가에서 그 생명을 내어 놓으시고, 부활 안에서 새로운 생명으로 다시 일으킴을 받으셨으며, 이 모든 것을 통해 하나님께 영광을 가져다 드리셨습니다. 그것이야말로 새로운 예배입니다. 이는 새로이 행해야 할 예배의 의식이나 아니라, 새로운 제사의 목록과 같은 것이 아니라, 예수님께서 섬기시며, 죽으시고, 다시 부활하심을 통해 행하신 구원과 대속의 사역이 새로운 예배라는 것입니다. 그러므로, 예수 그리스도는 새로운 예전이자 최고의 사역자이십니다. 예수님과, 예수님께서 하신 화목케 하시는 일들은 옛 예식에 존재하던 모든 것의 부족함을 채우고 대체하는 것입니다.

여러분은 어떻게 이런 모든 것들이 예배를 송두리째 뒤바꿔 놓으며, 많은 옛날 용어들의 의미를 바꿀 수 있는지 볼 수 있습니다. 요한복음

1장 14절에 따르면 예수 그리스도는 '새로운 성전'이십니다. 요한복음 1장 51절에서 말씀하시기를, 예수님은 하나님의 집인 '새 벧엘'이시며, 천사들이 오르내리는 곳이며 하나님이 거하시는 곳입니다. 요한복음 2장에서는 예수님을 '새로운 성전'이라 칭하고 있습니다. 또한 빌립보서와 골로새서에서 말씀하시기를 예수님은 사람들을 하나님과의 언약의 관계로 이끄시기 위한 새로운 할례를 주시어, 그들이 예배자가 되도록 하십니다. 예수 그리스도는 참으로, 인류를 새롭게 하십니다.

그는 낙원에서 제사장의 역할을 수행하는 새 아담이십니다. 히브리서 4장 9절에서 말씀하시기를 예수께서는 우리에게 새로운 안식일을 주신다고 하셨습니다. 예수님께서는 새로운 유월절 양이십니다. 요한복음 1장 29절에 따르면 그는 세상의 죄를 지고 가는 하나님의 양이십니다. 그래서 그는 하나님께 드려진 자일, 하나님의 어린 양일뿐만 아니라 제사를 행하는 분이시기도 합니다. 그러므로 히브리서 4장 14절은 그를 새로운 대제사장이라 말씀하십니다. 본질적으로, 여러분은 오래 된 의식이나 제사, 심지어 오래된 기술적인 용어들을 볼 수 있고 그것들이 여전히 지금도 존재하고 있다는 것을 알 수 있습니다. 하지만, 이제 그것들은 모두 예수님에 관한 것이 되었습니다. 성막, 벧엘, 성전에 대한 지리적 용어는 이제 위치와 건물이 아니라 어느 한 사람에 관한 전기적인 용어가 되었습니다. 오래된 옛날 예배가 송두리째 변한 것입니다. 그리고 놀라운 것은, 이처럼 예수님이 하신 것과 예수님께서 어떤 분이신지 자체가 하나님께 영광을 드리는 것이며 인간들을 위한 것입니다. 예수님이 인간을 구원하실 때, 예수님은 하나님을 영광스럽게 하셨습니다.

그는 성경에서 말하듯이 본질적으로 모든 것이 되시는 분이시며 요한계시록 22장에서 말씀하듯 "알파이자 오메가이며, 처음이자 마지막, 시작이자 끝"이십니다. 우리가 예배에서 찾아야 할 모든 것은 예수 그리스도 안에서 그가 누구이고 무엇을 하셨는지를 통해 볼 수 있다는 것입니다. 이 말은 예배 안에서 예수님 전에 있었던 모든 일들이 예수님 안에서 완성되었다는 이야기입니다. 골로새서 2장에서 사도 바울이 이런 이야기를 하려는 부분이 있습니다. "그러므로", 그는 "여러분은 먹고 마시는 것이나 명절이나 매월 초하루나 안식일에 관해" 이것은 다양한 예배 방식에 대한 세부 사항들을 의미합니다. "아무도 여러분을 비판하지 못하게 하십시오. 이런 것들은 실체이신 그리스도를 가리키는 그림자에 불과합니다."라고 골로새의 그리스도인들을 권면합니다. 진심으로 본질적인 것, 예배가 실제로 속한 곳은 예수 그리스도라는 말입니다.

두 번째 요점입니다. 예수님이 누구신지 그리고 예수께서 하신 일들이 새로운 예전이자 새로운 예전주의자로 정의된다면, 우리가 가장 우선으로 해야 할 예배는 예수님 안에 있는 것이며, 예수 그리스도를 통해 살아가는 것입니다. 우리의 예배는 예수 그리스도와 분리되지 않아야 하며, 우리의 예배는 예수님이 하시는 일들과 예수님의 성품 안에서 발견되어야 합니다. 예수 그리스도는 새로운 예전이자 새로운 예전주의자이십니다. 우리가 예배에서 하는 것이 무엇이든 예수님으로부터 파생되어야 하며 예수님 안에서 찾을 수 있습니다. 그리고 이 예배는 우리가 주일에 모일 때 일어나는 것이 아니라, 매일 낮과 밤, 매 순간에 일어납니다.

로버트 태프트는 이렇게 요약합니다. "우리의 예전과 우리가 드리는 예배는 사람으로 오신 우리의 구원인 그리스도께 이끌리는 것이며 예수께서 우리에게 보여주셨던 것 같이 죄에 대해 죽고 그의 안에서 새로운 삶으로 부활하여 예수님의 삶을 살아가는 것입니다. 요컨대, 우리의 구원은 하나님의 영광이며, 예수님께서 우리에게 구원을 주시는 것이지, 우리가 그분께 드리는 것이 아닙니다. 예수님은 하나님의 영이 우리 가운데 거하고 교회 안에서 역사하시도록 하여 이 모든 것을 가능케 하십니다."

첫 문장을 자세히 보십시오. "우리의 예전과 우리가 드리는 예배"에 대해, 태프트는 명확한 정의를 내리기 위해 노력하고 있습니다. 사람들에게 이와 같은 질문을 하면 "음, 제 예배가 무엇인지 말씀드리겠습니다. 40분 동안 노래를 부르고 성경을 읽은 뒤 훌륭한 설교를 들은 뒤 구원에 대한 부르심의 시간을 가지고, 마무리 곡을 듣는 것입니다. 그것이 제 예배입니다." 이런 식으로 말할 사람이 많을 것입니다. 자, 잠시 멈춰 봅시다. 그렇죠. 예배를 이렇게 정의할 수도 있겠습니다만, 여기서 태프트는 더 근본적인 것, 즉 기독교인들이 드리는 진정한 기독교 예배라는 것은 우리가 그리스도 안에서 살아 있고, 그리스도로 인해 빚어지고, 십자가의 능력으로 인해 빚어져서 그의 부활의 능력으로 인해 새롭게 되는 것을 매일, 월요일부터 주일까지, 경험하고, 살아가는 것을 뜻한다고 이야기합니다. 이것이야말로 예전입니다. 그 다른 어떤 것보다도 이것이 예배입니다.

일부 신약성경 말씀을 생각해보면, 초기의 예배 용어나 예배의 분류가 어떻게 지금 현재 신실한 제자들이 예수님과 함께, 예수님 안에서 살아가는 삶에 적용이 되었는지에 대한 실마리가 보이기 시작합니다. 마가복음 10장에 말씀하시기를, 예수님께서 그들, 야고보와 요한, 세베대의 아들에게 "내가 마시는 컵을 마시고 내가 받은 침례로 침례를 받게 되리라"는 흥미로운 말씀이 있습니다. 단, 여기서 예수님은 성찬이나 침례의 성례 자체를 비유로써 표현하신 것은 아닙니다. 예수님께서 여기서 말씀하시는 것은 "너는 나와 닮아갈 것이다. 세상이 나를 거절하고 내가 고난을 받을 때, 이 모든 거절과 내가 감내할 고난 또한 너의 것이 될 것이다. 너 또한 이 컵에서 마시게 될 것이고 너 또한 이 침례를 받을 것이니 이는 곧 죽음이다."라는 것입니다. 로마서 12장을 한번 생각해 봅시다. 여기서 사도 바울은 제물과 희생에 대해 옛날에 사용된 언어를 사용하고 있습니다.

그가 기독교인의 삶이 어떤 모습이어야 하는지, 기독교 제자의 일상이 어떤 모습이어야 하는지 묘사하기 위해 이 오래된 예배 단어를 어떻게 사용하는지 주목해 주십시오. 바울은 로마서 12:1-2에서 "그러므로 형제들아 내가 하나님의 모든 자비하심으로 너희를 권하노니 너희 몸을 하나님이 기뻐하시는 거룩한 산 제물로 드리라 이는 너희가 드릴 영적 예배니라 너희는 이 세대를 본받지 말고 오직 마음을 새롭게 함으로 변화를 받아 하나님의 선하시고 기뻐하시고 온전하신 뜻이 무엇인지 분별하도록 하라"고 권면하고 있습니다. 모든 기독교인은 진실로 제사장이지만, 우리는 제물인 동물들을 다루지 않습니다. 그 대신, 우리는 우리 자신을 주님께 바치는데, 이것은 그리스도 안에서 살고, 그리스도를 통해 우리를 바침으로써 가능해집니다.

이와 같은 개념은 조금 더 확장될 수 있습니다. 베드로는 베드로전서 2장 4-5절, 그리고 9절에서 이 개념을 확장합니다. 여기서 베드로가 옛날에 사용되었던 예배 언어와 학술적인 예배의 분류를 사용하지만, 이것들은 예수님 안에 거하는 교회에게 적용되는 것을 주목하시기 바랍니다. "사람에게는 버린 바가 되었으나 하나님께는 택하심을 입은 보배로운 산 돌이신 예수께 나아가 너희도 산 돌 같이 신령한 집으로 세워지고 예수 그리스도로 말미암아 하나님이 기쁘게 받으실 신령한 제사를 드릴 거룩한 제사장이 될지니라"(벧전 2:4-5) "그러나 너희는 택하신 족속이요 왕 같은 제사장들이요 거룩한 나라요 그의 소유가 된 백성이니 이는 너희를 어두운 데서 불러 내어 그의 기이한 빛에 들어가게 하신 이의 아름다운 덕을 선포하게 하려 하심이라"(전 2:9) 참 놀라운 말씀이 아닙니까?

베드로가 말하는 것을 정리하자면 "이봐, 너희 기독교인들 잘 들어. 너희도 새로운 성전이야. 그것뿐만이 아니라, 너희 기독교인들은 새로운 제사장들이야. 너희들은 새로운 제사를 드리고 있어, 동물들이 아니라, 거룩한 삶에서 나오는 찬양의 제사 말이야. 이 모든 것은 기독교인들에게 가능한 일이고, 너희 삶 전체에 적용되는 일이야. 왜냐고? 예수님께서 먼저 예를 보이셨고 그의 삶을 통해 먼저 이렇게 행하셨기 때문이야. 예수님뿐만 아니라 우리에게도 적용되는 예배의 격변이 있다고"라는 것입니다.

다시 되돌아가 간단히 요약하자면, 신약성경에 따르면 예수님의 대속 사역, 스스로를 바치신 것 그리고 하나님 아버지의 뜻에 대한 사랑의 순종이야말로 세상에 구원을 주면서도 하나님께 영광을 가져다주는 새로운 예배이자 궁극적인 예배 행위라는 것입니다. 두 번째로, 새로운 예배는 우리가 그리스도의 죽음과 부활의 일부가 되고, 우리의 삶 전체를 가지고 죽음에서 삶으로 이 구절을 살아가는 것입니다. 여기서의 핵심 요소는 예수 그리스도와 믿음을 통해 그에게 속한 사람들 사이의 본질적 하나됨이며, 이 하나됨은 단순히 형식적이거나 의례적인 것이 아니라 우리가 예수님께 기름을 부으신 같은 성령님으로 충만하기 때문에 삶의 모든 차원에서 표현되는 하나됨이라는 것입니다.

저는 저희 감리교 교단의 창시자 존 웨슬리가 교회와 예수 그리스도 사이, 적극적인 제자의 삶과 그 희생 사이, 즉 매일 십자가를 지는 우리의 삶과 예수님의 희생 사이의 긴밀한 하나됨을 표현하고 있는 이 구절이 마음에 듭니다. 웨슬리가 쓴 글은 이와 같습니다. "때때로 교회와 예수님은 하나로 표현되기도 할 정도로 예수 그리스도는 교회가 없으면 아무 것도 하지 않으십니다. 교회는 그 약한 구성원들에게 가능한 방법으로, 머리 되신 예수님의 발자취와 모든 고난에 참여합니다. 그리스도는 그가 위하시는 사람들이 없이는 사람들을 위해 자기 자신을 바치도록 된 것이 아닙니다."

이제 요약하자면, 이것은 예수님의 대속의 사역과 예수님의 죽음에서 삶에 이르는 발자취이며 이것이야말로 하나님께 영광을 돌리는 것입니다. 기독교 예배란, 예수님의 사역의 삶에서의 충만함이요, 하나님 아버지의 영광을 위한 것이요, 하나님 아버지의 영광에 그리스도와 함께 장사 지낸 바 되고 숨겨진 우리 삶의 충만함입니다. 우리의 삶 전체가 그리스도께서 과거에 드리셨고, 천국에서 드리고 계시는 예배의 일부가 되는 것입니다.

세 번째. 우리가 실제로 '예배'라고 부르는 이 행사를 위해 모였을 때, 예배가 무엇인지 그리고 그 외 다른 것들이 무엇인지를 다루겠습니다. 우리가 '예배'를 드리기 위해 모이는 시간들은 더 큰 현실을 표현할 수 있는 응축된 기회들입니다.

제가 말한 것처럼 교회 예배나 예배를 드리는 것의 1단계는 우리의 일상과 같이 우리의 십자가를 들고 예수님을 쫓아 성령으로 충만해져서 삶의 새로움 속에서 걷게 되는 것입니다. 교회 예배 그리고 예배를 드리는 것의 두 번째 단계는 공통된 예배 방식을 통해 모인 후 현실을 표현하는 것입니다. 미국에는 "동일한 동전의 다른 면"이란 말이 있습니다. 이 말은 동전의 한쪽이나 다른 쪽을 볼 수 있지만 그 동전의 가치 자체는 같습니다. 보이는 모양은 다르지만 같은 것이란 말입니다. 이것이 우리가 여기서 이야기하고 있는 것입니다. 죽음에서 삶으로 가는 예수님의 예배에 대한 우리의 참여는 우리의 삶을 하루하루 충실하게 살아감과 동시에 한 가지의 모습을 하고 있습니다. 우리가 삶을 통한 예배를 드리는 것은 일요일에 공동체로 모이고, 특정한 예배 활동이나 특정한 것을 이야기하기 위한 그런 '모임'과는 사뭇 다른 형태를 띠고 있습니다. 그러나, 이것은 서로 다르지는 않습니다. 같은 것의 다른 관점이거나 다른 측면인 것입니다.

이것이 우리가 모든 고전적, 역사적 기독교 예배를 살펴보았을 때, 이 모든 예배들이 그 핵심으로서 그리스도의 죽음과 부활을 다루는 이유입니다. 모든 형태의 역사적 기독교 예배가 예수 그리스도의 죽음과 부활에 깊이 매료되었고, 이에 대해 끝없이 이야기합니다. 왜냐하면, 이것이 기독교 예배의 중심이기 때문입니다. 바울은 고린도전서 15장에서 그 또한 모든 고전적이고 역사적인 형태의 예배가 하는 것과 같은 것을 강조한다고 언급합니다.

바울은 "형제들아 내가 너희에게 전한 복음을 너희에게 알게 하노니 이는 너희가 받은 것이요 또 그 가운데 선 것이라 너희가 만일 내가 전한 그 말을 굳게 지키고 헛되이 믿지 아니하였으면 그로 말미암아 구원을 받으리라 내가 받은 것을 먼저 너희에게 전하였노니 이는 성경대로 그리스도께서 우리 죄를 위하여 죽으시고 장사 지낸 바 되셨다가 성경대로 사흘 만에 다시 살아나사"(고전 15:1-4)라고 기록하고 있습니다. 그리스도의 죽으심과 부활하심은 예수님이 하신 수많은 일 중 단 두 가지 사건에 불과한 것이 아닙니다. 예수께서 하나님의 영광과 인류의 구원을 위해 행하고 경험하신 모든 것의 가장 중심에 그의 죽음과 그의 부활이 있는 것입니다.

따라서 기독교 예배의 모든 역사적, 고전적 형태는 죄에 대한 죽음을 거쳐 간 기독교 예배자들이 실제로 성령님을 통해 세상의 방식에서 삶의 거듭남으로 변화하는 것을 경험한 것으로 가정합니다. 이것이 예배를 드리는 교회들에 대한 가장 중요한 가정입니다. 모든 고전적이고 역사적인 형태의 예배는 기독교인들이 다시 태어났고, 새롭게 지으심을 받았으며, 죄와 세상에 대해 죽었으며, 그들의 삶은 이제 하나님 안의 그리스도와 함께 숨겨져 있으며 성령께서 그들을 충만케 하셨고 그리스도 안에서 하나님의 부활하신 능력으로 침례를 통해 이 모든 것을 경험했다고 가정합니다.

사도 바울이 우리가 그리스도의 죽음 즉 그리스도의 고난에 참여할 필요성을 이야기하는 로마서 8장의 이 구절을 봅시다. 저는 이 말씀과 더불어 로마서 6장에서 바울이 침례를 통해 그리스도와 함께 장사된 바 되었다 말하는 말씀도 추가할 수 있는데, 로마서 8장 17절에 "자녀이면 또한 상속자 곧 하나님의 상속자요 그리스도와 함께 한 상속자니 우리가 그와 함께 영광을 받기 위하여 고난도 함께 받아야 할 것이니라"라고 말씀하십니다.

이 구절의 첫 부분을 실천하지 못한 것 즉 태도와 실천, 두 측면에서 실제로 그리스도와 함께 죄에 대해 죽은 자 되지 못한 것이 고린도교회에서 잘못한 것입니다. 우리는 고린도전서 11장, 12장, 14장에서 그것을 볼 수 있습니다. 고린도교회의 성도들은 여전히 매우 자기중심적이고, 스스로에게만 이익이 되는 기독교인들이었습니다. 그들은 교회의 다른 구성원들에게 신경 쓰지 않았습니다. 고린도교회 성도들의 행동은 그들 자신을 높이며, 그들 자신에게 이익이 되었을지 모르지만, 전체 사람들에게 유익이 되지는 않았습니다. 그들은 다른 사람들의 유익을 위해 그들 자신의 이익을 기꺼이 내려놓지 않았습니다. 그들은 정말로 죄에 대해 죽지 않았고 그들은 하나님과 동등하시나 하나님과 자신을 같게 여기지 않고 자신을 비우시고 종의 형태로 자신을 낮추신 예수님의 예배에 진정으로 동참하지 않았습니다. 세상에 대해서뿐만 아니라, 다른 기독교인과의 관계에서도 종의 모습이 되어 섬김의 삶을 실천하는 것이 모여서 드리는 예배의 바탕이 되는 기독교 제자도적 예전의 기초입니다.

　네 번째, 그러므로 그리스도 안에서 또한 그리스도를 통한 진정한 예배는 사람들의 상호작용입니다. 예배는 어떤 것이나 사물에 관한 것이 아닙니다. 긴 시간동안 찬양을 하거나, 성경과 같은 신성한 물품을 다루는 것도 아닙니다. 우선, 예배는 인간과 인간 간의 상호작용입니다. 예수님의 사역과 활동을 예전으로서 그리고 예전주의자로서의 예수님을 강조하는 것은 예수님의 핵심적인 관계 즉 예수님과 성삼위의 제 일위이신 아버지 하나님과의 관계에 주목하는 것입니다. 그런 면에서 기독교 예배자들이 예수 그리스도와 또는 그리스도의 몸된 교회를 이루는 사람들과 관계를 맺고 연합하는 것은 기독교 예배가 무엇인지 이해하는 데 필수적입니다.

　신약성경에 언급된 예배의 이런 본질이 실제 예배의 행위와 예배에 대한 배경이 됩니다. 우리는 예배에서 이것저것 할 것이고 정기적으로 예배를 드릴 것입니다. 우리의 예배 가운데 어떤 특정 물건들이 있을 것입니다. 하지만 이 모든 것들은 예배에 참여하는 사람들의 적절한 관계 안에서 예배의 맥락을 찾을 수 있습니다. 진정한 기독교 예배는, 침례를 위한 물이나 성찬을 위한 음식 같은 것 등 반복되는 의식과 사물의 사용이 수반되겠지만 새로운 의식이나 관행 같은 것이 아닙니다.

따라서 기독교 예배는 단순히 하나님께 다가가기 위해 의식을 바르게 행하고 사물을 바르게 다루는 것에 한정된 종교가 아닙니다. 기독교 예배는 무엇보다도 사람과 사람 사이에, 사람 안에 존재하는 현실에 관한 것입니다. 그 중 구체적인 현실 중 첫째는 예수 그리스도가 성령의 능력으로 말미암아 하나님의 영광을 위해 그리고 인간들의 유익을 위해 죽음에서 생명으로 옮겨 가신 것입니다.

둘째 구체적인 현실은 우리 삶의 모든 차원에서 성령의 능력으로 죽음에서 삶으로 넘어가면서, 다시 한 번 우리가 믿음을 통해 하나님의 영광을 위해 그리고 다른 이들의 유익을 위해 그리스도와 연합하는 것입니다. 제가 때때로 예배에 대한 대중적인 자료를 읽을 때, '삶의 예배'를 옹호하는 것을 쉽게 찾아볼 수 있습니다. 저는 사실 완전히 그 '삶의 예배'에 대해 동의하고, '아멘'을 외칠 준비가 되어 있는데, 조금 더 지경을 넓혀 보고 싶습니다. '삶의 예배'란 예수님 안에서 우리가 발견되고, 예수님과 정말로 가까운 곳에서 함께하며, 성령에 너무도 충만하여 죽음에서 예수님 안의 새 삶으로 넘어온 것을 의미합니다.

죽음에서 삶으로 오는 것의 중심이 되는 것은 기독교 예배의 역사에서 침례와 성찬이 그토록 중요했던 이유이기도 합니다. 그 이유는 침례와 성찬을 통해 우리가 죽음에서 삶으로 오는 것을 상징적으로 경험할 수 있기 때문입니다. 침례와 성찬은 우리가 성령님을 통해 예수님과 더불어 살아있는 관계 안으로 들어갈 수 있게 해 줍니다. 또한, 침례와 성찬은 우리가 '예배'라고 부르는 것을 포함해 죽음에서 삶에 이르는 길이 모든 것의 중심이 된다는 것을 세상에 선포할 수 있게 해줍니다. 만약 기독교 예배의 이 신학이 사실이라면 우리가 얻을 수 있는 교훈은 무엇일까요? 그리고, 이와 같은 신학이 우리의 예배를 어떻게 다르게 할까요? 저는 몇 가지 질문을 통해 그 답을 찾고자 합니다.

첫째, 실제로 매주 드리는 예배의 내용을 가지고 이렇게 자문해보시면 좋겠습니다. "우리가 예배에서 말하는 것들 중 죽음과 부활이 중심이 되는 것은 무엇인가?" "예수님의 죽음과 부활이 모든 것을 이해하는 열쇠로서 묘사되고 있는가?" 아시다시피, 놀랍게도 제가 예배를 드릴 때, 이따금씩 예배에서 예수님께서 돌아가시고 다시 부활하셨다는 것에 대한 이야기를 하지 않을 것입니다. 아니면, 예수님의 죽음과 부활에 대한 이야기를 한다고 하더라도, 아주 지엽적으로 예배 말미에 이야기하거나, 아니면 매우 빠르게 이야기하고 넘어가는 일도 있을 것입니다. 그와 정 반대로, 1세기 사도들 중 한 사람이 이끄는 예배는 어땠을지 상상해보겠습니다. 예를 들어 사도 베드로가 이끄는 예배를 우리가 드리고 있다고 가정한다면, 예수님께서 십자가에 못 박히시고 죽은 자 가운데서 하나님의 능력으로 다시 살아나셨다는 사실을 예배를 통해 상기시키는데 얼마나 걸렸을까요? 사도들이 쓰는 서신에 예수님의 죽으심과 부활하심이 얼마나 빠르게 등장하는지를 안다면 예배에서도 전혀 오래 걸리지 않았을 것입니다.

둘째로 우리가 얻을 수 있는 교훈은, 그리스도의 죽음과 부활에 대해 이야기할 때, 그리스도의 죽음과 부활은 과거의 먼 사건으로 그려지는지, 아니면 성령께서 우리 또한 지금 참여할 수 있게 해주시는 것으로 그려지는지를 한 번 따져 보시기 바랍니다. 우리는 역동적인 시간 감각이 필요합니다. 2천년이라는 시간을 초월해 그리스도의 죽음을 기억할 수 있는 것뿐만 아니라, 우리가 침례를 통해 그리스도와 함께 "묻힌다면", 그리스도의 죽음은 바로 우리 앞에 있는 것이나 마찬가지입니다.

우리는 그리스도의 죽음으로부터 2천년이라는 시간과 여러 나라라는 공간적인 제한으로 분리되어 있는 것은 아닙니다. 그리스도의 죽음은 바로 우리 앞에 있습니다. 다시 말하지만, 저희 교단에서는 때때로 이 사실에 대해 말할 때 사용할 수 있는 멋진 방법이 하나 있는데, 한 예로 감리교의 다른 창시자 찰스 웨슬리가 예수님의 죽음에 대해 묵상했던 어떤 성찬식 찬송가입니다. 웨슬리는 찬송가의 가사에서 "예수의 피는 여전히 따뜻하고 상처는 여전히 열려 있다."고 말했습니다. 이처럼 그리스도의 죽음이 현재 우리에게 있어 어떻게 현실일 수 있는지 생생하게 이야기하는 방식들이 존재합니다.

그리고 그 찬송가는 이렇게 진행됩니다. "그리고 우리는 그 보혈로 덮여 있네." 그것은 비록 그가 문자 그대로 경험한 것은 아니지만, 우리가 그리스도의 죽음과 부활에 참여하며 그에 이끌린다는 것을 표현하는 찰스 웨슬리의 방식입니다. 우리는 사실 십자가에 못 박히지 않습니다. 그러나 예수님을 믿는 믿음으로 죄에 대해 죽고자하는 우리의 의지는 예수 그리스도의 십자가에 참여하는 죽음입니다.

세 번째 질문은 이것입니다. 예배를 드리러 오는 사람들은 실제로 성령님의 능력으로 말미암아 죄에 대해 죽고 새로운 삶을 살아가고 있습니까? 이것은 그리스도인으로서 빚어지는 것과 예배에 대한 '준비'에 관한 질문입니다. 예배자들이 실제로 일요일 아침에 올 때 우리는 어떻게 그들을 위해 준비했을까요? 만약 평생을 자기중심적이고 죄 된 방식으로 살아왔다면 제대로 그리스도인으로서 빚어지지 않았을 것입니다. 그렇다면 그들은 기독교 예배의 본질인 충분한 감사와 참여를 할 준비가 되어 있지 않습니다.

네 번째로, 이 질문은 관계에 관한 질문입니다. 우리는 부활하신 그리스도의 특성인 사랑의 중심성을 반영하는 방식으로, 예배자로서 서로 관계를 맺습니까? 제가 생각하는 '거듭난 삶'의 핵심은 부활하신 그리스도의 본질과 성품이신 사랑에 참여하는 것입니다. 고린도전서 13장에서 사랑을 묘사하는 방식을 보면 이것이 예수 그리스도라는 분을 묘사하는 것임을 잘 알 수 있을 것입니다. 이것이 예배에 참여하는 진정한 의미입니다.

5. 예수님을 완전한 인간이자 완전한 신으로 여길 때의 예배 신학에 대해 말씀해 주십시오.

예배 신학의 기초로서 사용될 수 있는 예수님을 완전히 신이면서, 완전한 인간으로 여김으로써 예배의 신학을 창조하는 것에 대해 이야기하겠습니다. 고전적인 신학의 문장이 하나 있는데, 제가 이것을 제가 각색해 보겠습니다. "성부의 말씀이신 성자는 영원하신, 지극히 영원하신 성부로부터 나셨으며 성부와 함께 하나의 본질을 가지며, 복되신 동정녀의 태에서 여인의 본질대로 인간의 본성을 가지셨다. 그리하여 두 가지의 온전하고 완전한 본질들, 즉 신성(神性)과 인성(人性)은 한 위격 안에 함께 참여하며 결코 나뉘지 않는다. 그러므로 한 분이신 그리스도는 참 하나님이시며 참 인간이시다. 그분은 당신의 성부와 우리들의 화해를 위하여 실제로 고난을 받으시고 십자가에 달려서 죽으셨고 묻히셨으며, 원죄뿐만 아니라 인간의 실제로 짓는 죄를 위하여 희생제물이 되셨다."

다음으로 넘어가기 전에 몇 가지 더 이야기해보겠습니다. 첫째, 마리아를 통한 예수의 출생으로 예수의 성육신에는 두 가지의 완전하고 완벽한 본성이 있었습니다. 이 말은 즉 신성과 인성은 예수님이라는 한 사람에게 결합되어 절대 분열되지 않을 것이라는 것입니다. 이것을 간단히 표현하면, 예수님은 완전한 인간이고 완전히 하나님이시라는 것입니다. 우리 사이에서 살아가시며, 사역을 하시고, 심지어 십자가에서 죽으셨던 분은 완전한 인성과 신성을 지니신 분이었고, 그 모든 것들을 경험하시고 행하신 분은 완전히 신이시며 완전히 인간이셨습니다.

제 첫 번째 요점에 대해 자세히 이야기해보겠습니다. 앞의 고전 신조에서 그리고 예수님의 승천으로 인해 생길 수 있는 문제에 대해 이야기해보겠습니다. 인간이 된다는 것은 몸을 가지게 된다는 것임을 기억해주시기 바랍니다. 예수님께서 이 땅에 계실 때, 사람들은 그들의 인간성을 통해 그리고 그들의 몸과 예수님의 몸, 예수님의 실제 '육체'를 통해 예수님과 교감했습니다. 예수님은 사람들에게 여러 가지 말씀을 하셨습니다. 사람들에게 말씀하시려면 육체가 필요합니다. 예수님께서는 사람들을 만지셨고, 예수님께서는 사람들을 먹이셨습니다. 예수님은 사람들의 발을 씻기셨고, 심지어 사람들을 치료하시기 위해 침을 뱉기도 했습니다. 그리고 예수님께서는 그 몸으로 모진 고문을 받으셨고, 피를 흘리셨고, 우리를 구원하기 위해 죽으셨습니다.

제가 말씀드린 바와 같이, 예수님의 몸은 예수님께서 사람들과 어떻게 상호작용을 하고, 어떻게 사람들을 구원하느냐에 있어 매우 중요했습니다. 좀 더 간단하게 설명하자면, 예수님의 사역과 예수님의 처음 30년 동안 그 사역을 통해 우리가 얻은 유익은 예수님과 예수님이 사역하셨던 사람들 그리고 예수님과 함께 사역했던 사람들과의 상호작용과 우리 몸의 접촉과 관련이 있습니다.

예수님께서 이 땅에 계실 때, 예수님의 몸은 그가 하나님을 찬양하고 하나님께 영광을 돌리는 방법의 일부였습니다. 이 사실은 이 중요한 신학적 믿음에서 파생된 두 번째 종류의 내용입니다. 예수님은 내면에서만 예배를 드리지 않았습니다. 그가 어떻게 자신의 몸을 다루는지 그리고 그 몸에 무슨 일이 일어났는지를 포함한 예수님의 삶 전체가 하나님을 찬양하고 영광을 돌리는 것이었습니다. 그리고 그러한 예배의 순간순간마다, 예수님의 몸은 그의 자세, 말, 기도함 모두에 있어 적극적으로 예배에 참여하고 있었습니다.

하지만 잠재적인 문제의 근원은, 승천 이후 예수님의 육신은 더 이상 지구에 있지 않다는 것입니다. 부활하신 지 40일 만에 인간의 몸을 입고 오신 예수님은 하늘로 올라갔습니다. 이것이 '승천'입니다. 그렇다면, 이 질문들에 대해 생각해보겠습니다. 만일 예수님의 육신이 우리가 예수님과 어떻게 교감하고, 예수님의 존재를 경험하는 데에 있어 중요하다면 뭔가 잘못된 것일까요? 만일 우리가 예수님의 구원과 대속 사역을 어떻게 경험했는가에 대해 예수님의 육신이 중요했다면 예수님의 승천은 문제를 일으키는 것일까요? 예수님께서 하나님을 경배하고 영광을 돌리는 데에 있어 예수님의 육신이 중요했다면 승천은 문제가 될 여지가 있는 것일까요? 잠재적으로 문제가 될 수 있는 또 다른 부분이 있습니다. 예수님의 육체는 더 이상 지구에 있지 않는데 어떻게 우리가 육신을 입으신 그의 몸과 어떻게 상호작용을 할 수 있을까요? 더 이상 여기 있지 않은 예수님의 육신이 어떻게 움직이고, 어떻게 우리가 예배해야 한다는 것을 보여주실 수 있는 것일까요?

예전에 살았던 한 기독교인이 이 잠재적 문제에 대해 이렇게 얘기한 바 있습니다. 이 사람은 약 200년 전에 미국 뉴욕에 살았던 감리교 신자인데, 그는 그의 자서전에 이렇게 썼습니다. "나는 그리스도께서 성육신하신 시대에 살지 않았다는 사실 때문에 자주 울었다. 그 시절에 내가 살았더라면 예수님께서 아이들을 품 안에 안으시고 축복하셨을 때, 나 또한 예수님 발밑에 엎드려 축복을 빌었을 수도 있었을 것이다"

두 번째 문단에서, 이 감리교 저자인 키스는 이야기합니다. "나는 하나님의 아들이 인간의 육신을 입고 지구에 오신 동안 진정한 마음으로 그에게 다가온 사람들을 구원할 힘이 있으신 분이라고 생각했다. 그러나 이제 죄 많은 우리가 어떻게 하나님의 은혜를 입는지는 감히 내가 알 수도 이해할 수도 없다." 이 분은 200년 전 살았던 감리교 신자인 윌리엄 키스(William Keith)고, 그는 예수님의 승천이 갖는 잠재적인 문제와 계속해서 씨름하고 있었습니다. "예수님께서 이 세상에서 거니시는 동안 축복을 받고 싶었다면 와서 예수님께 나아가면 됐다. 병 고침을 구한다면, 예수님께서 지나가시기를 기다렸다가 "다윗의 자손이여, 저를 불쌍히 여기소서"라고 말하면 됐다."

"의사들조차 치료할 수 없는 병이 있었다면, 예수님의 뒤로 몰래 가서 그 옷자락을 만지면 되었다. 만약 여러분이 죄의 사함을 받고자 했다면, 친구 몇 명이 여러분의 누운 자리를 지붕을 뚫고 그대로 내려, 여러분을 예수님 발밑에 두어 예수님이 여러분께 말씀하시도록 하면 됐다. 여러분의 눈이 정화되어 볼 수 있도록 하려면, 예수님께서 땅에 침을 뱉어 진흙을 만든 뒤 여러분의 눈에 바르시도록 하면 됐다. 여러분이 죽은 자 가운데서 살아나서 어머니를 다시 보고자 했다면, 예수님께서 오시게 하여 여러분을 만지셔서 죽은 자 가운데서 일어나게 하면 됐던 것이다."

그러나 이제 그런 일들이 어떻게 일어날 수 있겠습니까? 이와 같은 문제는 승천 이후로 생겨버린 문제입니다. 키스는 자서전에서 이 문제와 씨름했습니다. 어떻게 그가 지금 예수 그리스도로부터 구원과 축복을 받을 수 있었을까요? 어떻게 그는 예수님이 승천한 이래로 그리스도를 하나님 아버지의 궁극적인 예배자로 볼 수 있었을까요?

이러한 것들을 잠재적인 문제로 만드는 고전적인 신학적 믿음의 근본적인 측면들을 기억해주시기 바랍니다. 특히, 그리스도의 신성과 인간의 본성은 결코 분열되어서는 안 된다는 것을 기억하셔야합니다. 부활 이후에 예수님은 인간이자 신이셨다가 갑자기 신이기만 한 존재로 돌아가신 것은 아닙니다. 부활은 그리스도 안에서 그의 인간성과 신성을 통합시켰습니다. 그러므로, 이 현실, 즉 그리스도의 완전한 인성과 신성은 영원히 지속되고 있습니다. 그러므로, 우리의 육신과 예수님의 육신은 우리가 그리스도를 어떻게 경험하는지에 있어 여전히 중요한 것처럼 보일 것입니다. 하지만 예수님의 육신은 승천 이후로 더 이 땅에 계시지 않습니다. 예수님의 육체가 승천을 통해 지상에서 떠나신 것은 문제를 야기하는 것처럼 보일 수 있습니다.

두 번째. 이 문제는 실제 문제가 아니라, 잠재적 문제일 뿐이고, 해결책이 있는 문제입니다. 만일 아직도 이 땅에 예수님의 육체가 있었다면 어떨까요? 그리고 만일, 교회가 예수님의 몸이라면 어떤가요? 여러분은 이것에서 제가 말하고자 하는 예배의 신학이 무엇인지 알 수 있으실 것입니다. 우리는 그리스도의 몸된 교회로서의 역할을 진지하게 감당해야 합니다. 종종 우리는 그저 예배로 나아갈 수 있고, 우리는 예배를 혼자 드리는 것으로 생각합니다. 그리고 교회는 단지 예배를 드리는 '장소'이거나, 우리를 모두 예배로 모이도록 한 '기관'에 지나지 않는다고 생각합니다. 그러나 교회라는 집단 자체가 좀 전에 언급한 잠재적 문제를 해결하는 데 도움이 된다면 어떨까요?

교회가 그리스도의 몸이라는 것을 기억하십시오. 이 사실을 말씀해 주시는 말씀이 여러 곳 있는데, 그 이유는 사도 바울은 교회에 대해 이렇게 이야기하는 것을 매우 좋아하기 때문입니다. 로마서 12장 5절을 기억해 봅시다. "이와 같이 우리 많은 사람이 그리스도 안에서 한 몸이 되어 서로 지체가 되었느니라"(롬 12:5) 혹은, 고린도전서 12장 27절 "너희는 그리스도의 몸이요 지체의 각 부분이라"라는 말씀, 혹은 골로새서 1장 24절에 매우 설득력 있는 말씀이 있는데, 여기서 바울은 "나는 이제 너희를 위하여 받는 괴로움을 기뻐하고 그리스도의 남은 고난을 그의 몸된 교회를 위하여 내 육체에 채우노라"고 이야기합니다. 그러므로 우리 마음속에 그리스도의 몸 된 교회로서의 이 정체성을 확고히 가집시다. 그리고 이 정체성의 잠재력에 대해 감사하는 마음을 가집시다. 교회는 그리스도의 몸이며, 이 사실은 현실이며, 관념이 아니라 현실적으로 우리가 서로의 지체가 되어 줍니다. 그래서 우리가 주일, 그리스도의 몸이 부활한 날에 모여 그리스도의 몸, 즉 예배하는 교회가 되려고 할 때, 이 '현실'은 실제로 무엇이 일어나는지에 대해 매우 중요합니다.

특히 그리스도와 교회 간의 하나 됨과 더불어, 어떻게 예수님의 몸 된 교회가 모든 차원 가운데 예수께서 이 땅위에서 계속해 그의 사역을 이어나갈 수 있는 곳이 되는지를 강조하는 것이 굉장히 중요합니다. 그리고 우리가 이미 그리스도의 사역을 하나님 아버지께 영광을 드리고 사람들에게 유익이 되는 예수님의 예배로 묘사했다는 것을 기억하시기 바랍니다.

사도행전 9장은 바울이 자신의 신학을 정립한 곳입니다. 사도 바울은 땅에 쓰러져 "사울아, 사울아, 왜 나를 핍박하느냐"는 목소리를 들었습니다. 그 목소리를 들은 그가 물었습니다. "당신은 누구이십니까?" 그러자 답이 들려왔습니다. "나는 네가 핍박하는 예수다."

다만 주목할 것은 원래 이름이었던 사울이나 바울이 사도행전 9장 시점에서는 예수를 박해하지 않았다는 것, 그러나 그가 교회를 박해하고 교인들을 감옥으로 끌고 가고 학대했다는 것입니다. 하지만 주목하셔야 할 것은 예수님 자신의 관점인데, 예수님의 관점에서는 그와 예수님의 제자들 사이에는 너무도 명확한 하나 됨이 있었기 때문에 예수님께서는 바울이 교회를 핍박하는 것을 그 자신인 예수에 대한 박해로 해석하셨단 것입니다.

사도행전 전체가 그리스도와 교회 사이 기본적인 하나됨을 가정하고 시작하는 흥미로운 방식을 주목해주십시오. 사도행전 1장 1-2절은 이렇게 시작합니다. "데오빌로여 내가 먼저 쓴 글에는 무릇 예수께서 행하시며 가르치시기를 시작하심부터 그가 택하신 사도들에게 성령으로 명하시고 승천하신 날까지의 일을 기록하였노라" 따라서 누가가 쓴 두 번째 책, 즉 사도행전에서 시사하는 바는 예수님께서 계속해서 하시는 일에 관한 것이 될 것이라는 것입니다.

사도행전은 사도들을 통해 현재 진행 중인 예수님의 사역에 관한 글입니다. 이 책을 단순히 사도들이 한 것을 기록하는 책으로만 보는 것이 아니라 사도들을 통해, 교회를 통해 행해진 부활하신 예수 그리스도의 사역이라 생각하셔야합니다. 사도행전을 통해, 교회를 통해 행해진 부활하신 예수 그리스도의 행위로 생각하십시오. 이제, 교회의 삶 속에서 예수님은 계속해서 사역을 하시며, 가르치고 계십니다.

세 번째 요점을 말씀드리겠습니다. 그리스도는 여전히 지구상에서 육신의 사역을 계속하고 계시는데, 예수님께서는 비육체적 사역뿐만 아니라 여전히 물리적인 육체, 즉 현실로 구현된 사역을 계속하고 계십니다. 육체에 있는 그리스도의 사역은 하나님께, 그리고 우리에게 하시는 사역이기도 합니다. 예수 그리스도의 사역은 계속되고 있고 그것은 여전히 하나님께는 예배이며 우리에게는 대속의 사역을 하고 계십니다. 예수님의 사역은 하나님의 영광을 위해 드려졌으며 인간에게는 유익이 됩니다. 또한, 교회 안의 그리스도의 사역은 우리 자신들과 다른 사람들에게 대속적입니다.

이것을 설교라고 생각해보겠습니다. 예수님께서 사람의 말인 설교를 통해 말씀하시지 않는다면 인간의 설교가 누구를 구원할 수 있겠습니까? 단지 우리가 하는 말이라면 절대 아무도 구원할 수 없지만, 만일 예수님께서 우리를 통해 그리고 우리 안에서 이야기하고 계시다면 이 설교는 효과적으로 구원을 가져다 줄 수 있습니다. 둘째로, 예수님의 사역은 하나님에 대한 예배로, 교회의 형태로 우리 안에 내재되어 있기에 찬양과 하나님께 영광을 드리는 것과 기도를 포함합니다.

앞서 우리가 그리스도께 기도하는 것은 하나님께 기도하는 것이고, 예수님께서는 하늘에서 우리를 위해 제사장으로서 기도하시며, 그리고 그리스도께서는 우리의 머리로서 우리 안에서 기도하신다 했던 어거스틴의 말을 기억하실 것입니다. 우리는 그 개념을 확장해 그리스도께서 우리 안에서 노래하신다고 말할 수 있습니다. 그리스도는 우리 안에서 하나님께 영광을 돌리시며 그리스도께서는 우리 안에서 복음을 전하십니다. 예수님의 육신의 사역은 교회가 예수님의 몸 된 교회로서 예수님과 하나가 되었기 때문이며, 그에게 기름 부어주시고 성령으로 충만해졌기 때문에 이 세상에서도 계속됩니다.

이것이 윌리엄 키스의 고민에 대한 대답이며 그는 자서전의 뒷부분에서 이 답을 찾습니다. 그가 예수님이 승천하신 후에도 여전히 예수님으로부터 축복을 받을 수 있는 방법은 예배하는 충실한 교회라는 것입니다. 그가 쓴 말을 기억합니다. "나는 그리스도께서 성육신하신 시대에 살지 않았다는 사실 때문에 자주 울었다. 그 시절에 내가 살았더라면 예수님께서 아이들을 품 안에 안으시고 축복하셨을 때, 나 또한 예수님 발밑에 엎드려 축복을 빌었을 수도 있었을 텐데." 또한, 그는 이렇게도 말했습니다. "나는 하나님의 아들이 인간의 육신을 입고 지구에 오신 동안, 진정한 마음으로 그에게 다가온 사람들을 구원할 힘이 있으신 분이라고 생각했다. 그러나 이제 죄 많은 우리가 어떻게 하나님의 은혜를 입는지는 감히 내가 알 수도 이해할 수도 없다."

어떻게 이제 아이들이 안수를 받고 하나님께 축복을 받을 수 있을까요? 어떻게 예수님의 손길이 닿을 수 있을까요? 예수님이 교회 안에서 그리고 교회를 통해 일하시는 덕분에 지금도 그런 일이 일어날 수 있습니다. 윌리엄 키스는 이 사실을 이해했습니다. 그래서 그의 자서전의 나머지 부분들은 그가 어떻게 신실하고, 사랑스럽고, 예배하는 교회를 통해 그리스도를 만나는지 묘사하고 있습니다. 이것의 잠재력에 대해, 우리가 만약 우리가 그리스도와 하나가 되어, 성령이 충만해져서 하나님께 영광을 드리기 위해 노력하고, 사람들에게 유익이 되기 위해, 그리고 다른 이들을 섬기기 위해 노력한다면 일요일 아침에 드리는 예배는 일차원적인 것이 아니라, 현재 진행 중인 예수 그리스도의 사역입니다. 그렇게 되면 교회 성소에서 일어나는 일에 대해 여러분이 깨달음을 얻을 것입니다.

그래서 저는 여러분에게 예배에 대한 새로운 정의를 제시하고자 합니다. 제가 오래 전에 한 교수님에게 배운 정의입니다. 교회의 예배는 "하나님 아버지 영광과 인류의 유익을 위해 현재 진행 중인 예수 그리스도의 춤과 노래"인 것입니다. 예수 그리스도는 승천하신 이후 은퇴하시지 않으셨습니다. 예수님은 그의 육신을 잃어버리지 않으셨습니다. 그는 여전히 움직이고 계십니다. 그는 여전히 사람들에게 사역을 하고 계십니다. 그는 여전히 하나님께 영광을 돌리시고 계십니다. 예수님께서는 하늘에서 직접 이 모든 일들을 하시고, 자신의 몸인 교회를 통해 지구상에서 이 일들을 계속 하십니다. 이 계속되는 노래와 춤은 그리스도의 몸이라는 교회를 물리적으로 구현함으로써 가능해집니다.

이 관점에서 고린도전서 12장, 특히 4-7절과 12-13절을 살펴봅시다.

사도바울은 여기서 이렇게 이야기합니다. "은사는 여러 가지나 성령은 같고 직분은 여러 가지나 주는 같으며 또 사역은 여러 가지나 모든 것을 모든 사람 가운데서 이루시는 하나님은 같으니 각 사람에게 성령을 나타내심은 유익하게 하려 하심이라"(고전 12:4-7) "몸은 하나인데 많은 지체가 있고 몸의 지체가 많으나 한 몸임과 같이 그리스도도 그러하니라 우리가 유대인이나 헬라인이나 종이나 자유인이나 다 한 성령으로 세례를 받아 한 몸이 되었고 또 다 한 성령을 마시게 하셨느니라"(고전 12:12-13)

이것은 사도 바울이 사람들에게 그리스도의 사역을 지속하기 위한 그리스도의 몸으로서의 교회를 강조하는 것입니다. 다양한 은사, 다양한 임무, 그리고 다양한 모든 사역들은 궁극적으로 그리스도의 것입니다. 이 모든 것들은 성령님께로부터 온 것이며, 주 예수 그리스도로부터 온 것이며, 그 아버지이신 하나님께로부터 온 것입니다. 바울은 그리스도께서 아버지 하나님께 영광 돌리시는 사역의 지속을 위해 그리스도의 몸 된 교회를 쉽게 강조할 수 있었을 것입니다.

그리스도가 이 땅위에서, 교회 안과 교회를 통해 계속해서 하시는 것은 '참된 예전'이십니다. 그것은 사람들의 유익을 위한 '자선 사업'이나 마찬가지입니다. 그리고 그것은 우리 하나님의 백성이 참여하며 하나님께 영광과 존귀를 가져다드리는 예배입니다. 우리가 예수님 안에 있기 때문에 그것은 우리의 일인 것입니다.

이와 같은 이해는 예배에 대한 두 번째 새로운 정의를 우리에게 제시하는데, 이것은 제 교수님이 아니라 5세기 시절의 설교자가 이야기한 것입니다. 이 설교자가 말하기를, "구원자 예수님 안에서 눈에 띄던 것이 성례전(sacrament)으로 넘어갔다"고 했습니다. 5세기의 맥락에서 이 말은 굉장히 범위가 넓은 말인데, 왜냐면 이 때 '성례전'이 어떤 것이 있는지 정립되지 않았고, 성례전이 그 당시엔 없었기 때문입니다. 그래서, 저는 이 말을 보통 이렇게 해석합니다. "구원자 예수님 안에서 눈에 띄던 것이 교회의 예배 생활로 넘어갔다"

이 말은 성례전의 정의를 넓히는 데 도움이 되는데, 이것을 조금 좁게 이해하면 침례와 성찬입니다. 성례전, 그 중 침례와 성찬은 받고 싶은 자들에게 주어지는 단순한 행위가 아닙니다. 무엇보다, 성례전은 예수님에 관한 것입니다. 완전히 하나님이시며 완전히 인간인 예수께서 그의 완전한 신성을 완전한 인간성으로 보여주시는 것, 이것이 제일 중요한 성례전입니다.

아니면 이렇게 말할 수도 있습니다. 성례전이 물리적, 육체적 형태로 구현된 하나님의 은혜, 자비, 그리고 힘이라면, 예수님이야말로 가장 중요한 성례전이십니다. 최근의 신학자 에드워드 쉴레벡스(Edward Schillebeeckx)는 이렇게 이야기합니다. "성례전은 겉으로 지각할 수 있는 형태로 그 구원을 가시적으로 나타나게 하는 신성한 구원의 길이며, 이는 역사적인 가시성 속에서 주어진 구원입니다. 하나님의 아들이신 예수님은 아버지 하나님 그 자신으로 인해 하나님의 인간성이 되어, 단 하나의 구원이 되셨습니다. 예수님의 동시대에 살던 사람들에게 예수님과 같은 사람을 접한다는 것은 삶을 주시는 하나님과의 개인적 만남에 대한 초대였습니다."

저는 또한 삶을 주시는 하나님과의 개인적 만남에 대한 초대로서, 예수님께서 여러분에게 개인적으로 다가와 주실 수 있다는 가능성이 여전히 사실이며, 이제는 그런 만남이 예수님의 몸 된 교회를 통해 나타난다고 말씀드리고 싶습니다. 예수님은 궁극적으로 가장 중요한 첫 번째 성례전이시며, 하나님의 은혜, 자비, 구원하시는 능력을 포함한 하나님의 나타나심입니다. 하나님이신 예수님은 이제 그의 몸 된 교회를 통해 나타나십니다.

이제 네 번째 요점은, 예수님의 사역에서 눈에 띄었던 것의 다차원적인 측면을 고려하는 것입니다. 사람들이 이 땅위에서 사역 중이신 예수님을 바라볼 때 무엇을 보았는지를 실제로 생각해보겠습니다. 예수님 안에서 보였던 눈에 띄는 것들이 교회 예배로 넘어갔다면 무엇이 눈에 띄었을까요? 예수님께서는 말씀을 전하시고, 가르치시고, 전도하셨습니다. 예수님은 입을 열어 말씀하심을 통해 기도하셨습니다. 예수님께서는 사람들을 만지시고 회복시키셨는데, 이는 예수님께서 육신의 고난을 받으심으로 말미암아 인간들을 구원하셨다는 것을 의미합니다. 예수님께서는 인간들을 사랑하셨고, 인간들에게 공감하셨습니다. 요약하면, 저는 "예수님께서는 말씀을 하셨고, 어루만지시며, 예수님은 사랑하시며 인간에 공감하셨습니다."라고 말하고 싶습니다. 이것이 구원자 예수님 안에서 보인 모습이었고, 그의 사역 안에서 보인 모습이었습니다. 이 세 가지 측면, 예수님의 말씀하심, 예수님께서 어루만지심, 예수님께서 사랑하심, 이것들이야 말로 교회의 예배에 옮겨진 예수님의 모습입니다.

그러므로, 사람들이 교회에서 그리스도를 만나는 세 가지 중요한 방법은 그리스도께서 지상의 사역 안에서 자신의 구원하시는 능력을 보여주시는 세 가지 중요한 방법과 연관이 있습니다. 예수님께서 말씀하셨기에 교회도 말합니다. 이는 말씀을 읽고, 말씀으로 설교하며, 기도하는 것은 우리의 성대를 사용하여 예수님께서 말씀하실 수 있는 기회라는 것입니다. 예수님께서 그의 손으로 만지셨기에 교회도 무언가 물건을 사용하고, 사람들을 어루만집니다. 서로에게 보여주는 사랑과 평화, 유대의 행동과 우리가 행하는 침례와 성찬은 예수님의 손길이 계속해서 뻗어나가는 것과 마찬가지입니다.

사람들을 어루만지는 것은 예수님이 그의 육신을 하나님께 바쳐 우리의 죄를 사하신 것의 연장입니다. 예수님께서는 사람들을 사랑하고, 사람들과 공감하셨고 그 모든 것에 능하셨습니다. 그렇기에 교회 또한 교회의 성도들을 사랑하고, 그들에게 공감하는 것입니다. 교회의 성도들이 서로를 아끼고 섬기는 사랑의 하나된 교제는 관계성과 사랑을 수반하기 때문에 예수 그리스도의 현재 진행 중인 '예배'의 춤과 노래인 것입니다.

그래서 예배하는 교회의 애정 어린 성도들 간의 관계는 예수님의 사랑이 있는 관계의 연속입니다. 이와 같은 접근은 고린도전서 13장을 예배에 연관 지어 볼 수 있게 하는데, 여기서 바울은 사랑은 오래 참으며, 사랑은 친절하며, 악한 것을 생각하지 않는다고 했습니다. 고린도전서 13장을 읽어보시고 이것이 예수님의 성품에 대한 얼마나 아름다운 묘사인지를 생각해보시기 바랍니다. 바울은 이와 같은 성품들이 교회로서 보여주어야 할 성품들이라고 합니다. "내가 사람의 방언과 천사의 말을 할지라도 사랑이 없으면 소리 나는 구리와 울리는 꽹과리가 되고 내가 예언하는 능력이 있어 모든 비밀과 모든 지식을 알고 또 산을 옮길 만한 모든 믿음이 있을지라도 사랑이 없으면 내가 아무 것도 아니요 내가 내게 있는 모든 것으로 구제하고 또 내 몸을 불사르게 내줄지라도 사랑이 없으면 내게 아무 유익이 없느니라 사랑은 오래 참고 사랑은 온유하며 시기하지 아니하며 사랑은 자랑하지 아니하며 교만하지 아니하며 무례히 행하지 아니하며 자기의 유익을 구하지 아니하며 성내지 아니하며 악한 것을 생각하지 아니하며 불의를 기뻐하지 아니하며 진리와 함께 기뻐하고 모든 것을 참으며 모든 것을 믿으며 모든 것을 바라며 모든 것을 견디느니라"(고전 13:1-7) 만일 이와 같은 것들이 예수님의 성품이 아니라면 대체 무엇이 예수님의 성품이라 할 수 있겠습니까? 이와 같은 것들이야말로 예수님께서 보여주시고자 하시는 것이고, 그분의 몸 된, 예배하는 교회에서 나타내시고자 하시는 성품입니다.

고린도전서 13장은 사도바울이 예배에 대해 이야기해 온 아주 긴 부분 중 하나에 속한다는 것을 기억해야합니다. 고린도전서 13장은 예배하는 교회에 관한 것입니다. 특히 분별에 있어, 그 중 하나님을 분별하고 볼 수 있게 되는 것에서 예배하는 교회에게 사랑의 가치에 대해 이야기하겠습니다. "누구도 하나님을 본 바 없었으며"로 시작되는 구절 두 가지에 대해 얘기해 보겠습니다. 이 구절은 신약 성경에서 두 번 나오는데, 처음은 요한복음 1장 그리고 그 다음엔 요한일서 4장 12절에서 등장합니다.

요한복음 1장 18절에서는 이렇게 말씀하십니다. "본래 하나님을 본 사람이 없으되 아버지 품 속에 있는 독생하신 하나님이 나타내셨느니라" 요한일서 4장에서 보이는 유사함에 주목하시되, 여기서 강조하는 것은 예수님과 하나 된 교회라는 것을 생각해보시기 바랍니다. "어느 때나 하나님을 본 사람이 없으되 만일 우리가 서로 사랑하면 하나님이 우리 안에 거하시고 그의 사랑이 우리 안에 온전히 이루어지느니라"(요일 4:12) 저는 여러분께 이것이야말로 예배가 지향할 목적이자 완벽한 목표라고 제안하고 싶습니다. 교회는 넘쳐나는 사랑이 모든 방향으로 보이는 계기가 되어야 합니다. 그렇게 되어서야 하나님을 볼 수 있을 것이고, 하나님을 경험할 수 있을 것입니다.

예배의 다른 차원은 어떠한가요? 우리들에게 그리스도의 임재를 분별하는 주된 방식이 교회가 이야기할 때, 교회의 손길이 닿을 때, 교회가 스스로 사랑으로 공감하는 때와 관계가 있다고 한다면, 우리가 실제로 진행되고 있는 이 현실을 볼 수 있도록 도와주는 다른 차원이 있습니다. 제가 지적하고 싶은 두 가지는 우리 가운데 그리스도의 임재를 분별하는 데 도움이 됩니다.

제게 있어서 음악의 역할은 이 분별에 도움을 줍니다. 음악이 그리스도를 임하시게 하는 것이란 말이 아니라, 음악이 우리를 능력 있게 하여 이미 사실인 것을 볼 수 있게 해준다고 생각합니다. 예수님께서는 친히 "내 이름으로 두세 명이 모이는 곳에 내가 너와 함께 있을 것"이라고 말씀하셨습니다. 음악은 우리가 이 '임재가 사실이라는 것을 분별할 수 있도록 도와줍니다. 같은 방식으로, 만일 제가 안경을 벗는다면, 제가 볼 수 없더라도 이 컴퓨터는 여전히 여기 저와 함께 있을 것입니다. 그런데, 만일 내가 안경을 쓰면, 이미 사실인 것을 명확히 볼 수 있게 됩니다. 음악은 우리가 안경을 쓰는 것과 같아서 우리가 이미 사실인 것을 볼 수 있도록 도와줍니다. 다시 말하면, 우리 가운데 그리스도의 임재를 볼 수 있게 해 줍니다.

예술 작품과 아름다운 예배 공간도 우리의 분별력을 높이는 데 도움이 됩니다. 물론, 진정성 있고 올바르게 예배를 드리기 위해서는 아름다운 예배 공간과 예술 작품이 필요한 것은 아닙니다. 그리스도가 우리 안에 계시고, 우리 가운데 임재하시기 위해 예술 작품이나 아름다운 예배 공간이 필요한 것은 아니란 말씀입니다. 그러나 아름다운 예배 공간과 예술 작품은 우리가 예수께서 정말로 우리와 함께 계시다는 것을 분별하는 데 도움이 됩니다.

저는 우리가 가장 단순한 사람들과 단순한 것에서도 그리스도를 분별할 수 있도록 우리를 준비시키는 데 도움이 되는 한 가지 다른 차원이 있다고 말씀드리고 싶습니다. 우리가 훌륭한 음악을 가지고 있지 않고 훌륭한 예배 공간이 없는 상태라면 특히 더 중요한 부분입니다. 이 다른 차원은 예수님께서 "이들 중 가장 작은 자"라 부르시는 사람들에 대한 적극적인 섬김입니다. 마태복음 25장에 나오는 이 비유를 생각해보십시오. 37-39절에서 우리는 비유의 끝에 이르는데, 예수님께서는 의인들에게 그들이 예수님을 선대했다고 말씀하셨습니다. 그 다음 구절은 "그러면 의로운 사람들이, 주님, 언제 우리가 주님이 굶주리신 것을 보고 음식을 대접했으며, 목마르신 것을 보고 마실 것을 드렸습니까? 언제 우리가 주님이 나그네 되신 것을 보고 우리 집으로 맞아들였으며 벗으신 것을 보고 입을 것을 드렸습니까? 또 언제 우리가 주님이 병드신 것을 보고 간호해 드렸으며, 갇혔을 때 찾아갔습니까?" 그리고 비유 속의 왕인 예수님은 그들에게 "내가 분명히 말하지만, 너희가 이들 내 형제 중에 아주 보잘것없는 사람 하나에게 한 일이 바로 내게 한 일이다"라고 대답하실 것입니다. 아주 보잘 것 없는 사람들에게도 예수님을 보고 분별하는 능력은 물과 빵 혹은 주스나 와인 같은 흔한 것들을 포함해 우리 예배의 가장 작은 부분에서 예수님을 보고 분별하는 데 도움이 될 것입니다.

그렇다면 여기서 우리가 배우는 것은 무엇일까요? 바로 이러한 점들입니다. 첫째는 우리가 주기도문의 중요성을 인식해야 한다는 것입니다. "우리 아버지"의 "우리"는 단지 우리 집단의 사람들을 이야기하는 것이 아니라 기도하시는 예수님도 "우리"에 속합니다. 복음서를 보면 예수님께서 기도에서 하나님을 지칭하실 때 "아버지"라 부르심을 알 수 있으실 것입니다. 이 단어 "아버지"는 마태, 마가, 누가가 기도할 때 제일 먼저 나오는 단어가 아닙니다.

둘째로, 우리는 예배에 대해 극적인 기대를 가져야합니다. 우리의 예배가 예수 그리스도의 임재를 정적인 방식으로 접하는 것이 아니라, 계속되는 예수님의 사역 가운데서 예수님의 임재를 경험하는 것이 되기를 기대해야합니다. 예수님께서 2,000년 전에 시작하셨던 것을 여전히 우리 가운데 계속하시고 계십니다.

셋째로 중요한 것은 우리가 예배를 내면, 특히 우리의 감정에 국한된 것으로만 여기는 것을 피해야한다는 것입니다. 진정한 예배는 우리의 내면뿐만 아니라 우리의 몸을 통해서도 일어나며, 우리의 몸 안, 그리고 우리의 몸으로 말미암아 드려집니다. 우리는 우리의 육체도, 그리스도의 육신도 절대 폄하해서는 안 되며, 신체적 접촉 그리고 신체적 접촉을 할 수 있는 능력 또한 폄하해서는 안 되는데, 이는 우리가 그리스도를 경험하는 방식이 신체적이기 때문입니다.

넷째, 우리는 "나의 예배"라는 말을 없애야합니다. 예배는 교회 전체를 의미하는 우리의 예배입니다. 그리스도의 온 육신이 우리의 예배이며, 이 말은 그리스도께서는 몸 된 교회에서 계속해서 사역하고 계시다는 의미입니다. 그러므로, 예배는 단지 "나의 예배"가 아닙니다.

다섯째, 우리는 그리스도께서 우리 가운데 나타나시고 활동하시는 세 가지 주요한 방식 사이에서 균형을 잡아야합니다. 우리는 말씀과 성례전과 교제 모두 다 있도록 해야 하며, 이 세 가지가 서로 가까이에서 어우러지도록 해야 합니다. 저는 침례나 성찬이 진행될 때, 교회의 교제나 사랑, 교인들의 기도, 그리고 말씀의 봉독과 설교와 동떨어져서 진행되는 것들이 가장 위험하다고 생각합니다. 이 모든 것들이 다시 조화를 이루어야 합니다.

여섯째, 우리는 음악과 공간의 두 가지 보조적 방법들을 사용해야 하지만 의존해서는 안 됩니다. 제가 말씀드렸듯이, 이 두 가지는 그리스도를 우리 가운데 임재하게 하시거나 일하시게 하지는 않습니다.

그저 이 두 가지는 우리 가운데 임재 해 계시며 활동하고 계시는 그리스도를 볼 수 있도록 도와줍니다. 그리고 마지막으로, 우리는 우리 교회의 예배자들이 가장 보잘 것 없는 자들 가운데서 예수님을 찾도록 해야 합니다. 만일 우리들이 가장 권력이 있는 곳이나 가장 영광스러운 곳에서만 예수님을 찾는다면, 우리들은 실제로 교회 예배의 놀라운 충만함, 예수 그리스도의 몸 된 교회 안에서의 계속된 예수 그리스도의 춤과 노래를 간과하게 될 것입니다.

6. 복음을 내러티브로 보는 관점에서의 예배 신학에 대해 말씀해 주십시오.

예배 신학은 기독교 신앙과 신학의 고전적 믿음에서도 파생될 수 있습니다. 신약성경은 여러분에게 이야기로서의 복음을 전해주지만, 여기서 'Narrative(내러티브)'라는 말은 복음의 기록들이 허위라던가 만들어진 이야기라는 의미로 하는 말은 아닙니다. 즉, 예수 그리스도에 대한 복음은 허구가 아닙니다. '내러티브'라는 의미는 과거, 현재, 그리고 특히 미래의 극적인 '결말' 속의 하나님의 역동적인 활동을 보여준다는 점에서 내러티브인 것입니다. 특히, 예수님께서는 곧 돌아오십니다. 예수님께서 돌아오시기 전, 성령님께서는 미래에 대한 약속, 즉 예수님의 재림에 대한 약속으로서 첫 번째로 우리에게 주어졌습니다. 신약성경은 복음을 내러티브, 즉 이야기로서 제시하지만, 꾸며낸 이야기가 아니라 과거와 현재 그리고 곧 돌아오실 예수님과 미래의 하나님이 하실 일에 대한 참된 이야기로서 제시하고 있습니다.

신약성경에서 사도들이 가르치고 설교하는 방법에 대해 생각해보겠습니다. 그들은 입을 열어 무슨 말을 할까요? 사도들은 보통 하나님께서 강한 손으로 하시는 일들에 대해 이야기하고, 그렇게 하나님께서 하시는 일을 과거와 현재, 미래에 있는 일로 묘사합니다.

사도행전 2장에 나온 오순절의 첫날, 누가는 그것을 "하나님의 강한 능력을 선포하는 것"으로 묘사합니다. 여러분은 사도행전에 나오는 베드로의 설교를 기억하실 것입니다. 여기서 베드로는 하나님께서 과거에 하신 일, 현재, 그리고 미래에 하실 일에 대해 이야기합니다. 사도행전 4장에서 사람들이 기도할 때, 사람들은 그 기도를 하나님께서 하신 일을 기리는 것에 기반 합니다. 스데반이 산헤드린에서 한 연설이나 바울의 설교도 같은 이야기를 합니다.

사도들이 이야기를 할 때, 그들은 어떤 특별한 내러티브, 즉 이야기를 기억합니다. 그것은 과거, 현재, 그리고 미래 모든 시간에 하나님께서 그리스도 안에서 극적인 일을 행하신다는 이야기입니다. "복음은 내러티브다"라는 말의 의미는 바로 이것입니다. 그래서 저는 복음을 이야기라고 부르는 것이 나쁘지 않다고 생각합니다. 사도들이 '내러티브', 즉 이야기라는 단어를 제가 의도한대로 사용하기 때문입니다.

그래서, 여기서부터 도출되는 첫 번째 요점은 이것입니다. 복음의 한 부분으로서 시간의 중요성을 이해하는 것입니다. 복음에 있어 중요한 시간의 두 가지 측면이 있습니다. 첫째, 시간의 흐름은 이야기의 구성을 위해 필요합니다. 제가 지금까지 과거와 현재, 미래라는 시간을 강조한 것을 기억해주시기 바랍니다. 시간의 흐름은 하나님의 극적인 창조와 구원의 사역에서 공통적으로 나타납니다. 여기서 다른 것은 시간과 활동 사이의 관계입니다. 과거 혹은 현재의 활동인가요, 아니면 미래의 활동인가요? 이 세 가지, 과거, 현재, 미래는 모두 복음서의 중요한 부분입니다. 우리는 물론, 내러티브에서 시간이 중요한 측면은, 그 시간이 언제인지를 정확히 아는 것입니다. 계속해서, 신약의 화자들은 독자들에게 현재의 시간이 '언제'인지 진정으로 이해하기를 원하고 있습니다.

'시간'을 중요하게 여기는 것은 우리에게 이례적인 일이라고 생각될 수 있습니다. 현대 복음의 개념이나 표현에서 우리는 보통 시간을 강조하지 않습니다. 보통은 시간을 통해 복음의 중요한 측면을 강조하는 것은 아니니까요. 하지만 예수님께도 시간은 중요한 범주였다는 것을 생각하시기 바랍니다..

마가복음 1장 14-15절에 예수님께서 어떻게 사역을 시작하는지 보십시오. '시간'이라는 단어는 예수님이 사역을 시작하시면서 말 그대로 가장 먼저 정의하신 단어입니다. 본문에는 다음과 같이 쓰여 있습니다. "요한이 잡힌 후 예수께서 갈릴리에 오셔서 하나님의 복음을 전파하여 이르시되 때가 찼고 하나님의 나라가 가까이 왔으니 회개하고 복음을 믿으라 하시더라" 이것은 마치 예수님께서 이렇게 말씀하시는 것과 같습니다. "지금이 어떤 때인지 아는가? 지금은 성취의 시간이다, 하나님의 나라가 너희들에게 가까이 왔다. 그러므로 너희들은 회개하고 하나님을 믿으라."

두 번째로, 지금이 어느 때인지를 이해하십시오. 지금은 '언제'입니까? 단순히 시계를 보고 몇 시인지 알게 되는 것도 또는 타이머의 현재 시간을 보라는 의미는 아닙니다. 하지만 하나님께서 하시는 일이라는 관점에서, 복음의 내러티브에서의 하나님의 과거, 현재, 미래 하시는 일 중에서, 우리는 지금 어느 '때'에 있습니까? 지금은 어떤 때입니까?

1세기에 널리 퍼져있던 유대인의 시간 개념이 있는데, 이 개념은 예수님도, 사도들도 그리고 모든 초기 기독교인들이 공유했던 것입니다. 이 개념은, 모든 '때'는 이 시대와 그리고 앞으로 다가올 시대로 나뉘어졌다는 개념입니다. 앞으로 다가올 시대는 극적 클라이맥스이며 하나님이 하시는 모든 일의 성취, 정점일 것입니다.

이 '때'는 기대해야할 때였습니다. 예상된 일이었으며, 사람들은 미래를 기대하고 또한 기대었습니다. 그들은 다가올 시대를 보고 싶어 했습니다. 에베소서 1장 20-21절은 사도 바울이 이러한 시간의 분류를 사용한 예입니다. "하나님께서는 그 크신 능력으로" 사도 바울은 이야기합니다. "그의 능력이 그리스도 안에서 역사하사 죽은 자들 가운데서 다시 살리시고 하늘에서 자기의 오른편에 앉히사 모든 통치와 권세와 능력과 주권과 이 세상뿐 아니라 오는 세상에 일컫는 모든 이름 위에 뛰어나게 하시고" 여기에서 바울은 모든 시간 가운데, 이 내러티브를 모두 통틀어 이 시대와 앞으로 다가올 시대 모두에 대해 예수 그리스도의 권세와 예수 그리스도의 우월함을 강조하고 있습니다.

그러나 이 시대와 앞으로 다가올 두 시대 모두에 걸쳐 예수님께서 가지고 있는 공통적인 특성과 공통적인 우월함을 주목하십시오. 이 공통적인 특성은 이 시대와 앞으로 올 시대간의 관계가 보다 역동적으로 연결되어 있다는 것을 암시합니다. 이전 사람들이 생각했던 것처럼, 이 시대가 완전히 끝나는 시점에 다가올 세대가 도래할 것이라는 그런 간단한 문제가 아닙니다. 단순히 이 시대가 끝나야만 새로운 시대, 곧 다가올 시대가 온다는 뜻도 아닙니다. 신약 성경에서 실제로 볼 수 있는 것은 이것보다 더 흥미로운 역학적 관계입니다. 저는 이것을 예수님의 삶, 죽음, 부활 그리고 승천 가운데 일어난 일들에 입각한 '사도적 시간감각'이라 부르겠습니다. 사도들이 시간, 즉 '때'를 어떻게 생각했는지에 대한 변화가 있었습니다.

여러분은 진정으로 이 세대를 소유하고 있었습니다. 그리고 여러분은 정말로 올 세대 또한 소유하고 있었습니다. 그러나 그리스도의 초림은 비록 이 시대가 계속되었지만 앞으로 올 시대의 시작점이었습니다. 그리고 예수님의 재림이야말로 지금 이 시대를 완전히 끝내고 앞으로 올 시대에 대한 완전한 성취가 될 것입니다. 이 시대와 앞으로 올 시대를 가르는 딱 떨어지는 경계선 즉, 이 시대는 이제 끝나고 새 시대가 시작된다는 그런 개념 대신, 우리의 현실은 지금 이 시대와 앞으로 올 시대의 겹침입니다. 앞으로 올 시대는 지금 이 시대가 계속됨에도 이미 시작되었습니다. 앞으로 올 세대는 그리스도의 초림과 함께 시작되었는데, 특히 예수님의 부활과, 그로 인한 새 피조물과 새 인류를 보면 더욱 이 사실이 명확해집니다.

'새로운'이라는 단어의 강조를 주목하시기 바랍니다. 여러분이 그리스도의 부활을 볼 때, 그리고 그리스도의 부활이 가져온 것, 그리고 새롭게 연 것은 앞으로 올 시대입니다. 하지만 여러분이 해야 할 일은 주변을 둘러보고, 현재의 악한 시대가 완전히 끝난 것은 아니라는 것을 깨닫는 것입니다. 지금 전 세계가 전염병의 한복판에 있습니다. 이와 같은 병은 이 시대의 것이지 다가올 시대의 것이 아닙니다. 그렇기에 삶의 새로움과 새로운 창조가 시작되었고 성령님으로 말미암아 다가올 시대의 것을 맛볼 수 있음에도 불구하고, 우리는 지금 이 세대, 바로 이 세대, 그리고 전 세대를 살아가야 합니다.

우리는 각 시대에 한 발씩 걸치고 있습니다. 이 말은, 교회는 '중간자'라는 것을 의미합니다. 우리는 지금 이 시대와 앞으로 올 시대 그 사이, 중복되는 시간대에 살고 있습니다. 우리는 지금 이 시대에 살아가고 있으나 이 시대의 일부가 아닙니다. 아시다시피, 저는 신약에서 "세상에 있으나, 세상의 것이 아니다."라는 표현을 보실 수 있으실 것입니다. 같은 맥락에서, 우리는 지금 이 시대에 살고 있습니다. 우리는 이 시대를 헤쳐 나가며 이 세대 가운데 고군분투합니다. 지금 이 시대에 현재 몇 시인지 알려주는 손목시계가 있습니다. 또한 지금 이 시대에 어떤 일이 일어나고 있는지 알려주는 웹사이트와 신문도 있습니다. 그러나 성령님이야말로 어느 정도, 그리고 어떤 의미에서 이미 시작한 앞으로 올 시대를 볼 수 있게 해주시는 분이십니다.

따라서 우리는 지금 이 시대에 속하지 않으며, 앞으로 올 시대에 속한 사람들입니다. 우리는 보다 근본적으로 앞으로 올 세대에 속했는데, 이것을 다른 신약 용어로 이야기기를 하면 우린 '하나님의 나라' 혹은 '하나님의 통치' 안에 속한 사람들입니다. 우리가 비록 현재에 살고 있지만, 우리는 미래에 속한 사람들입니다. 이렇게 말하면 좀 더 간단할지도 모르겠습니다.

골로새서 2장 12-13절, 그리고 골로새서 3장 1-4절에서 이와 같은 긴장감의 한 예가 있습니다. "너희가 세례로 그리스도와 함께 장사되고 또 죽은 자들 가운데서 그를 일으키신 하나님의 역사를 믿음으로 말미암아 그 안에서 함께 일으키심을 받았느니라 또 범죄와 육체의 무할례로 죽었던 너희를 하나님이 그와 함께 살리시고 우리의 모든 죄를 사하시고"(골 2:12-13) 자세히 읽어보면, 우리가 경험하고 있는 모든 것들은 앞으로 올 세대인 것처럼 보일 수 있습니다. 하지만 이 구절을 로마서와 비교한다면, 여러분과 저는 우리가 이 시대에 속하는 죄와 유혹에 여전히 시달리고 있다는 것을 잘 알고 있습니다. 우리는 '중복된 사람들', '중간자들'입니다.

바울이 계속해서 이야기합니다. "그러므로 너희가 그리스도와 함께 다시 살리심을 받았으면 위의 것을 찾으라 거기는 그리스도께서 하나님 우편에 앉아 계시느니라 위의 것을 생각하고 땅의 것을 생각하지 말라 이는 너희가 죽었고 너희 생명이 그리스도와 함께 하나님 안에 감추어졌음이라 우리 생명이신 그리스도께서 나타나실 그 때에 너희도 그와 함께 영광 중에 나타나리라"(골 3:1-4) 바울은 분명 "이 세대에 속하는 것 말고"라고도 말할 수 있었을 것입니다.

지금 여러분의 몸은 문자 그대로 죽은 것이 아닙니다. 여러분은 성령님의 능력으로 말미암아 침례를 통해 그리스도와 하나됨을 통해 죽었습니다. 여러분은 지금 이 세대에 대해 죽었으나 다가올 세대에 대해 삶을 부여받았습니다. 하지만, 이 시대의 역학에 따르면, 우리는 죽은 적이 없습니다. 저는 여기서 산 채로 글을 쓰고 있습니다. 여기서의 긴장감을 느끼실 수 있나요? 여러분은 바울이 이와 같은 구절 속에 풀어나가는 '중복'의 의미, 우리가 예수님의 제자로서 복음에 따라, 그리고 예수 그리스도에 대한 헌신에 따라 살아가려고 할 때 실제로 존재하는 이와 같은 '중복'을 느낄 수 있으실 것입니다.

그래서, 세 번째 요점은 다음과 같습니다. 오늘날 우리의 예배 또한 같은 긴장감 속에서 일어납니다. 교회로서의 우리가 현시대에 한 발을 걸치고, 앞으로 올 시대에 한 발을 걸치고 살아가는 '중간자'인데, 예배 또한 마찬가지입니다. 우리가 예배를 드리려고 모였을 때, 그 일부는 여전히 이 시대에 속한 것이고 그 일부는 다가올 시대의 것이 아닐 수 있겠습니까?

우리의 예배도 그렇습니다. 제가 여러분께 말씀 드리고 싶은 것은 예배 또한 두 시대에 걸친 '중간 활동'입니다. 예배는 지금 이 시대 안에 존재하지만, 이 시대의 것은 아닙니다. 따라서, 예배는 지금과 같이 지구상의 역학과 시간에 따라 움직여야 하지만, 그 법칙에 종속된 것은 아닙니다. 예배는 아침 11시에 시작될 수도 있지만, 예배는 실제로 다가오는 시대 안에 존재합니다. '11시'는 시간을 알려주는 어떤 체계 중 하나에 속합니다. 그러나, 예배는 그 실제와 완전함이 이루어지는 시간이란 관점에서 사실 다른 시대에 속합니다. 예배는 보다 근본적으로 앞으로 다가올 시대, 하나님의 나라 그리고 하나님의 통치 안에 속합니다. 따라서, 예배는 다가올 시대를 드러내 보여주는 중요한 '때'입니다.

제가 여기서 말하고자 하는 것은 계시로서의 예배 즉 오늘날 우리의 예배는 앞으로 올 시대를 기대하며, 그 미래를 드러내는 것이어야 한다는 것입니다. 예배는 과거만을 회상하고 반영해서는 안 됩니다. 하나님께서 하신 일을 기리고 예수님이 죽으신 것이 얼마나 놀라운지 생각하는 것은 당연합니다. 그러나 오늘날의 예배는 그것과 동시에 앞으로 올 시대에 대한 기대 그리고 그 미래를 드러내는 것 또한 해야 합니다. 앞으로 올 시대에 대해 이야기해야하고, 미래에 대해 예비하는 방식으로 미래를 드러내보여야 합니다. 오늘날 우리의 예배는 다가올 시대의 다양한 측면을 보여주어야 합니다.

또 다른 비유가 하나 있습니다. 제가 어렸을 때, 어머니는 케이크를 굽는 것을 좋아하셨습니다 어머니는 큰 그릇을 가지고, 케이크 반죽을 그릇에 넣으신 다음 전기 믹서기를 사용해 반죽을 섞으셨습니다. 전기 믹서기를 보신 적이 있으신지 모르겠는데, 특이하게 생긴 기계입니다. 그 전기 믹서기에는 반죽을 직접 젓는 반죽기 두 개가 붙어있습니다. 각 반죽기는 네 갈래 모양이었으며, 반죽을 아주 잘 섞어 주었습니다. 어머니께서 반죽을 휘저어 섞으신 다음, 그 케이크 반죽을 그릇에서 케이크 팬에 붓고 예열된 오븐에 넣고 구우셨습니다. 그리고 전기 믹서기에서 반죽기를 떼시고, 저에게 그 반죽기를 건네주시곤 했습니다. 그 반죽기 위에는 여전히 케이크 반죽이 묻어 있었습니다. 어머니는 이렇게 말씀하시곤 했습니다. "레스터, 다 먹어. 너한테 주는 맛있는 간식이야." 저는 그 반죽기에서 케이크 반죽을 핥아먹곤 했습니다. 제가 그 케이크 반죽을 먹을 때, 저는 과연 케이크를 먹고 있었을까요, 케이크를 먹은 게 아닐까요?

이 질문은 약간 어중간한, '중간에 속한' 질문입니다. 네, 오븐에 넣었던 것과 똑같은 반죽을 먹었기 때문에 저는 케이크를 먹고 있었다고 할 수 있습니다. 하지만 저는 케이크의 최종 형태가 아닌 케이크를 먹고 있었습니다. 타이머가 꺼지고 어머니가 케이크를 꺼내시는 것은 미래의 일입니다. 제가 케이크를 먹고 있던 것은 사실입니다. 그렇지만, 저는 케이크의 '최종 형태', 즉 '완성 형태'를 먹은 것은 아닙니다.

저는 이 비유가, 예배가 현 시대에 존재하지만 현 시대에 속한 것은 아니라는 것을 이해하는 데 도움이 되기를 바랍니다. 현 시대가 예배의 전부가 아닙니다. 우리의 예배에서, 우리는 비록 우리가 그것의 최종적이고 미래적인 형태로 예배를 드리지 못할지라도, 미래가 가져다 줄 것은 무엇인지에 대해 약간 미리 경험하는 것입니다.

목표가 무엇인지에 대한 설명을 드리겠습니다. 골로새서 3장 말씀입니다. 이 말씀은 비록 교회에 대한 권면으로 주어지기는 했지만, 우리가 미래에 도달함에 있어 여러분이 하셔야할 것들이기도 합니다. 물론 현재에 대해 말씀하시는 단편적인 이야기로 보실 수도 있겠지만, 제가 이제부터 말씀드릴 전체 골로새서의 맥락에서 볼 때, 바울은 사실 오늘날 우리의 일반적인 예배 생활에서 경험할 수 있는 앞으로 올 시대에 대한 비전을 제시하고 있습니다.

그는 "그러므로 너희는 하나님이 택하사 거룩하고 사랑 받는 자처럼 긍휼과 자비와 겸손과 온유와 오래 참음을 옷 입고"(골 3:12)라고 쓰고 있습니다. 바로 몇 절 앞에서, 바울은 이미 골로새의 기독교인들에게 그리스도의 부활에 의해 거듭난 새로운 사람이 되라고 권면했습니다.

여기에서 바울은 이렇게 말하고 있습니다. "불쌍히 여기는 마음으로 옷 입으십시오." 저는 여기서 바울이 부활하신 그리스도로 말미암은 새로운 인류의 내면적 자질, 윤리적 자질을 설명하고 있다고 생각합니다. "불쌍히 여기는 마음과 친절과 겸손과 부드러움과 인내로 옷 입으십시오. 예수님 같지 않습니까? 그리고 서로 참아주십시오. 서로

언짢은 일이 있더라도 주님께서 여러분을 용서하신 것 같이 서로 용서하십시오. 그리고 무엇보다도 모든 것을 완전히 하나로 묶어 주는 사랑으로 옷 입으십시오."

저는 사랑에 대한 이 이야기야말로 앞으로 올 부활을 통해 새로운 인간성으로 우리가 덧입는 것에 대해 바울이 다른 방식으로 이야기한 것이라 생각합니다. 여러분은 지금 당장 그 부활한 몸을 소유할 수는 없습니다. 그러나 그 부활한 육신이 가지는 윤리는 바로 지금 여러분의 것이 될 수 있는데, 불쌍히 여기는 마음, 친절함, 겸손함, 부드러움, 인내, 사랑은 바로 부활하신 예수의 성품이요, 성격인 까닭입니다.

저는 그것이 바울이 말하고자 하는 바라고 생각합니다. "그리스도의 평화가 여러분의 마음을 다스리게 하십시오. 평안을 위해 여러분은 한 몸으로 부르심을 받았습니다. 그리고 여러분은 감사하는 사람이 되십시오. 그리스도의 말씀이 여러분 가운데 풍성하게 하여 모든 지혜로 서로 가르치고 권면하며 시와 찬미와 영적인 노래를 부르며 감사하는 마음으로 하나님을 찬양하십시오. 그리고 무엇을 하든지 말과 행동에 주 예수님의 이름으로 하고, 그분을 통해 하나님 아버지께 감사하십시오."

그리스도가 다시 돌아오시고, 하나님의 모든 목적이 완성되어 영원 속에서 우리의 운명의 존재를 누리고 있을 때 수반될 영원한 일들이 무엇인지 알고 싶으시다면 이 말씀을 보십시오. 과연 우리가 무엇을 할까요? 우리는 주 예수님의 이름으로 모든 일을 하며 하나님께 감사를 드릴 것입니다. 저는 이 구절이 미래에 올 시대에 대한 비전이라고 생각합니다. 바울은 1세기 골로새교회 교인들에게 미래에 대해 기대하도록 권면하고 있습니다. 어서 그 케이크 반죽을 핥아 먹으십시오. 케이크는 아직 완성되지 않았지만, 먼저 한 입 맛보십시오.

계시로서의 예배에서 사랑의 중심성에 주목하시기 바랍니다. 고린도전서 13장에 아주 유명한 말씀이 있는데, 여기서 바울은 "저는 다양한 예배 활동에 참여할 수 있습니다. 저는 방언을 말할 수 있고, 예언하는 능력을 가질 수도 있습니다. 제가 가진 모든 것을 내어 줄 수도 있습니다. 하지만 제게 사랑이 없다면, 이것은 아무것도 아닙니다. 아무 것도 얻는 것이 없습니다."라고 말하는 것과 다름이 없습니다.

고린도전서 13장의 끝자락, 8절부터 시작하는 부분에서 바울이 미래에 대한 비전을 제시하는 것을 보십시오. "사랑은 결코 없어지지 않습니다. 그러나 예언도 없어지고 우리가 부분적으로 알고 있는 부분은 없어질 것입니다. 우리는 부분적으로만 예언합니다. 하지만 완전한 것이 올 때에는 부분적인 것이 없어질 것입니다. 내가 어렸을 때에는 어린 아이처럼 말하고 생각하고 판단하였으나 어른이 되어서는 어렸을 때의 일을 버렸습니다." 지금 우리가 드리는 예배를 생각해보시기 바랍니다. 본질적으로, 그는 우리의 예배에서 우리는 10대 청소년이나 젊은이들과 같은 시기에 있다고 말하고 있습니다. 우리는 더 이상 어린이는 아니지만, 또한 앞으로 다가올 시대에 걸맞게 완전히 성숙한 어른도 아니라는 것입니다. 바울은 계속해서 이야기합니다. "우리는 지금은 거울을 보는 것처럼 희미하게 보지만, 그 때에는 얼굴과 얼굴을 맞대고 볼 것이며 지금은 내가 부분적으로 알지만 그때에는 하나님이 나를 아신 것처럼 내가 완전하게 알게 될 것입니다. 그러므로 믿음, 소망 사랑 이 세 가지는 항상 남아 있을 것이며, 그 중 제일 큰 것은 사랑입니다." 왜 사랑이 가장 큰 것일까요? 그 이유는 부활하신 그리스도가 앞으로 다가올 시대의 새로운 인간성이 어떤 모습일지 보여주는 것이 사랑이기 때문입니다.

이것은 우리가 능력이나 영광스러운 환경에 과하게 의존하지 않고 균형을 잡도록 해 줍니다. 어떤 교회는 예배의 체험에서 나오는 능력에 의존합니다. 한 예로 저는 어떤 교회에서 음향 시스템의 소리를 높여 소리가 압도적으로 느껴지도록 하거나, 예배 공간에 영광스러운 느낌을 주고, 미래가 어떤 느낌인지 이해하기 위해 조명을 압도적으로 사용하는 것을 보았습니다. 그런 것들이 나쁘다는 것이 아니라 능력과 영광만이 미래를 특징짓는 것이 아니라는 것을 말씀드리고 싶습니다. 미래를 정의하는 것은 사랑입니다.

일부 교회는 예배에서 압도적인 능력, 힘을 지나치게 강조함으로써 미래의 다이내믹함을 기대합니다. 일렉트릭 록 음악이나 파이프 오르간 음악은 예배 공간이나 환경에 의해 만들어진 압도적인 시각적 영광의 감각과 동일하게 미래에 올 것에 대한 기대감을 표출합니다. 그럴 수 있습니다. 그러나 기독교 예배가 미래에 올 사랑, 정의, 의를 드러내는 필요성을 묵살해선 안 됩니다. 비록 우리가 예배에서 이 복음이라는 내러티브의 끝을 보고 싶더라도, 음향의 볼륨을 높이거나, 오르간 페달을 세게 밟는 것만이 그리고 이와 같은 것들이 복음이라는 내러티브의 끝을 보여주는 주요 수단이 되어서는 안 됩니다.

우리의 예배는 사랑이 넘치는 것을 목표로 해야 합니다. 그리고 우리는 정의롭고, 의로운 예배를 지향해야 합니다. 하나님의 정의와 하나님의 의는 앞으로 다가올 시대를 특징짓기 때문에, 우리의 예배는 이러한 것들을 보여주어야 합니다. 정의롭고 의로운 예배는 예수 그리스도의 부활이 가져온 새로운 인류의 비전이 원동력이 되어야 합니다. 제가 여기서 말씀드린 서로 연관된 세 가지 말씀을 보시면, 지금 시대에 우리가 보통 사용하는 어떠한 분류를 뛰어넘은 새로운 인류에 대한 비전을 보면 더 확실히 보일 것입니다. 갈라디아서 3장 27-28절에 이르기를 "그리스도와 합해 세례를 받은 사람은 모두 그리스도로 옷 입었기 때문입니다. '옷'에 대한 비유가 또 있습니다. 지금 이 시대에서 말하는 방식입니다. 유대 사람도 없고 그리스 사람도 없고 종도 없고 자유인도 없고 남자도 없고 여자도 없습니다. 여러분 모두는 그리스도 예수 안에서 하나기 때문입니다." 바울은 다시금 이와 같은 종류의 새 피조물이 된 인간에 대한 비전을 고린도전서 12장 13절에서도 피력합니다. "우리는 유대 사람이든지, 그리스 사람이든지, 종이든지, 자유인이든지, 이 시대의 말하는 방식입니다. 모두 한 성령으로 세례를 받아 한 몸이 됐고 모두 한 성령을 마시게 됐습니다."

그리고 마지막으로 골로새서 3장 10-11절에서 "새 사람을 입으십시오. 이 새 사람은 자기를 창조하신 분의 부활하신 예수 그리스도의 형상을 따라 끊임없이 새로워져서 참 지식에 이르게 됩니다.거기에는 그리스 사람이나 유대 사람이나 할례를 받은 사람이나 할례를 받지 않은 사람이나 야만인이나 스구디아 사람이나 종이나 자유인이 따로 없습니다. 오직 그리스도, 앞으로 올 시대에 속하시는 부활하신 주님은 모든 것이요 모든 것 안에 계십니다."라고 말합니다.

이것은 우리가 예배에서 정의와 의가 명확히 보일 수 있도록 주의할 필요가 있다는 것을 의미합니다. 신약성경의 말씀 중 정의로움이 나타나지 않았던 한 예가 있습니다. 야고보서 2장 1절에서 5절까지 말씀입니다. "내 형제들아 영광의 주 곧 우리 주 예수 그리스도에 대한 믿음을 너희가 가졌으니 사람을 차별하여 대하지 말라 만일 너희 회당에 금 가락지를 끼고 아름다운 옷을 입은 사람이 들어오고 또 남루한 옷을 입은 가난한 사람이 들어올 때에 너희가 아름다운 옷을 입은 자를 눈여겨 보고 말하되 여기 좋은 자리에 앉으소서 하고 또 가난한 자에게 말하되 너는 거기 서 있든지 내 발등상 아래에 앉으라 하면 너희끼리 서로 차별하며 악한 생각으로 판단하는 자가 되는 것이 아니냐 내 사랑하는 형제들아 들을지어다 하나님이 세상에서 가난한 자를 택하사 믿음에 부요하게 하시고 또 자기를 사랑하는 자들에게 약속하신 나라를 상속으로 받게 하지 아니하셨느냐"

야고보가 편지를 쓰는 대상이 누구든 간에 긴장감을 느낄 수 있을 텐데, 현재 이 시대가 인간을 가르는 기준과 이 시대의 기풍이 그들이 예배하는 방법에 영향을 끼치는 것에 대한 그들의 분투를 볼 수 있습니다. 지금 이 시대는 가난한 사람들보다 부자를 더 가치 있게 생각하기 때문입니다.

야고보는 이렇게 말한 것이나 다름없습니다. "앞으로 다가올 시대의 가치와 하나님 나라의 가치는 현재 시대의 정반대이기 때문에 그

가치들을 뒤집으세요. 지금 여러분의 예배에 나타날, 앞으로 올 시대의 정의로운 가치들을 보여 주세요. 부자에게 굽신대지 말고, 가난한 사람을 욕되게 하지 마세요. 가난한 사람을 존중하세요. 이렇게 하면 하나님께서 앞으로 올 하나님의 나라에서 주실 것을 더하게 됩니다."

네 번째 요점은 이렇습니다. 우리는 요한계시록에 등장하는 예배를 고려해야 합니다. 우리는 요한계시록의 예배에서 통찰을 얻을 수 있습니다. 미래의 예배가 어떤 모습일지 느끼기 위해서, 우리는 요한계시록을 금과옥조로 삼아야 하는데, 그러면 우리는 모든 사람들이 누군가 혹은 무언가에 대한 '예배'를 드리는 것을 볼 수 있습니다. 그들이 예배를 할 것인지 아닌지의 문제는 아닙니다. '누구에게 예배를 드리냐'에 대한 문제인데, 예배를 드리는 것이 예수 그리스도 안에서 드러난 하나님이냐, 아니냐의 문제입니다.

예배는 궁극적이고, 영원하며, 매우 중요한 충성에 대한 문제입니다. 정치적 역학관계 또한 있습니다. 그것이 요한계시록의 내러티브가 진행되는 과정입니다. 요한계시록의 예배는 오늘날 세상을 바르게살기 위한 중요한 기준입니다. 예배는 천국의 중심 활동이기도 합니다. 여러분은 이와 같은 것을 계속해서 보게 될 것인데, 예배는 미래의 중심 활동이 될 것입니다. 그리고 이 예배는 하나님을 찬양하고 영광을 돌리는 데에 중점을 두고 있습니다. 그리고 이 하늘의 예배 그리고 미래의 예배는 노래로 불린 바 있습니다.

예배는 예수 그리스도를 통해 보였으며, 성취된 하나님의 인격과 활동에 대한 응답입니다. 즉, 하늘의 예배와 미래의 예배조차도 예수 그리스도 안에서 과거와 현재에 하나님께서 행하신 놀라운 일들을 기억하는 데 기초를 두고 있습니다. 또한 예배는 개인의 전 부분이 참여하는 총체적인 반응으로 예배를 받으시는 분께 영광을 드리고 인정하려는 우리 몸의 자세를 포함합니다. 요한계시록을 쭉 읽어보시고 얼마나 자주 예배자들이 어떠한 자세를 취하거나 하나님께 물리적으로 무언가를 바치는 등, 육신으로 무언가를 하는지를 잘 살펴보십시오. 또한, 예배는 이미 시작된 악에 대한 하나님의 승리에 대한 소망에 찬 기쁨의 반응입니다.

우리는 하나님의 때에, 이 승리의 완성을 기대합니다. 우리의 승리는 이미 시작되었습니다. 심지어 지금 이 시대에도 하나님께서 오븐에서 완성된 케이크를 꺼내시며 미래에 그의 모든 목적, 즉 하나님께서 온전한 승리를 이루시기를 기다립니다. 그리고 우리는 아직 완성되지 않은 케이크의 맛, 즉 아직 오지 않은 미래를 미리 즐길 수 있습니다. 그리고 마지막으로, 예배는 '포괄적'이란 것을 기억해 주십시오. 예배는 전 세계를 다 포괄합니다.

요한계시록 7장은 모든 나라, 부족, 사람들 그리고 언어로부터 많은 사람들이 예배에 참여했다고 말합니다. 이것은 예배가 단지 나의 예배가 아닌 것을 시사하는 또 다른 이유입니다. 여러분의 회중이 드리는 예배마저도 여러분의 회중만의 예배가 아닌 것입니다. 여러분의 회중이 모여 예배를 드릴 때, 그 예배는 지금 현재와 미래의 전 세계와 하늘과 땅이 참여하는 예배에 참여하는 것입니다.

마지막으로 기억하셔야 할 것들을 정리해보겠습니다. 우리의 예배 내용은 앞으로 올 미래를 기억하는 것, 특히 예수 그리스도의 재림과 다가오는 부활을 포함해야 합니다. 여러분이 예배에서 이야기하는 것이 예배자들에게 미래에 대한 기대감이나 그리움을 자아내나요? 만약 우리가 과거에 대해서만 이야기하거나 현재에 대해서만 이야기한다면, 예배자들은 미래를 바라볼 수 없을 것입니다.

둘째로, 교회는 이 시대에만 존재하는 것들에 예배의 초점을 맞추는 것에 대해서 특히 신중해야 합니다. 여기서의 제 말은 현재 일어나고 있는 일들을 기리는 특별한 절기 주일들을 의미합니다. 예를 들어, 여기 미국에서는 미국의 독립기념일이자 어머니의 날인 7월 4일을 주일에 강조하는 것이 일반적입니다. 물론, 이런 기념할 일에 대해 예배를 드리는 건 어디나 있고 있을 수 있는 일입니다. 이와 같은 기념일들을 인정하고 존중하는 것은 목회 관점에서도 옳은 일입니다. 그러나 예배는 미래와 앞으로 올 시대에 조금 더 초점을 맞춰야 하고 예배는 절대 이 시대에 관한 것만을 이야기하거나 이 시대의 것만이 되어서는 안 됩니다.

그리고 셋째로, 주일이 특히 미래의 중요한 상징이라는 것을 인식해야 합니다. 기독교인들이 주일에 예배했던 것은 주일이 예수님께서 부활하신 날이기 때문이며 주일엔 과거에 있었던 예수님의 부활을 돌아볼 뿐만 아니라, 예수 그리스도가 다시 오실 때 성도들 자신의 부활을 기대하며 예배를 드렸습니다.

넷째로, 침례와 성찬은 과거만이 아니라 미래와도 연결되어 있습니다. 침례와 성찬은 단지 개인적인 무언가가 아니라 우주적인 하나님의 사역의 차원으로 연결되어 있습니다. 비록 우리가 물과 이 시대의 음식을 사용해도 침례와 성찬은 이 시대에 속한 것은 아닙니다. 성찬과 침례는 실제로 우리를 미래와 연결해줍니다. 이것은 성찬에서의 침례라는 것입니다. 미래 완성될 케이크가 어떤 맛일지를 성찬과 침례를 통해 처음으로 맛보라는 것입니다.

마지막으로 기억해주실 것은 여러분이 의심하는 마음이 들 때마다 성령으로 충만하고 서로 사랑하십시오. 결론을 내리면, 저는 여러분이 예배를 '미래를 향한 창'으로 생각하시길 바랍니다. 여기 로버트 젠슨(Robert Jensen)의 멋진 말을 인용하겠습니다. 지금으로부터 거의 20여 년 전, 젠슨은 이런 글을 썼습니다. "지금 교회 밖에서 사라진 것은 '종말(Eschaton, 끝, 내러티브의 끝)'이라는 비전입니다." 그는 지금 세상의 시간은 실제로 아무데도 가지 않는다고 말합니다. 이 지금이라는 시간은 계속해서 순환할 뿐입니다. 하지만 교회의 시간은 끝이 보인다는 것이 젠슨이 하고 싶은 말입니다.

젠슨은 이어 다음과 같이 말합니다. "믿는 자들의 모임은 그 자체가 우리가 앞으로 일어날 일을 볼 수 있는 장이어야 합니다. 그리고 회중들의 모임은 아주 명확한 종말론적 비전의 사건이어야 합니다. 교회에 가는 것은 우리의 운명을 볼 수 있는 곳으로 우리에게 닥칠 일을 볼 수 있는 여정이 되어야 합니다."

| 레스터 루스 교수와 함께한 저자 |

나가는 글

현대 예배와 찬양에 대한 역사는 짧지만 강렬하고 역동적이다. 교회사를 훑어봐도 이렇게 뜨겁게 변화의 소용돌이에 있던 이슈는 드물 것이다. 하지만 그 영향만큼 현대 예배와 찬양에 대한 성경적 기초와 신학은 그 영향만큼 뒤따라오지 못했다. 여러 사건들과 논쟁 그리고 갈등 등이 하나둘 모여 자그마한 역사의 시내를 이뤄가고 있는 느낌이다.

이 책은 현대 예배와 찬양이라는 큰 강물을 이뤄 가는데 있어 사실 그대로의 사건들과 이슈들을 담으려고 노력했다. 논쟁이 될 만한 사건들도 있었고, 전통적인 예배를 고수하는 보수적인 교회들의 염려들도 분명 있었다. 그런 점에서 사실적인 묘사에 주력했음을 알리고 싶다.

지금 교회는 분명 위기에 있다. 무엇보다도 다음세대들이 교회에서 멀어지고 있으며 교회에 더욱 매력을 느끼지 못하고 있다. 다음세대를 다시 세울 묘책은 무엇일까? 교회의 가장 큰 기도제목인 이 질문에, 나는 우리의 교회가 성경적 본질로 돌아가야 한다고 믿는다. 그것은 '예배'다. 예배만큼 교회의 명확한 목적일 뿐만 아니라 세상에 대해 경쟁력 있는 것이 있을까? 세상이 모든 것을 줄 수 있지만 줄 수 없는 단 한 가지는 '영(Spirit)'이다. 영적인 기쁨은 세상이 만들 수도 줄 수도 없는 강력하고도 교회의 유일한 경쟁력이다.

최근 젊은이들이 교회와 가까워지는 계기중 하나는 '찬양'이라고 말한다. 세련되고 유행하는 음악으로 갖춰진 현대 음악은 다음세대에 매우 매력적이다. 그나마 이들을 한국교회에 근근이 이어주는 유력한 도구다. 교회 행사에는 모이지 않아도 찬양집회나 예배와 찬양 세미나에는 관심이 있다. 그런 의미에서 한국교회는 딜레마에 있다. 다음세대가 중요하면서 다음세대가 매력적으로 생각하는 현대 예배와 찬양에 대해서는 호의적이지 않는 경향이 있다. 그래도 다행인 것은 최근 교회 리더십이 바뀌면서 젊은 목회자들을 중심으로 변화의 조짐이 일어나기 시작했다. 그럼에도 불구하고 전통적 1세대가 아직 교회 공동체에 많다보니 전폭적으로 수용하기에는 갈 길이 멀다.

이런 상황에서 중요한 것은 현대 예배와 찬양에 대한 성경적인 본질과 역사적인 사실들을 조명하는 일이다. 다음세대가 선호한다고 해서 무조건적인 수용이 아니라 성경적이고 예배 신학적으로 걸러 참된 예배의 우리 것으로 만드는 작업이 필요하다. 어떤 점이 성경적이고 비성경적인지, 교회론과 예배학적으로 어떤 점이 신학적으로 건전한 것이고 비 건전한 것인지를 살펴볼 필요가 있다. 그런 점에서 이 책은 어느 정도 그 해결의 실마리를 제공한다고 볼 수 있다.

예배에 있어서 전통과 보수, 발전과 변화, 1세대와 다음세대 등 많은 현안들이 교회의 위기 시대에 우리에게 선택을 강요하고 있다. 한국교회가 올바른 방향으로 나아가는데 있어 예배만큼 중요한 것은 없다. 이 책은 지금의 교회와 예배에서 새롭게 일어나고 있는 현실을 사실적으로 제시하고 있다. 앞으로 더 많은 연구와 자료들이 뒷받침되기를 소망한다.

점점 세속의 물결이 교회와 예배에 스며들고 있는 이 시대에 좀 더 명확한 예배의 정의와 진리를 가지고 흔들리지 않는 한국교회와 예배가 되기를 소망한다. 더 나아가 교회의 미래인 다음세대들이 하나님이 진정 원하시는 예배의 회복을 통해 주님 오시는 날까지 영과 진리의 참된 예배로 세워지기를 간절히 기대하고 기도한다.

모든 영광을 하나님께!

미주

1 이 책에 사용된 '찬양과 경배'는 'Praise & Worship'로 주로 하나의 명사로 사용되었으며, 예배와 찬양의 '예배'와 '찬양'은 각 단어로 뜻으로 사용되었다. 그리고 때에 따라서는 혼용하기도 했다. 현대 예배는 일반적으로 외국 문서나 책에서 영어로 'Contemporary Praise & Worship'가 주로 쓰이지만 본인은 예배에서의 찬양을 포함한 전체적인 의미에서 모던 워십(Modern Worship)으로 사용했다. 그러므로 '모던 워십'은 전통적인 예배와 반대되는 의미로 교회와 예배 공동체의 예배에서 사용되는 총체적인 현대 예배와 찬양을 가리킨다.

2 May, Henry F, (1976). "The Enlightenment in America". New York: Oxford University Press.

3 코넬리우스 플랜팅가 & 수 로즈붐, 진정한 예배를 향한 열망, 허철민 역, (서울: 그리심, 2006), 57.

4 Ibid., 58p.

5 C. Peter Wagner에 의하면 1900년대 초에 일어난 오순절 운동이 첫 번째 물결이며 1960년대 중반에 일어난 은사주의 운동이 두 번째 물결이었고 세 번째 물결은 지금 우리에게 다가와 있다고 말한다.

6 Robb Redman, "Expanding Your Worship Worldview: Education amd Training for Worship Leaders." Worship Leader Magazine 9, No. 3(May/June 2000): 18-20, 22.

7 '관료주의'라는 단어는 교회 내의 변하지 않는 위계 및 형식주의를 일컫는 말이다.

8 Constance M. Cherry, 예배 건축학(The Worship Architect), (서울: CLC, 2015), 48.

9 미국 노스캐롤라이나 더럼(Durham)에 위치한 듀크 신학교(Duke Divinity School)의 기독교 예배학 교수로 애즈베리 신학교(MDiv), 에모리 신학교(ThM)를 졸업했으며, 노틀담 대학교(PhD)에서 예배 역사(Liturgical history)에 관한 논문으로 학위를 받았다. 이후 예일대 신학부와 에즈베리 신학교, 플로리다 잭슨빌에 있는 로버트 웨버 예배대학원(IWS)의 교수를 역임했으며, 지금은 예배학의 명문 대학원인 듀크 신학교에서 현대 예배학을 가르치고 있다. 그는 텍사스의 있는 교회 담임목사로서 오랫동안 목회사역을 해왔으며, '찰스 웨슬리 소사이어티'의 멤버로 매년 지역교회들과 세미나 강사로 지금까지 목회현장에서 사역해온 예배에 있어 이론과 실제를 겸비한 목회자이자 교수다. 교부시대와 초기, 중기 기독교 공동체의 기독교 역사에 관한 많은 저서와 논문을 써왔으며, 목회자와 신학생, 그리고 평신도를 대상으로 수많은 세미나의 강사로 활동해왔다. 또한 예배의 역사에 관한 수준 높은 강의로 명성을 떨쳐왔는데, 매년 초 미국 칼빈신학교에 열리는 세계적인 "칼빈 예배 심포지엄"의 인기 있는 주강사이기도 하다. 많은 예배 전문가들이 로버트 웨버 박사 이후 현존하는 가장 훌륭하고 탁월한 교수라고 칭송하고 있으며, 현대 예배학계를 이끌고 있는 대표적인 학자다. 그는 최근 20여 년간, '1950년 이후 경배와 찬양운동'에 관심을 가지고 역사적 위상에 대한 연구를 해왔는데, 지금의 현대적 예배 순서가 전통적이면서 고전적인 예배에 영향을 받았으며 이를 통해 새로운 미래의 예배를 엿볼 수 있다고 주장한다. 최근 펴낸 『Essays on the History of Contemporary Praise and Worship』을 통해서는 현대 예배와 찬양의 역사와 흐름을 통해 미래 예배를 전망하는 데 중요한 방향을 제시했다.

10 레스터 루스 교수와의 대담에 쓰인 성경구절은 개역개정을 원칙으로 했으며, 뜻을 전달하기 위한 목적으로 풀어 사용하기도 했음을 알려드립니다.

참고도서

가진수. 예배, 패러다임 시프트. 인천: 워십리더, 2020.

_____. 예배 찬양 인도(상권). 인천: 워십리더, 2020

_____. 예배 성경(구약) 인천: 워십리더, 2020

_____. 예배 성경(신약). 인천: 워십리더, 2020

Cherry, M. Constance. The Worship Achitect(예배 건축학). 서울: CLC, 2019.

Plantenga, Jr. Cornelius & Rozeboom, A. Sue. 진정한 예배를 향한 열망(Discerning the Spirits). 허철민 역. 서울: 그리심, 2006.

Ruth, Lester. 예배의 흐름(Flow). 가진수 역. 인천: 워십리더, 2022.

Webber, E. Robert. 예배의 고대와 미래(The Complete Library of Christian Worship). 가진수 역. 인천: 워십리더, 2019.

Webber, E. Robert. 예배학(Worship- Old and New). 김지찬 역. 서울: 생명의말씀사, 2009.

Ruth, Lester & Swee Hong, Lim. A History of Contemporary Praise & Worship: Understanding the Ideas That Reshaped the Protestant Church. MI: Baker, 2021.